W0033856

V&R

Barbara Kiesling

Der andere ist nicht die Hölle

Wie Paare dem Himmel näherkommen

Vandenhoeck & Ruprecht

Bibliografische Information der Deutschen Nationalbibliothek

Die Deutsche Nationalbibliothek verzeichnet diese Publikation in der Deutschen Nationalbibliografie; detaillierte bibliografische Daten sind im Internet über http://dnb.d-nb.de abrufbar.

ISBN 978-3-525-49114-0

Umschlagabbildung: © Reinhold Weber, »Sie und er im Bett«

Satz: Daniela Weiland, Göttingen
Druck und Bindung: ⊕ Hubert & Co, Göttingen

Gedruckt auf alterungsbeständigem Papier.

Inhalt

Die Hölle, das sind die anderen.
Jean-Paul Sartre, »Geschlossene Gesellschaft«

Vorwort

Gibt man das Suchwort »Partnerschaft« in die Suchmaschine eines großen E-Buchhändlers ein, so erhält man 2898 Treffer. Es gibt demnach bereits eine Fülle von Büchern, die sich mit diesem nahezu wichtigsten Bereich unseres Lebens beschäftigen. Doch weder die bahnbrechenden Erkenntnisse auf diesem Gebiet noch das ernsthafte Bemühen, alle Ratschläge zu beherzigen, die von Fachleuten gegeben werden, konnten bisher bewirken, dass die Scheidungsziffern sinken.

Die Zahl derer, die sich mit ernsthaften Partnerschwierigkeiten durchs Leben quälen, ist sehr groß. Andere wiederum haben schon längst resigniert und finden sich – mehr oder weniger – mit den scheinbar unabänderlichen Gegebenheiten ab.

Natürlich hoffen sie alle insgeheim, der Partner[1] werde sich ändern; oder sie warten darauf, dass sich die Konflikte irgendwann irgendwie von allein auflösen. Doch diese – in die Zukunft verlegten – Hoffnungen erfüllen sich kaum. Denn Hoffnungen können sich nicht erfüllen, wenn ihnen irrtümliche Vorstellungen zugrunde liegen.

Eine dieser irrtümlichen Vorstellungen hat Sartre auf die – herausfordernde – Formel gebracht: »Die Hölle, das sind die anderen«. Obwohl es sich auf dem Höhepunkt einer Krise absolut richtig anfühlt, den anderen als verantwortlich für die Eskalation anzusehen, befindet man sich diesbezüglich oft in einem

---

1 Ich verwende in der Regel das Wort Partner, auch wenn ich damit die Partnerin meine. Damit sollen so umständliche Schreibformen wie »Partner/in«, »Partner und Partnerin«, »er beziehungsweise sie« vermieden werden.

folgenreichen Irrtum. Nicht selten liegt hierin die Ursache für das Scheitern vieler Beziehungen.

In dem vorliegenden Buch soll es deshalb darum gehen, jene verborgenen Zusammenhänge zu beleuchten, die maßgeblichen Einfluss auf das Gelingen oder Scheitern von Beziehungen haben. Ich habe mich dabei bemüht, die maßgeblichen tiefenpsychologischen Konzepte so darzulegen, dass sie auch von Leserinnen und Lesern verstanden und nachvollzogen werden können, die sich bisher nicht damit vertraut machen konnten.

Darüber hinaus habe ich eine Differenzierung von Partnerschaften in drei wesentliche Gruppen vorgenommen, die ich Himmel, Hölle und Zwischenreich nenne. Die Einteilung in diese drei Seinszustände soll den Partnern dazu verhelfen, den Zustand der eigenen Partnerschaft bestimmen zu können und infolge dessen eine Ahnung davon zu bekommen, weshalb sie vielleicht nicht so verläuft, wie es den eigentlichen Wünschen entspricht.

Ausführlich beschäftige ich mich mit den Voraussetzungen für eine glückliche Partnerschaft. Denn alle diejenigen, denen diese Voraussetzungen bekannt sind, können auch dazu ermutigt werden, die notwendigen Schritte in Angriff zu nehmen, um solche Grundlagen in ihrem eigenen Leben zu schaffen. Diejenigen, deren Zusammenleben bereits durch heftige Krisen erschüttert wird, finden Anhaltspunkte, die ihnen die Einschätzung ermöglicht, inwieweit die Partnerschaft noch ausreichendes Potenzial besitzt, das heißt, ob es sich lohnt zu kämpfen oder ob die Hürden schon so hoch sind, dass jede Anstrengung vergebliche »Liebesmüh« wäre.

Vorbemerkungen

Vor wenigen Tagen kamen Herr und Frau Weisnich in die Paarberatung. Sie saßen vor mir und hörten sich – scheinbar geduldig – meine einführenden Worte an. Als ich sie anschließend darum bat, selbst zu entscheiden, wer mir als Erster den Grund ihres Kommens schildern möchte, gaben sie sich zunächst wechselseitig den Vorrang. Jeder von ihnen wollte sich offenbar in einer Weise präsentieren, die mir sofort signalisiert, dass die Krise keineswegs von ihm ausgeht.

Als sie sich geeinigt hatten, begann Frau Weisnich zu berichten. Zu Beginn war ihr Bemühen um Sachlichkeit noch groß. Doch zunehmend mischten sich immer heftiger werdende Emotionen in ihre Worte, die sie im Verlaufe ihrer Rede immer weniger unterdrücken konnte. Mit Hilfe ihrer Körperhaltung, ihrer Stimmlage und ihres Gesichtsausdrucks suchte sie zuletzt geradezu flehendlich nach Akzeptanz ihrer Darstellung. Sowohl Haltung als auch Worte drängten danach, mich auf ihre Seite zu ziehen. Es war offenkundig, dass sie in mir eine Verbündete suchte, damit wir hernach dem Herrn Weisnich gemeinsam die Meinung sagen und ihn endlich zur Annahme von Vernunft auffordern könnten.

Dann war Herr Weisnich an der Reihe. Mit seiner Darstellung verhielt es sich nicht anders als bei seiner Frau. Auch er wollte mich von seiner Sicht überzeugen, der zufolge der Ehekonflikt allein dem Verschulden von Frau Weisnich zuzuschreiben ist.

Nachdem beide Partner den Sachverhalt aus ihrer jeweiligen Perspektive mitgeteilt hatten, schauten sie erwartungsvoll in meine Richtung. Jeder von ihnen erwartete, ich möge doch nun – ganz so, wie ein Richter es täte – darüber befinden, wer im Recht ist und wer dem anderen Unrecht tut. Jeder glaubte fest daran, dass seine Position die überzeugendere ist und auch ich dies einsehen müsste.

Wie es in der Sitzung mit dem Ehepaar Weisnich weitergegangen ist, werde ich im Abschnitt »Eine kleine Revolution mit großen Folgen« berichten. An dieser Stelle möchte ich zunächst erläutern, dass ich mich im Folgenden immer auf die Beziehung als »Gesamtorganismus« beziehen werde. Denn von dieser Betrachtungsweise ausgehend lassen sich Paarkonflikte am besten lösen.

Andererseits werde ich immer die einzelnen Partner in den Mittelpunkt stellen. Das mag zunächst wie ein Widerspruch erscheinen. Wenn man sich jedoch eine Paarbeziehung bildlich wie einen zweischenkligen Triumphbogen vorstellt, dann erkennt man, dass zwei voneinander getrennte – eigenständige – Säulen durch eine – wie auch immer gestaltete – Dachkonstruktion miteinander verbunden sind. Die Beschaffenheit der Bausubstanz entscheidet darüber, ob das Bauwerk insgesamt beständig oder vom Einsturz bedroht ist. Denn der Triumphbogen bildet eine eigene Einheit. Doch das Gesamtbauwerk besteht nun einmal vornehmlich aus seinen beiden Säulen. Und so, wie es beim Triumphbogen immer zwei gleiche Säulen sind, die ein Ganzes bilden, finden auch in der Paarbeziehung immer zwei Partner mit gleichartigen Strukturen zu einer Gesamtheit zusammen. Auf diesen noch wenig berücksichtigten Umstand werde ich später ausführlich eingehen. Denn in diesem Umstand liegt die Ursache für viele Paarkonflikte.

Eigentlich ist es keineswegs etwas Neues, Partnerschaften als eine in sich geschlossene Einheit zu betrachten. Sämtliche systemische Ansätze, das heißt Ansätze, die die Partnerschaft als ein geschlossenes System begreifen, beziehen sich bereits darauf. Doch das damit verbundene Wissen konnte bei den meisten Menschen bisher noch nicht in deren Beziehungsalltag integriert werden.

In dem vorliegenden Buch wird der Blick deshalb in erster Linie auf die »einzelne Säule« gerichtet, weil diese immer Rückschlüsse auf die »andere Säule« – und damit auf das Gesamte – zulässt. So überzeugend eine solche Sichtweise auch sein mag, so schwierig ist es jedoch, diese im alltäglichen Leben konsequent durchzuhalten. Es ist ein Maß an Bewusstheit erforderlich, um in einer Konfliktsituation dem Reflex zu widerstehen, dem anderen die Schuld dafür anzulasten. Doch je mehr wir in der Lage sind, uns selbst als Verursacher unserer Konflikte zu erkennen,

10

desto eher können wir das damit verbundene Leid aus unserem Leben verbannen.

In keinem Bereich unterliegen wir so großen Irrtümern wie in der Partnerschaft. Das beginnt schon mit den Vorstellungen hinsichtlich der *Partnerwahl.* Beispielsweise, wenn diejenigen, die in einer unbefriedigenden Partnerschaft leben, beklagen, »einfach nur an den Falschen geraten« zu sein. Man kann gar nicht an »den Falschen« geraten, weil es diesen »Falschen« schlichtweg gar nicht gibt. Vielmehr ist jeder Partner, so abträglich manche auch – in Konfliktsituationen oder nach einer Trennung – über ihn urteilen mögen, lediglich ein *Spiegel für die eigene Person.* Das ist eine bedeutsame Erkenntnis.

Schließlich brauchen wir immer einen Spiegel, da wir uns selbst ja nicht sehen können. Denn so, wie wir uns nicht selbst in die Augen schauen können, sind wir auch nicht in der Lage, uns ohne den anderen wirklich zu erkennen. Deshalb ist der Umstand, dass wir in der Person des Partners unsere verborgenen Anteile entdecken können, von so großer Tragweite. In einer Partnerschaft wird das sichtbar, was ansonsten unsichtbar bleiben würde. Denn anhand der Qualität des Zusammenseins lassen sich wichtige Informationen über den Einzelnen gewinnen. Das heißt, der Zustand einer Zweierbeziehung gibt Auskunft darüber, wie es im Inneren jedes Partners aussieht und wo dieser in seiner Entwicklung steht. Es ist jedoch gar nicht so leicht, aus seiner Paarbeziehung Rückschlüsse auf das eigene Innere ziehen zu können. Man braucht dafür Anhaltspunkte, an denen man sich orientieren kann.

Aus diesem Grund habe ich Partnerschaften in *drei wesentliche Beziehungsgruppen* eingeteilt, die ich aufgrund ihrer Merkmale als Gruppe der reifen, befriedigenden Beziehungen (Himmel), der unbefriedigenden Beziehungen (Zwischenreich) und der unreifen Beziehungen (Hölle) bezeichne.

Natürlich sind solche Klassifizierungen immer stark vereinfacht. Dennoch erlauben diese Zuordnungen verlässliche Aussagen. Zumindest kann man sich einen Überblick verschaffen, wie es um die eigene Partnerschaft wirklich steht, ob eine unbefriedigende Partnerschaft wieder glücklich werden kann oder womöglich gänzlich scheitern wird.

Als Orientierungshilfe sollen *Falldarstellungen* dienen, die jeweils einer wesentlichen Beziehungsgruppe zugeordnet sind. Für die ersten beiden Gruppen habe ich Paarkonflikte aus meiner Beratungspraxis herangezogen. Die Gruppe der unreifen Beziehungen werde ich an einem Beispiel aus einer eigenen Studie (Kiesling, 2002) vorstellen.

Womöglich müssen sich manche Leserinnen und Leser im Verlauf der Lektüre eingestehen, dass ihre Beziehung nicht so ist, wie sie es sich eigentlich wünschen. Auf einer unterschwelligen Ebene haben sie dies sicher vorher schon gewusst. Jetzt aber besteht die Chance zur Veränderung. Denn wir können uns oft erst dann, wenn wir uns einer abträglichen Situation voll bewusst geworden sind, daran machen, etwas zu verändern. Und das ist in jedem Fall ein lohnenswerter Weg.

Im Kapitel »Aufstieg gen Himmel – Wie geht das?« beschreibe ich Maßnahmen, die maßgeblich zur Bewusstseins- und Persönlichkeitsentwicklung, vor allem aber zur Entwicklung der Liebesfähigkeit beitragen können. Und das scheint mir eine der entscheidenden Aufgaben für uns Menschen zu sein: *die Entwicklung unseres Bewusstseins und unserer Liebesfähigkeit.*

Die holistische Perspektive

Wie bereits angedeutet, lassen sich Partnerschaftskonflikte am besten durch die Einnahme eines holistischen Standpunktes lösen. Das Wort »holistisch« leitet sich von dem Wort Holismus ab, welches aus dem Griechischen (»holon«) stammt und »das Ganze« meint. Unter Holismus (zum Hologramm siehe Anmerkung 1) versteht man demnach eine Sichtweise, in der jeweils das Ganze in den Blick genommen wird. Jedes Detail, so die Auffassung, trage nämlich das Ganze in sich.

Die holistische Betrachtungsweise tendiert demnach dazu, alle Erscheinungen von einem übergeordneten Standpunkt aus zu betrachten. Diese Totalitätsperspektive ist oft notwendig, um überhaupt ein echtes Verständnis von bestimmten Prozessen oder Strukturen zu erlangen. Das wird bereits von Wissenschaftlern zahlreicher Disziplinen berücksichtigt. Holistisches Denken ist beispielsweise für Biologen zur Selbstverständlichkeit geworden. Es ist inzwischen allgemein bekannt, dass jede unserer Zellen den Bauplan für den gesamten Organismus enthält.

Das gilt für viele andere Phänomene gleichermaßen: In jedem Teil ist immer das gesamte Muster enthalten. So bildet jede Gesellschaft einen besonderen sozialen Organismus, der sich nicht auf die Summe der darin lebenden Individuen reduzieren lässt. Vielmehr unterliegt er seinen eigenen ganz spezifischen Gesetzmäßigkeiten. Selbst das gesamte Universum verfügt über die Eigenschaften eines Hologramms. Im Bereich der Partnerschaft verhält es sich nicht anders: Gemäß der holistischen Sicht ist jede Partnerschaft ein ganzheitlicher Organismus, der – ebenso wie der einer Gesellschaft – mehr ist als die Summe der darin zusammengekommenen einzelnen Individuen. Beide Partner agieren in einer gemeinsamen Dynamik, so dass ihre Beziehung als eine übergeordnete Einheit mit eigenen Regeln und Strukturen angesehen werden muss. Und auch hier gelten ganz spezifische Gesetzmäßigkeiten.

Anschaulich lässt sich dies anhand eines Mobiles machen: Alle Elemente sind hierbei genau ausbalanciert. Wenn man nun an einem Element etwas verändert, indem man beispielsweise etwas daran hängt, reagieren alle anderen Elemente sofort. Das heißt, wenn sich ein Element in einem System verändert, müssen auch die übrigen Elemente reagieren, sonst geht das Gleichgewicht verloren. Das gilt für eine Partnerschaft gleichermaßen. Mehr noch: Die Verhaltensweisen der Partner in ihrem Beziehungssystem sind regelkreisartig aufeinander bezogen, das heißt, das Verhalten eines Partners wird immer durch das Verhalten des anderen verursacht. Es gibt – genau wie bei einem Kreis – weder einen Anfang noch ein Ende. Von daher lassen sich Aktionen und Reaktionen nicht voneinander trennen.

Diese wichtige Erkenntnis findet im praktischen Beziehungsalltag bisher so gut wie keine Berücksichtigung. Das entsprechende Wissen scheint weitgehend auf die Gruppe der Therapeuten und Paarberater beschränkt zu sein. Deshalb stellt sich die Frage, weshalb es für Menschen so schwierig ist, einzusehen, dass alles, was in einer Paarbeziehung geschieht, immer von beiden bedingt ist. Warum können die meisten Menschen nicht erkennen, dass jedes Geschehen immer aus der gemeinsamen Beziehung der Partner heraus verstanden werden muss? Und vor allem: Warum schiebt jeder im Konfliktfall die Schuld auf den Partner?

Das Schuldprinzip ist schuld

Bis 1975 wurde bei Scheidungen das Schuldprinzip angewendet. Beide Partner traten vor einen Richter und versuchten – ganz genau so, wie es die Weisnichs getan haben – den anderen ins Unrecht zu setzen, damit der Richter diesen als schuldig am Scheitern der Ehe ansähe und ein entsprechendes Schuldurteil über ihn verhänge. Um den Partner ordentlich verunglimpfen zu können, wurden von beiden Seiten schwere Geschütze aufgefahren. Schließlich wollte sich niemand »böswilliges Verlassen« oder »seelische Grausamkeit« vorwerfen lassen. Jeder wollte vielmehr das Prädikat »unschuldig« erlangen.

Allein die Vorstellung regt zum Schmunzeln an. Dabei ist dies völlig unberechtigt. Das Schuldprinzip ist zwar offiziell abgeschafft, doch in unseren Köpfen ist es nach wie vor fest verankert. Mir ist zumindest bisher kaum jemand begegnet, der auch die eigene Person gleichermaßen für das Scheitern seiner Beziehung verantwortlich gemacht hat.

Das Schuldprinzip lebt also noch. Obwohl es viel Unheil anrichtet, ist es offenbar nicht auszuräumen. Dafür muss es »gute Gründe« geben. Oberflächlich betrachtet könnte man annehmen, der Grund dafür liege in dem mangelndem Wissen über das Wesen von Partnerschaften und deren innerer Dynamik. Doch das wäre zu einfach. Denn für das mangelnde Wissen müsste es wiederum einen nachvollziehbaren Grund geben. Schließlich sind Menschen sehr klug. Sie nehmen neue Entwicklungen in anderen Lebensbereichen sehr schnell auf und richten sich danach. Wir haben es hier also mit einem zunächst nicht nachvollziehbaren Phänomen zu tun. Und immer, wenn hinsichtlich des menschlichen Zusammenlebens etwas »merkwürdig«, wenn etwas nicht verstehbar ist, dann kann angenommen werden, dass hier tieferliegende Ursachen eine Rolle spielen.

Schauen wir uns also zunächst einmal an, was in demjenigen vorgeht, der sich vor einem – ob nun im Inneren oder im Äußeren befindlichen – »Richter« zu verantworten hätte und eine Schuld zugeben müsste. Schuldig zu sein, sich schuldig zu fühlen, ist ein sehr unangenehmes Gefühl. Als ich selbst einmal das Gefühl der Schuld voll zuließ, schien es mir, als liefe durch meine Adern Zitronensaft: Jede meiner Zellen schien sich zusammenzuziehen. Ein dermaßen quälendes Gefühl möchte niemand lange aushalten müssen. Deshalb treten verschiedene Abwehrmaßnahmen auf den Plan. Ein in diesem Zusammenhang häufig auftretender Abwehrmechanismus wird als Projektion bezeichnet.

Die Projektion von Schuldgefühlen

Es gibt viele Menschen, die unter Schuldgefühlen leiden. Es spielt dabei keine Rolle, ob sie tatsächlich etwas »Unrechtes« getan haben oder nicht. Meist können sie nicht einmal den Ursprung dieser Gefühle benennen; oft genug sind sie sich dieser Gefühle nicht einmal bewusst.

Den Ausgangspunkt haben Schuldgefühle meist in der Kindheit, denn kleine Kinder glauben, dass alles, was in ihrer familiären Umgebung geschieht, durch sie verursacht wird. Mit solchen »Allmachtphantasien« können Kinder ihre Hilflosigkeit kompensieren. Die Kehrseite dieser Kompensationsmöglichkeit ist, dass auch jedes nachteilige Ereignis auf die eigene Person bezogen wird. Aus Angst vor Bestrafung trauen sich viele nicht, sich mit ihrem Schuldgefühl jemandem mitzuteilen.

Inzwischen wissen allerdings viele Erwachsene, wie ihre Kinder denken, so dass sie ihnen von sich aus erklären, dass sie nicht das Geringste mit der Scheidung der Eltern, deren Depressionen oder Alkoholmissbrauch zu tun haben. Geschieht dies nicht, so glauben Kinder, sie seien die Ursache dafür, weil sie nicht gut genug sind oder gar schlecht. Dieser Glaube – so unberechtigt dieser immer auch sein mag – weckt unweigerlich Scham- und Schuldgefühle. Und jedes Schuldgefühl wiederum zieht die Angst vor Bestrafung nach sich.

Da sich sowohl Scham- und Schuldgefühle als auch die damit einhergehenden Ängste äußerst belastend auswirken können, werden Abwehrmechanismen aktiviert. Diese bewirken, dass jene kaum erträglichen Gefühle aus dem bewussten Erleben gleichsam »gelöscht« werden. Das Kind fühlt sich vorübergehend entlastet. In dieser Entlastungsfunktion liegt der eigentliche Sinn der Abwehrmechanismen.

Doch Gefühle, die verdrängt werden, sind nicht wirklich weg. Sie wollen gefühlt werden. Und so rütteln sie unaufhörlich – auch noch nach Jahrzehnten – an den Gitterstäben ihres Kerkers, um auf sich aufmerksam zu machen. Die unterschiedlichsten – auch körperlichen – Symptome können hierin ihren Ursprung haben. Das heißt, verdrängte Gefühle führen eine Art Partisanenleben. Sie setzen sich jeweils aus dem Hinterhalt durch.

Das geschieht häufig durch die so genannte Projektion: Die verdrängten Gefühle werden hierbei nach außen projiziert – genau so wie ein Bild mit einem Diaprojektor. Als »Leinwand« dienen die Mitmenschen, wobei sich in einer Paarbeziehung natürlich der Partner am ehesten anbietet. Er ist ja ständig verfügbar.

Aber auch Außenstehende müssen oft als Projektionsfläche herhalten. Ob es die Verfolgung ganzer Bevölkerungsgruppen oder nur Einzelner ist, jeweils spielen Projektionen eine zentrale Rolle in diesem Geschehen: Aufgrund der bei sich selbst nicht wahrgenommenen Schuldgefühle wird ein anderer als derjenige angesehen, der sich schuldig gemacht hat. Das heißt, man sieht im anderen den Schuldigen und erklärt ihn somit den Feind. (Das gilt für Aggressionen gleichermaßen: Die eigenen verdrängten Aggressionen werden auf Personen im Außen projiziert.) Dieses Phänomen lässt sich in der Menschheitsgeschichte seit Jahrtausenden beobachten.

Eine Partnerschaft begünstigt den Mechanismus der Projektion unter anderem deshalb, weil die Partner von vornherein »gewittert« haben, dass es auch beim anderen eine Entsprechung hinsichtlich der eigenen abgeschobenen Gefühle gibt. Die Beziehungspartner werden entweder von vornherein so »gewählt«,

16

dass sie der Funktion als Projektionsfläche tatsächlich gerecht werden können oder sie werden durch Manipulationen dazu gebracht, dies zu tun. Durch entsprechende Projektionen kommt es den Partnern wechselseitig so vor, als sei der jeweils andere der allein Schuldige. Und solange der andere allein für schuldig gehalten wird, gilt dies als Beweis der eigenen Unschuld.

Da nach außen projizierte Gefühle nicht als bedrohlich erlebt werden, geht mit der Projektion der Schuld nicht nur eine enorme Entlastung einher, sondern es kann auch der Versuch unternommen werden, die unwillkommenen Gefühle in der Außenwelt zu bekämpfen. Diese wichtigen Effekte machen den freiwilligen Verzicht so schwierig. Es regen sich Widerstände, wenn jemand für mehr Bewusstheit und neue Überzeugungen plädiert. Und genau das ist der Grund für die Hartnäckigkeit, mit der das Schuldprinzip aufrechterhalten wird.

Befragt man einzelne Partner in einer Krise, so wird man immer wieder feststellen, dass der Befragte davon überzeugt ist, sein Leiden werde durch den anderen verursacht. Allenfalls werden noch die äußeren Umstände verantwortlich gemacht. Solange die Betroffenen ihren Irrtum nicht durchschauen können, ist es ihnen auch nicht möglich, etwas Grundsätzliches in ihrem Leben zu verändern. Diese Menschen bleiben so lange auf die Außenwelt fixiert, bis sie sich ihrer – nach außen projizierten – eigenen Gefühle wieder bewusst werden.

Anhand der Auswirkungen von Projektionen lässt sich erkennen, welches komplexe und vor allem unbewusste Zusammenspiel in Beziehungen – aber auch in größeren Zusammenhängen – wirksam werden kann. Die Dynamik dient jeweils dem Ziel, die seelische Balance des Einzelnen herzustellen beziehungsweise aufrechtzuerhalten. Natürlich geschieht dies nicht bewusst und daher nicht willentlich. Es ist die unwillkürliche Reaktion, die immer eintritt, wenn sich der Organismus schützen will. Es ist vergleichbar mit dem abrupten Rückzug der Hand, die zu nahe an die heiße Herdplatte gekommen ist.

Sich im Irrtum zu befinden, ist eine Grunderfahrung menschlicher Existenz. Allerdings können wir unsere Irrtümer – wenn überhaupt – immer erst im Nachhinein erkennen.

Eine kleine Revolution mit großen Folgen

Kommen wir zunächst auf die Sitzung mit den Weisnichs zurück: Als ich ihnen sagte, dass sie beide »im Recht«[2] sind, war ihre Überraschung groß. Schließlich hatten sie beide völlig unterschiedliche Positionen vertreten, in denen jeweils der andere ins Unrecht gesetzt worden ist. Hätte ich mich – vielleicht in der Rolle einer Freundin – an die Seite von Frau Weisnich gesetzt, so wäre mir der Paarkonflikt aus dieser Position als eindeutig von Herrn Weisnich ausgehend erschienen. Hätte ich mich demgegenüber – als Freund – an die Seite von Herrn Weisnich gesetzt, so wäre auch für mich die Urheberschaft von Frau Weisnich offensichtlich geworden.

Hier zeigt sich die Ursache, deretwegen auch andere Paare bei der Lösung ihrer Konflikte scheitern: weil sie unaufhörlich versuchen zu beweisen, dass sie selbst im Recht sind und der andere die Schuld an den Zerwürfnissen trägt. Freunde und Familienangehörige werden dabei auf die jeweils eigene Seite rekrutiert. Diese übernehmen meist gern die Aufgabe der Schützenhilfe. Da beide Parteien jedoch von völlig falschen Vorstellungen über die Konfliktlage ausgehen und damit einem fundamentalen Irrtum unterliegen, kann der Kampf nie wirklich entschieden werden. Irgendwann sind die sich bekämpfenden Partner so erschöpft, dass sie nur noch den Wunsch nach einer Beendigung des »Rosenkriegs« haben.

Aber selbst dann ist die Trennung mit großen Schmerzen verbunden. Nicht nur, weil die Hoffnung – vielleicht zum wiederholten Male – aufgegeben werden muss, mit dem einst geliebten Partner den Rest seines Lebens verbringen zu können. Sondern vor allem deshalb, weil emotionale Bindungen wie lebende Organismen sind und sich – trotz aller Zwietracht – nicht ohne

---

2 Es gibt in (Paar-)Konflikten natürlich niemanden, der »im Recht« sein könnte.

Weiteres auseinanderreißen lassen. Von dem Leid, welches vorhandenen Kindern zugefügt wird, einmal ganz abgesehen.

Die Lösung wäre, im Paarleben gänzlich auf das Schuldprinzip zu verzichten. Würden wir Menschen in unseren Partnerschaften künftig von vornherein davon ausgehen, dass auch der andere von seinem Standpunkt her im Recht ist und eine Lösung nur vom Beziehungsganzen her möglich ist, dann würden Auseinandersetzungen ganz anders verlaufen. Die Frage, wer einen Konflikt ausgelöst hat, würde sich gar nicht erst stellen. Jeder wüsste, dass das Verhalten des einen immer eine Reaktion auf das Verhalten des anderen ist. Beide Partner wären überzeugt davon, dass es in einer Partnerschaftskrise gar keinen Schuldigen gibt.

Wenn alle Betrogenen zu der Überzeugung gelangen könnten, dass der Seitensprung ihres Partners sehr wohl mit ihrer Person und dem eigenen Verhalten zu tun hat, müssten sie nicht in einem Zustand der Empörung gefangen bleiben. Sie würden ihrem Partner nicht unentwegt seine Untreue vorwerfen. Denn Untreue ist oft nur ein Symptom für ein dahinter verborgenes Prozessgeschehen – genauso, wie Fieber ein Symptom dafür ist, dass sich der Organismus mit Krankheitserregern auseinanderzusetzen hat. Wenn jedoch nur der Symptomträger allein verantwortlich gemacht wird, gerät sofort die für die Partnerschaft notwendige Balance aus dem Gleichgewicht. Allein dadurch entstehen weitere Komplikationen, die dann kaum mehr von den Beteiligten in den Griff zu bekommen sind.

Auch bei Herrn und Frau Weisnich musste als Erstes allmählich ein Verständnis für die jeweils andere Position geschaffen werden. Die einst wechselseitige Zuweisung der Schuld wich in dem Maße, in dem jeder befähigt wurde, die Sicht des anderen einzunehmen.

Das Aha-Erlebnis gleich in der ersten Sitzung, nämlich die Erkenntnis, im gleichen Boot zu sitzen, hat nach langer Zeit erstmals wieder ein Gefühl der Gemeinsamkeit geschaffen. Von diesem Moment an setzte ein Prozess ein, der das Paar wieder zu einer harmonischen Beziehung führen konnte.

Wie die Chancen für eine wirklich erfolgreiche Paartherapie jeweils stehen, hängt in erster Linie davon ab, ob eine Beziehung vor dem Auftreten der ernsthaften Konflikte über einen längeren Zeitraum harmonisch verlaufen ist.

Das fiktive Beispiel des Ehepaars Weisnich sollte demonstrieren, wie die meisten Erstgespräche in der Beratungspraxis verlaufen. Es zeigt anschaulich, in welcher Weise Menschen in Konfliktsituationen von falschen Überzeugungen ausgehen können. Wenn es künftig jedoch immer mehr Menschen gelingen sollte, sich der Tatsache voll bewusst zu werden, dass durch den Verzicht auf das Schuldprinzip viel Leid erspart werden kann, dann könnte das tatsächlich eine Revolution im Bereich der Partnerschaften auslösen.

Es gäbe im Konfliktfall plötzlich keine Schuldzuweisungen mehr. Kein Partner würde dem anderen dann noch Vorwürfe machen, sondern beide würden jede auftauchende Krise als ein Symptom begreifen und zusammen nach der Ursache forschen. Jeder würde von vornherein davon ausgehen, dass auch der Partner angesichts der Zwietracht gleichermaßen hilflos ist. Vermutlich würde es dann in vielen Fällen nicht zu einer Trennung kommen.

Das hört sich vielleicht illusorisch an. Doch diese Vision könnte sich verwirklichen, wenn bei auftretenden Paarkonflikten die folgenden zwei Sätze beherzigt würden: Nicht einer gegen den anderen, sondern immer beide gemeinsam. Statt den anderen allein verantwortlich zu machen, nimmt jeder den Blick zurück und richtet ihn sowohl auf das Beziehungsganze als auch auf die eigene Person.

Der Partner als Spiegel

Viele Menschen haben in ihrer Kindheit irgendein Drama erlebt. Damit sie sich dennoch zu reifen und bewussten Menschen entwickeln können, bleibt oft nichts anderes übrig, als sich mit diesen abträglichen Erfahrungen zu konfrontieren. Dazu wäre es nötig, in die eigenen verborgenen Abgründe zu schauen und die Zusammenhänge aufzuspüren. In der Regel hindern uns jedoch heftige Widerstände daran, uns den schrecklichen Erinnerungen auszusetzen. Diese Widerstände sind gut und wichtig, und sie sollten deshalb nicht gewaltsam durchbrochen werden.

20

Es kann nämlich sehr schmerzhaft sein, wenn man sich ungeschützt diesen überwältigenden Erfahrungen aussetzt. Meist ist für diesen Fall nicht genug Verarbeitungskapazität vorhanden, das heißt, wir wären außerstande, die beängstigenden und schmerzvollen Eindrücke, die da ungefiltert auf uns einströmen würden, auszuhalten. Die Psyche würde entgleiten; Halluzinationen oder Verfolgungsängste könnten die Folge sein.

Um dies zu vermeiden, ist es ratsamer, sich den eigenen Schreckensbildern nicht unmittelbar, sondern erst einmal indirekt zu nähern. Perseus, der Held der griechischen Mythologie, hat es uns vorgemacht: Um nicht durch den direkten Anblick der Medusa mit ihrem Schlangenhaupt vor Schreck zu erstarren, hat er sie nicht direkt angeschaut, sondern sie lediglich im Spiegel betrachtet. Auch wir können in einen Spiegel schauen, um möglichen Schaden von uns abzuwenden. Diesen Spiegel finden wir in der Person unseres Partners.

Denn nur beim Partner können wir wahrnehmen, welchen Ballast dieser aus der Vergangenheit in die Beziehung eingebracht hat. Für die eigenen mitgeführten Altlasten ist man meistens nahezu blind. Diese blinden Flecken lassen sich trotz besten Willens nicht ohne Weiteres beseitigen. Deshalb kann uns nur der Partner in seiner Spiegelfunktion all das offenbaren, was wir bei uns selbst nicht wahrzunehmen vermögen. Das heißt aber auch: Das, was wir im anderen beklagen, finden wir immer auch in uns selbst.

Die fiktive Kontaktanzeige

Mit einer einfachen Übung lassen sich wichtige Informationen über die eigene Person gewinnen: Hierzu müssen als erstes all die Eigenarten aufgelistet werden, die beim Partner am meisten stören. Man kann diese Liste auch mit den als abträglich erlebten Eigenschaften früherer Partner ergänzen. Hat man auf diese Weise eine ausreichende Anzahl missliebiger Eigenschaften zusammengetragen, so kann man damit nun eine fiktive Kontaktanzeige formulieren. Hier ein extremes Beispiel:

Ich suche einen Partner, der unzuverlässig ist und sich gehen lässt. Er sollte möglichst aggressiv sein und wenig Interesse für mich zeigen. Vor allem sollte er liebesunfähig sein.

Die betrübliche Erkenntnis dieser Übung ist, dass man *genau* die Anzeige, die durch die Übung entstanden ist, ursprünglich einmal tatsächlich aufgegeben hat. Nicht mit Tinte auf Papier und natürlich auch nicht bei einem Zeitungsverlag. Vielmehr hat man unbewusst nach einem Partner Ausschau gehalten, dessen spezifisches Verhalten einen Reifungsgrad widerspiegelt, der ungefähr dem eigenen entspricht. Denn eine Beziehung kommt nur mit Partnern zustande, die sich auf einem annähernd ähnlichen Entwicklungsniveau befinden. Anderenfalls würde sich die Beziehung schnell wieder auflösen. Es kann deshalb davon ausgegangen werden, dass die Partner in einer Partnerschaft hinsichtlich ihrer psychischen Reife immer »ebenbürtig« sind, auch wenn sich dies ganz unterschiedlich äußern mag.

So unerfreulich das Ergebnis dieser Übung für manche ausgefallen sein mag, so ist die damit einhergehende Erkenntnis doch sehr förderlich: Denn sobald sich jemand dieser Zusammenhänge bewusst wird, beginnt bei ihm bereits ein Veränderungsprozess. Solange diese Bewusstwerdung noch nicht möglich ist, wird er – trotz aufrichtig gemeinter gegenteiliger Beteuerungen – immer wieder entsprechende Partner anziehen. Der Mensch kann es nämlich keineswegs kontrollieren, in wen er sich verliebt und wen er sich als Partner »auserwählt«.

Sage mir, mit wem du gehst, und ich sage dir, wer du bist.
Volksweisheit

Partnerwahl ist keine Partner-Wahl

Die Bezeichnung »Partnerwahl« ist grundsätzlich irreführend, denn nach den derzeitigen Erkenntnissen gründet sich diese »Wahl« auf keine freie, bewusste Entscheidung. Vielmehr sind an der »Wahl« eines Partners im Wesentlichen unbewusste Mechanismen beteiligt. Im Kindesalter werden wir auf das Bild der uns nahestehenden Menschen geprägt. Dadurch reagieren wir unser ganzes Leben lang auf Menschen, die diesem Bild ähnlich sind. Sie geben uns ein Gefühl inniger Vertrautheit.

Spätestens seitdem Konrad Lorenz aufgrund seiner bekannten Studien mit Graugänsen und Enten die Auswirkungen früher Prägung bei Lebewesen nachweisen konnte, wissen wir, dass bestimmte Merkmale von Menschen, auf die wir unser erstes – sexuelles – Interesse richten, auch später mit hoher Wahrscheinlichkeit eine Anziehung auf uns ausüben werden. Das bedeutet, dass meist nach einem Partner Ausschau gehalten wird, der in struktureller Hinsicht, also von der psychischen Struktur her, den Eltern gleicht.

Auch die eigenen psychischen Strukturen – sowie die damit verbundenen unbewussten Konflikte – spielen eine zentrale Rolle. In erster Linie fühlen wir uns immer dann zu einem fremden Menschen hingezogen, wenn er uns in irgendeiner Hinsicht gleicht. Wenn der andere in uns etwas berührt und somit eine Resonanz auslöst, entsteht das Gefühl der Gewissheit: Das ist er! Das ist die Person, auf die ich immer gewartet habe.

Da hierbei wiederum unbewusste Komponenten den Ausschlag geben, entzieht sich dieses wechselseitige Hingezogensein unserer bewussten Steuerung. Das bedeutet, wir orientieren uns bei der Suche nach einem Partner unbewusst sowohl an den eigenen inneren Strukturen als auch an denen der frühen Vorbilder. Dadurch wird uns gewissermaßen eine Fortsetzung des uns aus der Herkunftsfamilie bekannten und vertraut gewordenen Verhaltens ermöglicht. Ausgangsbasis ist vor allem die Qualität der emotionalen Bindungen, die ein Mensch bisher erleben und verinnerlichen konnte. Hierdurch wird das Niveau festgelegt, von dem aus die unbewusste »Wahl« erfolgt.

Häufig wird auch ein Partner »gewählt«, der in Bereichen, in denen eigene Tendenzen zur Entfaltung drängen, bereits entwickelter ist. Denn sobald ein Partner die eigenen Ideale bereits verwirklicht hat, übt er damit eine Vorbildfunktion aus. Bislang noch latente Eigenschaften können durch die Verbindung mit ihm müheloser an die Oberfläche gelangen. In diesem Fall hat der Partner die Funktion eines »Entwicklungshelfers«. Und selbst wenn sich die noch unentwickelten Teile der eigenen Persönlichkeit nicht entwickeln sollten, kann man immerhin durch Identifikation an diesen Eigenschaften teilhaben.

Äußere Merkmale der Partner spielen meist eine untergeordnete Rolle. Wir haben zwar ein eingespeichertes Raster, nach dem wir beispielsweise Gesichter beurteilen. Doch im Wesentlichen reagieren wir auf psychische Komponenten. Diese nehmen wir unbewusst durch die Signale auf, die andere aussenden. Hierbei wird eine untrügliche Intuition wirksam. Mit unserem sensiblen Wahrnehmungsapparat können wir fast augenblicklich alles von unserem Gegenüber wahrnehmen. Bereits beim ersten Zusammentreffen werden in kürzester Zeit alle relevanten Informationen in Erfahrung gebracht. Der erste Eindruck erweist sich deshalb oft als erstaunlich treffsicher. Wir sind uns gar nicht darüber im Klaren, dass es uns tatsächlich möglich ist, in den ersten Minuten nicht nur Vordergründiges, sondern den ganzen Menschen zu erfassen. Sein Sprechverhalten, seine Körpersprache und seine Reaktionen bilden insgesamt eine Melodie, auf die wir schneller reagieren, als wir sie gedanklich erleben und in Worte fassen könnten. Der Beweis dafür sind Partnerschaften, die aufgrund von »Liebe auf den ersten Blick« entstanden sind. Sie unterscheiden sich in keiner Weise von jenen, die aus einer allmählich entstandenen Verliebtheit hervorgegangen sind.

Während die jeweiligen Unterschiede für die notwendige Faszination sorgen, bilden die grundlegenden Ähnlichkeiten zwischen den Partnern auch später das Fundament ihrer Beziehung. Hierauf bauen sich beide eine eigene Welt. Das neu entstandene Universum ihrer Beziehung ist nicht das gleiche wie das, das jeder von ihnen für sich allein besaß. Es ist genauso einzigartig wie die beiden Persönlichkeiten, die sich darin zusammengefunden haben. Die Qualität dieses Universums ist in hohem Maße abhängig von der psychischen Verfassung der darin befindlichen Partner. Insbesondere spielt das jeweilige Selbstgefühl eine entscheidende Rolle.

24

Partnerwahl und Selbstgefühl

Die breiteste Ausgangsbasis für die »Wahl« des Partner ist das Verhältnis, welches ein Mensch zu sich selbst hat. Denn es ist vor allem das Niveau des Selbstgefühls, welches die Vorgabe dazu bereitstellt, in welchen Menschen sich jemand verliebt und wie er sich in der Beziehung zu ihm verhält. Wer sich wertschätzt und in Übereinstimmung und Harmonie mit sich selbst ist, wird automatisch Personen anziehen, die sich ebenso wertschätzen und mit sich im Reinen sind. In erster Linie geht es hierbei um den Wunsch nach Gesehenwerden. Je mehr jemand den Wert seiner eigenen Person empfindet, desto mehr will er auch von anderen gesehen werden. Und andererseits ist nur so jemand in der Lage, den anderen wirklich zu sehen.

So wie sich ein Mensch mit hoher Bildung nicht unbedingt von einem Menschen mit geringer Bildung angezogen fühlen wird, nicht etwa aus Überheblichkeit, sondern weil er sich nicht befriedigend mit ihm austauschen kann, so wird sich ein Mensch mit hoher Selbstachtung kaum von einem Menschen mit niedriger Selbstachtung angezogen fühlen. Mit einem Menschen, der sich aufgrund von Minderwertigkeitsgefühlen in seinem Sosein versteckt und sich dann aber trotzdem immer in den Vordergrund rücken möchte, ist der beglückende Austausch von Sehen und Gesehenwerden nämlich auch nicht möglich.

Diese Gesetzmäßigkeit hat enorme Konsequenzen: Zwei Menschen mit einem guten Selbstgefühl und mit der damit einhergehenden Lebensfreude werden natürlich eine völlig andere Beziehung führen können als zwei Menschen, die unter einem schlechten Selbstgefühl und der dadurch fehlenden Lebensfreude leiden. Letzteren fehlen von vornherein die Voraussetzungen für eine reife und damit befriedigende Beziehung. Diese wichtige Ausgangslage wird in Konfliktfällen meist übersehen. Es sind nämlich die »Errungenschaften« jedes Einzelnen, das heißt seine psychische Reife, sein Selbstgefühl und nicht zuletzt seine Liebesfähigkeit, die den Ausschlag dafür geben, welche Art von Beziehung er haben wird.

Gleich und Gleich gesellt sich gern.
Volksweisheit

Gründe für das Verlieben

Es ist von entscheidender Bedeutung, in wen sich jemand verliebt. Bereits mit der »Wahl« eines ganz bestimmten Menschen erfolgt eine zentrale Weichenstellung. Denn die Persönlichkeit des Partners entscheidet über den gesamten Verlauf der Paarbeziehung. Bereits in den ersten Begegnungen sind die späteren Konflikte und Brüche schon angelegt. Wesentlich ist hierbei natürlich die eigene Persönlichkeit. Aufgrund des Grads der erreichten Reife werden eben ganz bestimmte Partner angezogen, während andere eher abgestoßen werden.

Oft ist der Wunsch nach einer Partnerschaft eher durch das Erleben eines Mangels oder das Gefühl eines Defizits motiviert. Die »Partnerfindungsmechanismen« funktionieren dabei offenbar nach vollkommenen Harmoniegesetzen, denn man findet immer genau denjenigen, den man gerade für den nächsten Entwicklungsschritt braucht. Die eigenen Entwicklungsrückstände und die sich daraus ergebenden Konflikte sollen möglichst überwunden werden. Mit Hilfe des Partners soll all das bewältigt werden, was allein bisher nicht möglich war. Die einstige Ausgangssituation lässt sich jedoch nur mit einem Partner herstellen, der aufgrund eines vergleichbaren familiären Hintergrunds auch ähnliche Konflikte hat. Deshalb sucht sich jeder genau die Person, mit der er eine bisher noch nicht vollzogene Entwicklung nachholen könnte. Hierin liegt das eigentliche Motiv, sich einem ganz bestimmten Menschen zuzuwenden.

Auf der sichtbaren Ebene mögen die Unterschiede noch so groß sein, und die Umwelt mag sich fragen, wie diese beiden Menschen ein Paar werden konnten. Als Erklärung wird dann oft der Spruch »Liebe macht blind« bemüht. Auf der unsichtbaren Ebene hingegen, also in psychischer Hinsicht – davon kann man immer ausgehen – passen die beiden perfekt zusammen. Im Partner findet nämlich jeder ein ähnliches Entwicklungsniveau. Und dies wird unbewusst genau erfasst. Liebe macht uns folglich nicht blind, sondern sogar in besonderer Weise sehend.

Vielleicht hat der Partner Schwierigkeiten bezüglich der gleichen Gefühle. Oder er konnte sich bisher ebenso wenig aus früheren Beziehungen lösen. Vielleicht hat er ähnliche Verletzungen und Kränkungen erfahren oder ist genauso traumatisiert. Dann hat er sicher die gleichen Ängste vor einer Wiederholung all dieser Erfahrungen. In welcher Hinsicht auch immer: Man wird im Partner stets einen wesentlichen Teil von sich selbst finden.

Auf dem ersten Blick ist das oft nicht zu erkennen, denn gleiche Konfliktlagen werden in Partnerschaften meist in entgegengesetzten Verhaltensweisen ausgetragen. So ist der eine vielleicht besonders aggressiv, während sich der andere besonders unterwürfig verhält. Doch die zugrunde liegende Konfliktsituation ist die gleiche. Aufgrund der Übereinstimmung lebensgeschichtlicher Erfahrungen können die beiden die einstige Familiensituation erneut in Szene setzen und nun noch einmal versuchen, andere, bessere Lösungen zu finden. Insofern steht hinter dem Eingehen einer Partnerschaft immer auch der Wunsch nach Entwicklung und Heilung.

Die Wahrnehmung des Partners

Niemand kann die Wirklichkeit voll erfassen. Unser Verstand ist nämlich nicht in der Lage, das zu erkennen, was »wirklich« ist. Vielmehr sehen wir alles durch die Brille unserer Vorerfahrungen. Und so hängt auch die Einschätzung einer Person weniger von den vorhandenen Informationen ab, die jemand über sie erhält, als von seinen Meinungen, die er sich aufgrund dieser Informationen gebildet hat. Diese Meinungen sind aufgrund früherer Erfahrungen entstanden. Von dieser Basis aus werden einer anderen Person bestimmte Eigenschaften zugeschrieben. Das heißt, frühere Erfahrungen und die daraus hergeleiteten Meinungen werden jeweils auf die Gegenwart projiziert, so dass alles Wahrgenommene die eigene Färbung und Gestalt erhält. Dort, wo das reale Bild nicht genau passt, versucht der Verstand, die bestehenden Überzeugungen daran anzupassen. Der

Mensch ist also – ohne sich dessen bewusst zu sein – immer versucht, dem anderen gewisse Züge überzustülpen oder etwas in ihn hineinzusehen, das dort gar nicht vorhanden ist, sondern eher den eigenen Annahmen entspricht.

Das Bild, welches wir uns von anderen machen, kommt zunächst allein durch innere Bilder und persönliche Konstrukte zustande. Das gilt für alle menschlichen Wahrnehmungen und bedeutet, dass jede Wahrnehmung eines anderen Menschen immer auch von eigenen Projektionen durchsetzt ist. Hier liegt die Ursache dafür, dass Menschen auf völlig unterschiedliche Weise beschrieben werden können – und das oftmals in einem Ausmaß, dass diese gar nicht mehr hinter der Beschreibung zu erkennen sind. Unsere inneren Bilder wiederum speisen sich vor allem aus früheren Erfahrungen mit den wichtigen Bezugspersonen. Inwieweit jemand einem anderen Menschen beispielsweise Mitgefühl entgegenbringt oder mit Aggressionen auf ihn reagiert, hat immer auch mit diesen frühen verinnerlichten Bildern zu tun. Hierbei handelt es sich um »ganz normale« Verzerrungen der Wahrnehmung, die immer wirksam sind.

Wir können also nie wissen, wie unser Partner wirklich ist. Deshalb ist es völlig legitim, sich ein Bild von ihm zu machen. Fatal wäre es hingegen, ihn auf dieses Bild festzulegen. Es ist vielmehr notwendig, immer wieder zu fragen: »Wird das Bild, welches ich von meinem Partner habe, im Zusammenleben mit ihm bestätigt?« Das heißt, wir müssen immer wieder überprüfen, ob er das Bild speist, welches wir von ihm haben. Anderenfalls müssten entsprechende Korrekturen vorgenommen werden. Dadurch, dass das Bild in der Auseinandersetzung mit dem Partner fortwährend korrigiert wird, erweitert sich das eigene Konstruktsystem, das heißt, die verinnerlichten Beziehungserfahrungen werden zunehmend differenziert. Damit kann man ein ganzes Leben lang beschäftigt sein. Aber das macht auch den Reiz einer Partnerschaft aus: Man kann sich immer wieder überraschen lassen.

Himmel, Hölle und Zwischenreich:
Drei wesentliche Beziehungsgruppen

Alle Beziehungen lassen sich drei wesentlichen Beziehungsgruppen zuordnen. Natürlich sind derartige Grobeinteilungen immer sehr schematisch, und viele feine Abstufungen, die langsam ineinander übergehen, können hierbei nicht berücksichtigt werden. Andererseits machen grobe Charakterisierungen eine Orientierung möglich. Und viele Paare, die in Krisen geraten sind, aus denen sie nicht mehr herausfinden, brauchen dringend konkrete Orientierungshilfen, mit denen sie sich aus dem unübersichtlichen Dschungel anhaltender Streitereien und gegenseitiger Schuldzuweisungen befreien können. Nur zu oft trennen sich die Partner, weil sie hilflos sind angesichts ihrer nicht enden wollenden Auseinandersetzungen. Die meisten können hinterher nicht einmal sagen, weshalb ihre Beziehung tatsächlich gescheitert ist.

Die Einteilung in drei wesentliche Beziehungsgruppen dient dazu, die Qualität einer Partnerschaft – außerhalb eines aktuellen Konfliktes – annähernd einschätzen zu können. Erst dadurch eröffnen sich Handlungsmöglichkeiten zur Überwindung von Krisensituationen.

Die drei wesentlichen Beziehungsgruppen beziehen sich weitgehend auf die Theorie der Bindungsstile des englischen Psychoanalytikers John Bowlby. Diese leitet sich von der Beobachtung frühkindlichen Verhaltens ab. Hierbei hat sich gezeigt, dass unterschiedliche Erfahrungen mit den Bezugspersonen zu unterschiedlichem Bindungsverhalten führen. John Bowlby konnte bei Kindern drei unterschiedliche Bindungsstile beobachten, und zwar einen als »sicheren Bindungsstil« und zwei als »unsicheren Bindungsstil« bezeichneten. Letztere unterscheiden sich vor allem in der Ausprägung wahrgenommener Unsicherheit. Ausführlicher habe ich die Bindungstheorie unter Anmerkung 2 dargestellt.

Wir wissen inzwischen, dass der gleiche Stil von Bindung später in der Partnerschaft wiedererschaffen wird. Das heißt, die Qualität der Bindung an die Eltern bestimmt weitgehend die Qualität der Bindung an den Partner. Da Konflikte in der ursprünglichen Eltern-Kind-Beziehung im Erwachsenenalter wiederholt und die einstigen Erfahrungen auf spätere Partner übertragen werden, habe ich den drei Bindungsstilen jeweils drei Beziehungsgruppen zugeordnet und sie nach ihrer jeweiligen Qualität benannt:
- reife, befriedigende Beziehungen (Himmel),
- unbefriedigende Beziehungen (Zwischenreich),
- unreife, destruktive Beziehungen (Hölle).

Natürlich wird es bei einzelnen Paaren eine Fülle von Überschneidungen und Subkategorien geben. Die menschliche Persönlichkeit ist hoch komplex, und diese Komplexität potenziert sich in der Paarbeziehung. Dennoch hat die Einteilung in drei wesentliche Gruppen einen großen Nutzen: Es lässt sich schnell feststellen, in welchen Konfliktsituationen relativ leicht Abhilfe geschaffen werden kann.

Viele Paare könnten eine Trennung vermeiden. Zumindest diejenigen, die zu den 16 Prozent der Bevölkerung gehören, die der Psychoanalytiker Arno Gruen als »der Liebe verbunden« ansieht (Gruen, 1993, S. 13). Diese Menschen gehören in die Gruppe der *reifen, befriedigenden Beziehungen.* Ihnen stehen nach Meinung Gruens 16 Prozent gegenüber, die »durch Nicht-Liebe geformt wurden« (S. 13).[3] Das wären die Menschen, die meinem Schema nach in der Gruppe der *unreifen, destruktiven Beziehungen* gefangen sind. Das große Mittelfeld bilden all jene, die zwischen diesen beiden Randbereichen liegen. Das sind die Menschen, die sich meiner Unterteilung nach in der

---

3 Die Prozentangaben hat Gruen aus Erich Fromms »Empirische Untersuchungen zum Gesellschafts-Charakter« hergeleitet.

Gruppe der *unbefriedigenden Beziehungen* zusammengefunden haben.

Reife, befriedigende Beziehungen – Himmel: Zu dieser Gruppe gehören all jene Menschen, die fähig sind, eine harmonische und befriedigende Liebesbeziehung über einen längeren Zeitraum aufrechtzuerhalten. Beide Partner stehen in einer solchen Beziehung gleichwertig nebeneinander. Jeder steht für sich allein und doch sind beide durch ihre Liebe eng miteinander verbunden. Jeder von ihnen hat seine kindlichen Bedürfnisse weitgehend gestillt und all die notwendigen Reifungsschritte vollzogen, die ihn zu einem autonomen, liebesfähigen Erwachsenen heranreifen ließen.

Reife Beziehungen basieren in erster Linie auf der wechselseitigen Liebe beider Partner. Gegenseitiger Respekt, Einfühlung in den Partner und offene Kommunikation sind vorherrschende Merkmale dieser Verbindungen. Ein Außenstehender kann oft an den mimischen und gestischen Reaktionen der beiden Partner beobachten, wie fein sie aufeinander eingestimmt sind. Sie bewegen sich im Einklang, als tanzten sie miteinander.

Im alltäglichen Leben der beiden trifft nicht nur deren äußere Welt, sondern vor allem auch deren innere Welt aufeinander; das heißt, die Art, wie sie denken und wie sie fühlen. Weitgehende Übereinstimmungen ihrer inneren Welten – besonders hinsichtlich des vorherrschenden Lebensgefühls – sind deshalb unerlässlich. Bei zu großen Unterschieden hinsichtlich des Lebensgefühls könnten die Partner einander in ihren Gefühlen und emotionalen Reaktionen nicht verstehen.

Im Verlauf einer langjährigen Beziehung kommt es unter dieser Voraussetzung dann auch noch zu weiteren wechselseitigen Anpassungs- und Angleichungsprozessen, so dass sich die Partner immer ähnlicher werden.

Die anfängliche Begeisterung für den anderen kann zwar kaum auf so hohem Niveau gehalten werden, doch bleibt sie im Idealfall weiterhin stark ausgeprägt. Das trägt dazu bei, dass die Sexualität in diesen Fällen auch während vieler gemeinsamer Lebensjahre leidenschaftlich bleibt.

Derart glückliche Beziehungen sind jedoch noch relativ selten. Das liegt daran, dass nur die wenigsten Menschen in unserem

Kulturkreis alle hierzu notwendigen Reifungsschritte bewältigen konnten. Die meisten haben deshalb auf manchen Ebenen noch nicht die notwendige Reife für eine vollkommene Beziehung erlangt. Und auf jeder Ebene, auf der jemand nicht reif genug ist, kann er auch keine reife Beziehung, die er als vollkommen erleben würde, zu einem Partner eingehen.

Unbefriedigende Beziehungen – Zwischenreich: Einer Studie zufolge weisen 70 Prozent aller Verheirateten »scheidungsrelevante« Merkmale auf. Das heißt, sie gehören hinsichtlich ihres Scheidungsrisikos zu einer Risikogruppe (ZDF-Texttafel vom 4. 1. 2006). Über zwei Drittel der Paare führen demnach keine »befriedigende Beziehung«.

Diese betrübliche Tatsache hat ihre Wurzeln in der Kindheit. In vielen Fällen kann sich die Liebesfähigkeit aufgrund von frühkindlichen Ängsten, Konflikten und anderen Hindernissen nicht oder zumindest nicht ausreichend entwickeln. An der Ausprägung der Schwierigkeiten in zwischenmenschlichen Beziehungen lässt sich ablesen, unter welchen früh erworbenen Selbstzweifeln und entwicklungsbedingten Reifeverzögerungen der Einzelne jeweils leidet. Je ausgeprägter die Entwicklungsdefizite sind, desto dringlicher ist das Bedürfnis, durch einen Partner gleichsam davon erlöst zu werden. Die Betroffenen sind zwar auch daran interessiert, ihre Beziehung zu vertiefen, doch nicht, um einem geliebten Menschen immer näher zu sein, sondern um ihre Defizite auszugleichen. In ihrer Beziehung suchen sie das, wonach sie sich seit jeher sehnen. Sie wollen sich bei ihrem Partner aufgehoben, sicher und bestätigt fühlen, je nachdem, was ihnen selbst fehlt, um sich ganz und heil zu fühlen.

In der Regel finden jeweils zwei Partner zusammen, die unter ähnlichen Defiziten leiden. Beide fühlen sich sofort auf magische Weise zueinander hingezogen. Der Beginn ihrer Beziehung erscheint ihnen als große Verheißung. Es ist wie ein geheimes Einverständnis, dass die beiden unbewusst »ineinander haken« lässt. Sie haben oft schon beim Kennenlernen das Gefühl, dass hier etwas »passt«, so dass sie glauben, endlich den Menschen ihrer Träume gefunden zu haben.

Aufgrund der nicht ausreichend entwickelten Liebesfähigkeit kann sich die anfängliche Verliebtheit jedoch nicht in Liebe verwandeln. Deshalb sind Beziehungen, die auf dieser Grundlage entstehen, höchst störanfällig. Im Verlauf der Beziehung wird dann das anfangs so positiv erlebte Zusammensein mit dem Partner mehr und mehr von Schwierigkeiten verdeckt. Alte Verletzungen werden nun wieder aktualisiert. Die daraus entstehenden Auseinandersetzungen können nicht beigelegt werden, weil in diesem Szenario immer unbewusste Konflikte aus der Kindheit in den Vordergrund drängen.

Unreife, destruktive Beziehungen – Hölle: Diejenigen, die in einer unreifen Beziehung gefangen sind, haben schon als Kind das schmerzliche Gefühl des Abgelehntwerdens kennengelernt. Sie erwarten regelrecht eine Katastrophe, wenn sie sich als Erwachsene verlieben. Aus sämtlichen früheren Liebeserlebnissen haben sie »gelernt«, dass Liebe mit Kränkung und Schmerz verbunden ist, und sie wissen deshalb, dass Liebe immer auch Qual bedeutet.

Die von einer liebesfähigen Person dargebotene Liebe könnte von diesen Menschen gar nicht als solche wahrgenommen werden. Sie wird vielmehr als etwas Fremdes empfunden, als etwas, dass mit ihrer Erfahrung von Liebe nichts zu tun hat. Ihnen sind aufrichtige Gefühle, beispielsweise des Akzeptiertseins und Geschätztwerdens, nicht vertraut. Aus diesem Grund können diese Menschen nicht auf Signale von echter Liebe reagieren oder diese beantworten. Vielmehr bleiben sie an das ursprünglich erfahrene Muster gebunden. Deshalb üben vor allem Menschen mit weitgehendem Desinteresse eine Anziehungskraft auf sie aus.

Hierin liegt auch die Erklärung dafür, weshalb Menschen, denen man nachsagt, dass sie »zu sehr lieben«, oft in Beziehungen über Jahre hinaus ins Leere hoffen und sich an einen Partner gebunden fühlen, von dem nie etwas zurückkommt. Da ihnen die Erfahrung fehlt, geliebt zu werden, verstehen sie unter »Liebe« die damit einhergehenden schmerzlichen Gefühle.

In einer solchen Beziehung treffen zwei psychisch verletzte Wesen aufeinander, die beide darauf aus sind, sich irgendwie von ihren inneren Verletzungen zu heilen. Sie sind bemüht, mithilfe des Partners die Fehlentwicklungen ihrer Persönlichkeit auszugleichen und versuchen deshalb, Szenarien aus der Vergangenheit wiederzubeleben, um damit das qualvolle und unabgeschlossene Geschehen ihrer Kindheit doch noch zu einem guten Ende bringen zu können. Aufgrund der Fülle von unverarbeitet gebliebenen Verletzungen sind sie gegenüber ihrem Partner jedoch gefühlsmäßig blockiert. Auch hierin liegt die grundlegende Ähnlichkeit, aufgrund derer sie – auf der unbewussten Ebene – so anziehend füreinander sind. Die wichtigsten Fähigkeiten für eine halbwegs befriedigende Beziehung sind bei den betroffenen Menschen völlig verkümmert. Vor allem fühlen sie sich tief im Innern minderwertig. Deshalb trauen sie sich nicht, den Partner in ihr Inneres hineinschauen zu lassen. Vielmehr hoffen sie, von ihrem Partner aufgewertet zu werden. Und sie sind enttäuscht, dass der Partner dies nicht zu leisten vermag.

Es gibt für diese Menschen scheinbar keine andere Lösung, als zu hoffen, dass sie durch ihre Beziehung geheilt werden können. Für beide Partner ist die Beziehung demnach eher ein gemeinsamer Selbstheilungsversuch. Doch muss dies gerade scheitern, weil beide nicht dazu in der Lage sind, dem anderen die für eine Heilung notwendige Liebe geben zu können.

Jedes Jahr nehmen sich ungefähr 10.000 Menschen das Leben, etwa zehn Mal mehr versuchen, sich umzubringen. Diese mehr als 100.000 verzweifelten Menschen haben offenbar keinen anderen Ausweg gesehen. Demgegenüber gibt es eine Vielzahl von Menschen, die in einer verzweifelten Lebenssituation ausharren. Viele von ihnen leben in unreifen, destruktiven Beziehungen.

34

Wer sich stets von Neuem an dem Wesen seines Partners erfreuen, Vergnügen an seiner Gegenwart empfinden und im Zusammensein mit ihm höchste Befriedigung und Erfüllung erleben kann – der, aber auch nur der, kann von Liebe sprechen.
frei nach Eugen Drewermann

Der Himmel – Reife, befriedigende Beziehungen

Hier soll es um wahrhaftige Liebesbeziehungen gehen. Unzählige Dichter und Philosophen haben sich über die Jahrhunderte hinweg mit dem Wesen von Liebesbeziehungen beschäftigt. Doch bei sämtlichen Liebesgeschichten, die in der Literatur zu finden sind, handelt es sich immer zugleich um Tragödien. Das liegt nicht etwa daran, dass Liebesbeziehungen immer tragisch enden, sondern vor allem an dem Umstand, dass es über glückliche Liebespaare nicht viel zu erzählen gibt. Zumindest lassen sich aus ihrem Glücklichsein keine spannenden Geschichten schreiben; denn spannende Geschichten handeln nun einmal zumeist vom Scheitern. Außerdem sind glückliche Paare immer auf ähnliche Weise glücklich. Ihre Beziehungen sind durch die immer gleichen, ganz spezifischen Merkmale gekennzeichnet, die das gemeinsame Glück zu garantieren scheinen.

Partnerschaftskonflikte treten dort auf, wo es drastische Abweichungen von diesen Merkmalen gibt. Bevor ich mich eingehender mit den Merkmalen reifer Paarbeziehungen beschäftigen werde, will ich im Folgenden zunächst den Übergang von der Verliebtheit zur Liebesbeziehung skizzieren und erklären, was ich unter einer »reifen Paarbeziehung« verstehe.

Von der Verliebtheit zur Liebe

Das plötzliche Verliebtsein stellt einen außerordentlichen Zustand dar, der sich kaum mit anderen Lebenssituationen vergleichen lässt. Die Verliebten verstehen oft selbst nicht, was mit ihnen geschieht. Da sich zwei Verliebte meist erst kurze Zeit kennen, stellt ihre Verliebtheit eine illusionäre Vertrautheit zwischen ihnen her. Dadurch wird ihnen ihre Fremdheit nicht bewusst.

Sätze wie »Es kommt mir vor, als würden wir uns schon ewig kennen!« zeugen davon. Jeder Verliebte idealisiert seinen Partner und möchte am liebsten in ihm aufgehen. Dieser Wunsch führt dazu, dass zwei ineinander verliebte Menschen zu Beginn ihrer Beziehung tatsächlich in einer Symbiose verschmelzen.

Dieser illusionäre Zustand lässt sich jedoch nicht allzu lange aufrechterhalten. Schon nach einigen Monaten wird den Verliebten mehr und mehr bewusst, dass sie sich in einer Traumwelt befinden. Ihr Realitätssinn kehrt nach und nach zurück. Sie nehmen jetzt Abschied vom überhöhten Bild des Partners. Eine wohlwollende Sicht auf den Partner bleibt zwar weiterhin bestehen, doch statt ein illusionäres Bild anzuhimmeln, wächst nun die Freude an der realen Person – mit all ihren menschlichen Schwächen und Eigenheiten.

Die allmähliche Auflösung der Symbiose führt nun zur Rückkehr der Autonomie, so dass sich jeder wieder stärker auf sich selbst gestellt fühlt. Untergründig jedoch bleibt weiterhin eine sehr starke Verbindung bestehen. Dadurch entsteht ein reizvolles Spannungsverhältnis: Man ist zwar voneinander getrennt, doch zugleich in besonderem Maße aufeinander bezogen. Die weitere Grundlage der Beziehung bilden von nun an die übereinstimmenden inneren Welten beider Partner. Maßgebend sind nicht nur gleiche Wertvorstellungen, sondern vor allem auch ähnliche unbewusste Konstellationen. Hierdurch wird es möglich, dass jeder den anderen auf einer tieferen Ebene als Teil der eigenen Person wahrnehmen kann. Daraus erwächst ein intensives Gefühl der Zusammengehörigkeit.

Während die strukturellen Ähnlichkeiten die weitere Basis für die Beziehung bereitstellen, tragen die strukturellen Unterschiede dazu bei, in einen Prozess ständiger Auseinandersetzungen einzutreten, der beiden zahlreiche Impulse für ihre jeweilige Weiterentwicklung gibt. Denn konstruktive Auseinandersetzungen und daran anschließende Anpassungsprozesse führen zu Auflockerungen des Persönlichkeitsgefüges. Dadurch wird die jeweilige Persönlichkeit zu einem gewissen Grad noch einmal umstrukturiert.

Die reife Paarbeziehung

Die Begriffe »Reife« und »Unreife« beziehen sich auf das Spektrum von Entwicklungsstadien. Während es bei biologischen Reifegraden meist eindeutig ablesbare Merkmale gibt, lässt die Komplexität der menschlichen Psyche eine eindeutige Bestimmung des Reifegrades nicht ohne Weiteres zu. Vielmehr bewirken unterschiedlich ausgeprägte Entwicklungslinien, dass jemand in einigen Lebensbereichen durchaus als reif, in anderen wiederum als unreif einzustufen sein kann.

Wenn im Folgenden von reifer Paarbeziehung die Rede ist, dann setzt diese immer eine relative Reife der daran beteiligten Individuen voraus. Unter relativer Reife wird hier die weitgehend erfolgreich abgeschlossene Bewältigung einstiger Entwicklungsaufgaben verstanden, also die gelungene Loslösung von den Eltern, ein gewisses Maß an Identität und Autonomie, eine stabile Selbstachtung und vor allem auch eine ausreichend entwickelte Liebesfähigkeit, denn diese ist schließlich eine der wichtigsten Voraussetzungen dafür, dass eine Partnerschaft gelingt.

In einer wirklich befriedigenden Partnerschaft berücksichtigt beispielsweise jeder Partner immer auch die Bedürfnisse des anderen weitgehend mit. Hierbei ist es die Sensibilität gegenüber den eigenen Bedürfnissen, die den einen Partner empfänglich für die Bedürfnisse des jeweils anderen macht. Über eine solche Sensibilität verfügt jedoch nur derjenige, der in seiner eigenen Entwicklung weit fortgeschritten ist und das, was ein Mensch emotional benötigt, aus seinem eigenen Inneren schöpfen kann.

Merkmale einer reifen Partnerschaft

Eine glückliche Partnerschaft zeichnet sich durch ganz spezifische Eigenschaften aus. Die nachfolgend aufgeführten Merkmale mögen als Vorgabe dienen, mit der jede Partnerschaft auf den Prüfstein gestellt werden könnte:
– Wertschätzung des Partners,
– Fähigkeit zur Ambivalenz,
– Ebenbürtigkeit im Selbstwertgefühl,

- wechselseitige Spiegelung,
- offene Kommunikation,
- Freiheit,
- klare Grenzziehungen,
- periodisches Stark- und Schwachsein,
- das Gesetz des Ausgleichs,
- erfüllte Sexualität,
- Treue.

Wertschätzung des Partners
Eine zentrale Rolle in der Paarbeziehung spielt die Fähigkeit, sich mit dem Partner zu identifizieren. Voraussetzung hierfür ist eine feste eigene Identität, damit diese nicht in einem Verschmelzungsprozess verloren geht. Durch die Identifizierung mit dem Partner bekommen dessen Bedürfnisse, Interessen, Wünsche, Gefühle und Empfindlichkeiten einen großen Stellenwert. Sie werden dann beinahe so wichtig wie die eigenen. Das heißt, jeder sorgt sich genauso um den Partner wie um die eigene Person. Auf dieser Grundlage entsteht eine Wertschätzung, die sämtliche Eigenschaften des anderen mit einbezieht. Gegenseitige Achtung und Respekt ergeben sich vor einem solchen Hintergrund geradezu von selbst.

Fähigkeit zur Ambivalenz
»Bei aller Liebe« – zwei Menschen bleiben zwei unterschiedliche Individuen. Es liegt – bisher – nicht in der Natur des Menschen, einen anderen immer und umfassend bejahen zu können. Gerade in Krisensituationen steigt die Sensibilität für die Eigenarten des Partners, die vielleicht schon in harmonischen Zeiten befremdlich erschienen. Gelegentlich müssen Partner ihren widerstreitenden Gefühlen von Anziehung und Abstoßung, von Liebe und Hass, von Einfühlung und Unverständnis und all den anderen vorstellbaren Gegensatzpaaren standhalten können.
Dies ist ebenfalls eine Entwicklungsleistung. Sie wird bereits dem Kind abverlangt; zu jener Zeit, da es erkennt, dass seine Eltern nicht die Perfektesten und Mächtigsten sind, sondern »ganz normale« Menschen, die hin und wieder auch enttäuschend er-

lebt werden. Wenn die Beziehung tragfähig ist, dann können solche negativen Gefühle stets wieder überwunden werden. Genauso verhält es sich in einer tragfähigen Liebesbeziehung zwischen Erwachsenen.

Ebenbürtigkeit im Selbstwertgefühl
Voraussetzung für die Wertschätzung des anderen ist ein Gefühl der Gleichwertigkeit, das heißt, beide Partner müssen sich in ihrem Selbstwertgefühl ebenbürtig sein. Von außen angelegte Maßstäbe spielen hierbei keine Rolle. So kann sich eine Frau ihrem Mann gegenüber durchaus als gleichwertig fühlen, auch wenn nur er beruflichen Erfolg hat und für den Lebensunterhalt beider allein aufkommt. Dies ist jedoch nur dann der Fall, wenn sie sich auf irgendeine Weise an den Voraussetzungen für seinen Erfolg beteiligt fühlt und sich somit als »Nährboden« für seine Inspirationen und Kräfte sieht, die seinen Erfolg erst möglich machten. Sobald sie sich für seine beruflichen Erfolge unentbehrlich fühlt, kann sie sich damit identifizieren und sich ihm darin ebenbürtig fühlen.

Die Notwendigkeit einer Gleichwertigkeitsbalance bezieht sich jedoch nicht nur auf äußere Belange. Sie muss auch bei Entscheidungen, im Umgang mit Konflikten sowie in allgemeinen alltäglichen Situationen berücksichtigt und immer wieder von neuem hergestellt werden. Einprägsam hierfür ist das Bild einer Wippe: In freischwebender Balance wippen beide Partner auf und ab. Mal ist der eine ein bisschen höher, dann wieder der andere. Sobald jedoch ein Partner das harmonische Auf und Ab beendet und den anderen »hungern« lässt, ist das Gleichgewicht empfindlich gestört.

Wechselseitige Spiegelung
In einer glücklichen Liebesbeziehung sind die Partner wechselseitig vom Wesen und von der Persönlichkeit des Partners fasziniert. Ihr jeweiliges Selbst rückt weit in den Vordergrund und findet so viel Beachtung wie in keinem anderen Lebenszusammenhang. Dadurch wird jedem von ihnen eine einzigartige intensive Erfahrung des Gesehenwerdens ermöglicht. Eine weitgehende Übereinstimmung der intellektuellen Fähigkeiten und

Interessen sowie grundlegender Lebenseinstellungen beider Partner bildet die Vorbedingung dafür, dass jener Spiegelungseffekt wechselseitiger Sichtbarkeit zustande kommt.

Über diese wechselseitige Spiegelung erhält jeder ganz spezifische Botschaften, denn jeder wendet sich dem anderen – oft unausgesprochen – mit den Fragen zu: Wie findest du mich? Wer bin ich für dich? Aufgrund der Rückmeldungen entstehen bei beiden unentwegt die verschiedensten Anstöße zur Selbstentdeckung. Das heißt, jeder wird bei sich bisher unerkannte Fähigkeiten entdecken. Er wird sich latenter Eigenschaften und Charakterzüge bewusst werden, die bislang nicht die Ebene seines Bewusstseins erreicht hatten.

Die Beziehung dient also als Rückmeldungssystem, als Spiegel für das eigene Innere, wodurch jeder Partner in seiner Entwicklung gefördert wird. In diesem Zusammenhang zeigt sich noch einmal, dass Liebe keineswegs blind macht. Im Gegenteil: Wer liebt, ist fähig, mit großer Klarheit bis auf den Grund – sowohl bei sich als auch beim Partner – zu sehen.

Offene Kommunikation

Die Qualität der Kommunikation entscheidet über die Qualität der Beziehung, das heißt die Art, *wie* die Partner miteinander kommunizieren, hat maßgeblichen Einfluss auf ihr gemeinsames Leben. Grundsätzlich kommunizieren Partner immer miteinander, denn es ist uns Menschen nicht möglich, *nicht* zu kommunizieren. Selbst wenn wir miteinander schweigen, so findet zwischen uns doch immer auch Kommunikation statt. Denn die wesentliche Kommunikation ist nonverbal, das heißt, wir kommunizieren mittels Mimik, Augenkontakt und Körpersprache. Selbst beim Sprechen spielt der Tonfall eine größere Rolle als die gesprochenen Worte.

Wir Menschen neigen ohnehin dazu, hinter Worten unsere Gefühle zu verbergen oder Zuhörer auf eine falsche Fährte zu führen. Ein Großteil unserer Worte dient der Tarnung oder Ablenkung. Dies geschieht nicht unbedingt bewusst, wie im Falle einer Notlüge oder gar willentlichen Lüge. Vielmehr ist es ein unbewusster Prozess, mit dem wir uns vor allem selbst vor unangenehmen Wahrheiten schützen.

Ein solcher Schutz – so notwendig er im Einzelfall auch sein mag – lässt eine Beziehung jedoch allmählich verkümmern. Denn eine Beziehung bleibt nur dann lebendig, wenn sich die Partner wechselseitig an all ihren inneren Vorgängen, ihrem inneren Erleben und allem, was ihr Selbst ausmacht, teilnehmen lassen und dadurch ihre jeweils innere Welt mitteilen – also miteinander teilen. Wer sich schonungslos offen zeigt, seine Phantasien und Wünsche äußert, seine Gefühle eingesteht und Gedanken preisgibt, der sorgt mit diesem Austausch für eine permanente Vertiefung seiner Verbindung. Eine auf dieser Basis gründende Kommunikation zwischen zwei Partnern wirkt wie ein seelisches Aphrodisiakum!

Eine derart offene Kommunikation muss allerdings gelernt und eingeübt werden, genau wie das Sprechen selbst. Wer nicht von klein auf konstruktive Kommunikationsmuster übernommen hat, der kann nicht plötzlich im Erwachsenenleben auf Aufforderung offen kommunizieren. Vor allem setzt jede derartige Offenheit sowie das Eingestehen der wahren Gefühle das Vertrauen voraus, dass der andere mit Interesse und Einfühlungsvermögen auf uns eingeht. Ein solches Vertrauen kann jedoch nur durch entsprechende Erfahrungen aufgebaut werden.

Ein Mensch muss die Erfahrung gemacht haben, dass noch keine Beziehung daran zerbrochen ist, dass er seine »negativen« Gefühle – wie Ärger und Wut – offen zum Ausdruck gebracht hat. Er muss selbst zu der Überzeugung gekommen sein, dass Beziehungen gerade dann scheitern, wenn all diese Gefühle *nicht* geäußert werden und vieles Unausgesprochene nicht zur Sprache gebracht wird.

Meist steckt dahinter die Angst, einen Streit zu entfachen, der dann nicht mehr kontrolliert werden kann. Doch gerade das Verdrängen »negativer« Gefühle führt zu Kontrollverlusten und zerstört in der Folge die Beziehung.

Wenn sich beispielsweise jemand ungerecht behandelt fühlt, regt sich in ihm Unmut. Denn es schmerzt, ungerecht behandelt zu werden. Wenn der Unmut darüber jedoch nicht angemessen zum Ausdruck gebracht wird, verschlimmert sich die Situation. Der Betroffene strahlt den Unmut mitsamt seinem Beweggrund – nämlich dem Gefühl, ungerecht behandelt worden zu sein – aus. Der Partner weiß nun zwar nicht, was den anderen bewegt, doch er empfindet die negativ geladene Ausstrahlung.

Wenn der Beweggrund weiterhin nicht zur Sprache gebracht wird, kann kein Weg zur Verständigung gefunden werden. Es gibt an dieser Stelle keine Möglichkeit einer Korrektur des ungerechtfertigten Verhaltens. Der Unmut des einen wird immer schlimmer, während der andere seinerseits nun auch entsprechend mit Unmut auf den Unmut des Ersteren reagiert. Damit aber wird der Erstere immer mehr Gründe bekommen, sich ungerecht behandelt zu fühlen. Schließlich sieht er sich im Recht. Er wird sich mehr und mehr entsprechend der angespannten Atmosphäre verhalten. Vielleicht versucht er, seine Wünsche nach Gerechtigkeit durch heimliche Manöver durchzusetzen oder sie durch Manipulation zu erreichen. Aber auch das schafft Unmut beim anderen.

Es wird zu Streiterein kommen, die nicht ums »Wesentliche« gehen. Zermürbt von der anhaltend angespannten Atmosphäre versuchen beide vielleicht, ihren jeweiligen Unmut aufzulösen, indem sie sich empfindungslos geben und so tun, »als wäre nichts«. Aber auch das wird nicht funktionieren, weil jedes unterdrückte Gefühl ausgedrückt werden will. Gefühle wollen gefühlt werden, anderenfalls suchen sie sich ein Ventil. Sie bahnen sich andere Wege an die Oberfläche. Meist entladen sie sich durch explosive Reaktionen, ironische Bemerkungen oder subtile Herabsetzungen, die nicht mehr zu kontrollieren sind.

Es mag Beziehungen geben, die nur deshalb bestehen bleiben, weil die Partner stillschweigend übereingekommen sind, über gewisse Dinge nie und unter keinen Umständen zu sprechen. Diese Beziehungen sterben jedoch innerlich ab. Es heißt dann, man habe sich nach so vielen Jahren nichts mehr zu sagen. Oder wie es gerade in der Boulevard-Presse über die Ehe eines Schauspielers hieß: »Sie haben sich auseinandergelebt«. Hierbei handelt es sich meist um verzweifelte Erklärungsversuche für etwas, dass die Beteiligten selbst nicht durchschauen können.

Um Beziehungen am Leben zu erhalten, muss gerade das Unausgesprochene – also genau das, was schwer zu sagen ist – mitgeteilt werden. Der Schmerz, der unter jedem Unmut liegt, muss befreit werden. Indem er geäußert wird, nimmt er *für beide* Gestalt an! Es gehören Aufrichtigkeit und Mut dazu, den anderen über den eigenen Ärger und dem darunter liegenden Schmerz aufzuklären und damit eine unausweichlich gewordene Konfrontation zu wagen. An dieser Stelle spielt die Empathie, also das Einfühlungsvermögen in den anderen, eine entscheidende Rolle: Kann sich der Partner in die Gefühle des anderen einfühlen und verständnisvoll reagieren? Oder wird er das Bekenntnis als ungerechtfertigten Vorwurf zurückweisen, womöglich »die Schotten dichtmachen« oder sogar dagegen »Geschütze auffahren«?

Bei empathischer Reaktion kann der Partner die Erfahrung machen, dass er auch mit seinen »negativen« Gefühlen gehört wird und auf Verständnis stößt. Dann wird er beim nächsten Mal von vornherein gar nicht erst lange abwarten. Er wird gleich äußern, wenn er sich unwohl fühlt. Und nur so kann die Liebe wachsen.

Reagiert der Partner dagegen mit Unverständnis, wird sich der andere künftig davor hüten, sich zu öffnen und Unmutsäußerungen von sich zu geben. Er wird versuchen, künftig alles, was nicht »erlaubt« ist, zu unterdrücken. Das Absterben der Beziehung ist unter dieser Bedingung nicht aufzuhalten.

Freiheit
»Liebe ist ein Kind der Freiheit« – heißt es im Volksmund. Und was wäre das auch für eine »Liebe«, die den anderen nicht in seiner Freiheit beließe? Wenn jemand seinen Partner liebt, bestätigt er ihn in seiner Unabhängigkeit. Zumal jeder der beiden Partner andere Quellen braucht, aus denen er zusätzlich schöpfen kann.

Wer wirklich liebt, will den anderen nicht für sich allein besitzen und ihn damit aller Freiheiten berauben. Deshalb wird es in einer befriedigenden Beziehung immer Spielräume, Freiheit und gelegentliches Alleinsein geben. Eine wahre Liebesbeziehung engt also nicht ein, sondern sie bereichert und erweitert. Jeder von beiden kann hier ganz bei sich bleiben und sich dennoch auch als tief verbunden mit dem anderen erleben. Das Gefühl der tiefen Verbundenheit in einer reifen Liebesbeziehung unterscheidet sich ja gerade dadurch von der frühen Mutter-

Kind-Symbiose, dass für jeden von beiden die eigene Integrität und Unabhängigkeit bewahrt bleibt. Erst dadurch kann sich das Paradox ereignen, dass zwei Wesen »eins werden« und dennoch zwei bleiben.

Klare Grenzziehungen
Damit die Partner als eigenständige Personen klar voneinander getrennt bleiben, müssen die Grenzen zwischen ihnen deutlich gezogen sein. Sie dürfen sich nicht völlig in einer Symbiose verlieren. Andererseits müssen diese Grenzen durchlässig genug bleiben, um die besondere Nähe zueinander herstellen zu können.

Nach außen müssen ebenfalls klare Grenzen gezogen werden, damit sich die Beziehung deutlich von jeder anderen Beziehung unterscheiden kann und sich die Partner als Paar fühlen können. Auch hier müssen die Grenzen durchlässig genug sein, damit Außenstehende nicht gänzlich ausgeschlossen bleiben. Durch solche Grenzziehungen kann ein Paar ein eigenes Leben in seiner eigenen Welt leben und dennoch nach außen hin offen bleiben. Das Gegenteil wären starre und rigide Grenzen: Innerhalb der Beziehung würden sie jede Nähe verhindern und außerhalb der Beziehung würden sie die Außenwelt völlig ausschließen.

Periodisches Stark- und Schwachsein
Schwache und starke Verhaltensweisen wechseln sich in einer guten Partnerschaft ab. Das heißt, keiner der Partner will immer nur stark sein und den anderen in die Rolle des Schwachen hineindrängen. Selbst wenn tatsächlich der eine der Stärkere ist, lässt es eine intakte Paardynamik nicht zu, dass er von seiner Stärke Gebrauch macht. Ein – je an den Bedürfnissen ausgerichtetes – gegenseitiges Stützen und Gestütztwerden bewahrt das Gefühl der Gleichwertigkeit und schafft ein Gefühl der Geborgenheit.

Das Gesetz des Ausgleichs
Die Harmonie in einer Partnerschaft beruht auf der Grundlage gegenseitigen Gebens und Nehmens, und zwar in ausgeglichenem Maße. Der Vergleich mit einem Bankkonto mag hier hilfreich sein: In einer zufriedenen Partnerschaft haben beide

Partner stets ausgeglichene »Konten«. Instinktiv ist jeder auf den ständigen Ausgleich von Geben und Nehmen bedacht. Hierbei sind nicht so sehr materielle Werte gemeint, sondern es kommt vor allem auf die emotionalen Beiträge an, die beide auf das Konto ihres Partners »einzahlen«. Jeder Partner investiert in die Partnerschaft, ohne dass er auf einen sofortigen Ausgleich drängt. Im Verlauf der Zeit wird jedoch – genau wie der gelegentliche Blick auf den Kontostand – immer mal wieder bilanziert. Hat einer von beiden das Gefühl, mehr investiert zu haben, ohne entsprechenden Ausgleich zu erfahren, hängt die Beziehung schief. Das andere Konto weist dann ein Plus auf, während das eigene Konto im Soll ist.

Wenn ein Partner der Meinung ist, dass er sich in einer unausgewogenen Beziehung befindet, entsteht bei ihm ein Unbehagen, das umso stärker wird, je unausgewogener er die Beziehung wahrnimmt. Die Enttäuschung über den unausgeglichenen Kontostand lässt die Unzufriedenheit wachsen. In einer guten Partnerschaft allerdings arrangieren sich die Partner unbewusst immer wieder so, dass sich Geben und Nehmen sowie »Siege« und »Niederlagen« zwischen ihnen ausbalancieren. Diesem Prinzip kommt besonders dann große Bedeutung zu, wenn die Partnerschaft durch einen langen Konflikt – beispielsweise eine Affäre – aus der Balance geraten ist und wiederhergestellt werden soll. Auf diese Situation werde ich später ausführlicher eingehen.

Erfüllte Sexualität
Eines der charakteristischen Merkmale in einer Liebesbeziehung ist das Verlangen nach sexueller Vereinigung. Glückliche Paare wollen ihrer Zusammengehörigkeit auch auf körperlicher Ebene Ausdruck verleihen. In Studien zeigte sich, dass der Charakter der Paarbeziehung bedeutsamen Einfluss auf Häufigkeit und Qualität des Geschlechtsverkehrs hat. An erster Stelle steht hier wieder die Liebe, denn nur mit Liebesgefühlen lässt sich erfüllte Sexualität erfahren.

Wenn die Liebesfähigkeit voll entwickelt ist, kommt die Sexualität als weitere Erlebnismöglichkeit hinzu, es eröffnet sich ein neues Feld der sinnlichen Entfaltung. Die Lust ist dann kein isoliertes Bedürfnis, sondern eine Ergänzung im Sinne einer Vervollkommnung und Erweiterung. Der Sexualakt ist dann am intensivsten, wenn er gleichzeitig die Liebe zum eigenen Selbst, die Liebe zum Leben und die Liebe zum Partner ausdrückt. Unter dieser Voraussetzung können sich zwei Menschen am ehesten als *eine* Person empfinden. Das Glück kommt also nicht aus der körperlichen Befriedigung allein, sondern aus der seelischen Erfüllung. Das ist die psychische Dimension unserer Sexualität.

Eine Reihe von Autoren sehen in der anhaltenden sexuellen Leidenschaft ein wesentliches Kriterium für dauerhafte Liebesbeziehungen. Unter optimalen Bedingungen geht von intensivem sexuellen Genuss eine fortwährend erneuernde Wirkung aus, weil die Liebesbeziehung immer wieder von Neuem energetisiert und gefestigt wird. Vorausgesetzt natürlich, das sexuelle Erleben ist nicht durch Konflikte, Schuldgefühle oder sonstige Beeinträchtigungen gedämpft und herabgesetzt.

Treue

Wenn zwei Menschen auf allen Ebenen von ihrer wechselseitigen Liebe erfüllt sind, sind sie sich auch treu. Eine solche Beziehung beinhaltet eine ganz natürliche Treue. Sie wird sich äußern als ein Bedürfnis, nur mit diesem einen Menschen intim zu sein. Die Partner werden nicht das Verlangen haben, sich einer Drittperson zuzuwenden. Ein Mann und eine Frau fühlen sich in diesem Fall wie zwei Hälften eines Ganzen, das heißt, sie fühlen sich wie eine Einheit. In einem solchen Zustand des Ein-Paar-Seins fühlt sich jeder wohl und vollständig, so dass keinerlei Sog von oder nach außen entsteht. Deshalb kommt kein Bedürfnis auf, sich nach anderen umzusehen. Mit dieser Art von Treue ist deshalb keine Einschränkung verbunden.

Tief empfundene Treue ist also ein natürliches Phänomen, sobald zwei Menschen auf allen Ebenen von ihrer wechselseitigen Liebe durchdrungen sind. Allerdings findet man diese Treue nicht oft, weil der Zustand des Ein-Paar-Seins auf allen Ebenen eher selten ist. Und dieser wiederum ist so selten, weil nur wenige Menschen die dafür notwendige Reife erreicht haben. Viele haben noch Entwicklungsdefizite und sind deshalb nicht vollständig im Reinen mit sich. Und auf jeder Ebene, auf der jemand nicht im Reinen mit sich ist, kann er auch keine reine und vollständige Beziehung zu einem Partner eingehen.

Jede Beziehung beinhaltet deshalb ihre eigene Treue. Wenn jemand nicht treu sein kann, dann ist seine Beziehung auf einer Ebene entweder gar nicht existent oder zumindest gestört. Nur in diesem Fall kommt es zur Untreue, da sonst das Bedürfnis nach einem Austausch mit einer anderen Person nicht existieren würde.

Es gibt sicher nicht wenige Menschen, die nur künstlich treu sind. Sie bleiben ihrem Partner treu, obwohl sie nicht wirklich das Bedürfnis nach Treue verspüren; womöglich sehnen sie sich sogar insgeheim nach jemand anderem.

Man kann sich und den Partner zwar zu einer solchen Treue verpflichten. Aber dies geschieht nie aus Liebe zum Partner, sondern aus Angst. Angst bietet jedoch keine Basis, auf der sich eine Beziehung auf harmonische Weise entfalten kann. Außerdem ist davon auszugehen, dass die Partner durch ihre enge Verbundenheit auf einer unterschwelligen Ebene ohnehin alles mitbekommen. Alle Empfindungen, Gedanken und Taten, die nicht wahrhaftig sind, werden ein Unbehagen auslösen – sowohl im Partner als auch in der eigenen Person. Deshalb nützt es nicht viel, jemanden durch Verpflichtung oder gar Drohungen zur Treue zu zwingen. Denn wem dient schon eine Treue, zu der er seinen Partner zwingen muss?

Paarkonflikte

In einer derart komplexen und anspruchsvollen Lebensform, wie sie eine Paarbeziehung darstellt, lassen sich Interessenkonflikte der Partner nicht vermeiden. Deshalb erfordert ein dauerhaft zufriedenes Zusammenleben mit einem Partner eine hohe Kompetenz im Umgang mit Meinungsverschiedenheiten, vor allem die Fähigkeit, sich konstruktiv auseinandersetzen zu können. Mit Hilfe konstruktiver Auseinandersetzungen können immer gute Lösungen gefunden werden, mit denen beide gleichermaßen einverstanden sind. Anschließend werden beide Partner das Gefühl der weiteren Festigung ihrer Beziehung haben.

Von entscheidender Bedeutung ist, ob die in der Partnerschaft auftretenden Konflikte jeweils auf der paardynamischen Ebene beruhen, das heißt, ob sie sich unmittelbar aus der Beziehung der Partner zueinander verstehen lassen. Es gibt dann einen konkreten Anlass, hinter dem sich keine grundlegenden Konflikte der einzelnen Partner verbergen. In diesem Fall kann man von »normalen Paarkonflikten« sprechen. Anders verhält es sich, wenn der Konflikt aufgrund der psychischen Situation der Partner ausgelöst wird. Auf der Oberfläche wirken diese Konflikte oft irrational, weil tiefere Beweggründe hierbei die entscheidende Rolle spielen. Sie werden als »neurotische Partnerkonflikte« bezeichnet. Auf dieses spezifische Paargeschehen werde ich später eingehen. Ganz exakt lassen sich normale Paarkonflikte allerdings nicht von neurotischen trennen. Wir Menschen sind nun einmal nicht vollkommen, und so können viele »normale Paarkonflikte« neurotische Hintergründe haben. Die Übergänge vom Normalpsychologischen zum Pathologischen sind auch hier meist fließend.

Normale Paarkonflikte

Keine Partnerschaft – und sei sie noch so glücklich – kommt ohne Konflikte aus. Paare, die sich nicht hin und wieder einmal streiten, sind eher verdächtig. Denn das Ausbleiben von Konflikten könnte dann als ein Indiz für eine zu große emotionale Distanz angesehen werden. Und wenn dies der Fall ist, wäre es kaum eine echte Beziehung.

Ein normaler Paarkonflikt lässt sich meist auf einen Interessenkonflikt beider Partner zurückführen. Vor allem ist der Konflikt als solcher aus der Beziehungssituation der Partner heraus verstehbar. Wenn die Beziehung weitgehend durch positive Merkmale gekennzeichnet ist, besteht die Chance, dass Auseinandersetzungen einigermaßen sachbezogen geführt werden können. Eine Auseinandersetzung kann dann sogar dazu beitragen, dass sich beide künftig noch besser verstehen; allerdings nur, wenn der Konflikt auch wirklich konstruktiv ausgetragen wird. Alle negativen Gefühle, die sich unter Umständen bereits angestaut haben, können sich in einer solchen Auseinandersetzung wie in einem Gewitter entladen. Danach kann ein Frieden einkehren, der eine neue und tiefere Übereinstimmung mit sich bringt.

Beide Partner müssen sich im Klaren darüber sein, dass jeder von ihnen einen anderen Blickwinkel hat, von dem aus er auf das Geschehen in der Partnerschaft schaut. Das heißt, die eigene Sichtweise ist zwangsläufig von jener des Partners verschieden. Das kann man sich so vorstellen, als würden sich zwei Menschen gegenübersitzen: Jeder von ihnen sieht etwas völlig anderes; jeder nimmt einen anderen Ausschnitt des Raumes wahr. Die beiden könnten noch so lange darüber streiten, wessen Sicht die »wahre« ist. Sie werden zu keinem Ergebnis kommen – weil sie beide Recht haben. Dieser Umstand wird meist nicht genügend berücksichtigt.

Sofern sämtliche Unstimmigkeiten – möglichst ohne Verzögerung – gegenüber dem Partner artikuliert werden, können ausufernde Konflikte vermieden werden. Fühlt sich ein Partner durch das Verhalten des anderen verletzt oder unverstanden und macht er sofort auf seine damit einhergehenden Gefühle aufmerksam, können beide Partner gemeinsam für eine Klärung sorgen. Zu einem Konflikt kommt es erst, wenn der andere den Partner in seinem Anliegen nicht versteht und deshalb nicht bereit ist, zu einer Wiedergutmachung beizutragen. Der ursprünglich Verletzte fühlt sich so noch mehr verletzt, da seine Gefühle nicht gewürdigt werden. Vor allem dann, wenn seine Offenheit womöglich als Vorwurf betrachtet und durch Rechtfertigungen zurückgewiesen wird.

Eine solche Zurückweisung ist oft der Beginn eines sich ausweitenden Konfliktes, in dem die »Kampfhandlungen« zunehmen und eine Abwärtsspirale in Gang setzen: Zunächst geht die sonst so wohlwollende Sicht auf den Partner immer mehr verloren. Gegensätzlichkeiten werden plötzlich nicht mehr als anziehend, sondern als abstoßend erlebt. Überhaupt stört jetzt all das, was ursprünglich angezogen hat. Die zunehmende Unzufriedenheit und die damit einhergehende Wut auf den Partner färben die Wahrnehmung weiterer Interaktionen. Man sieht den anderen plötzlich durch eine negative Brille und glaubt, noch mehr Anlass zur Kritik zu haben. Es werden von nun an ausschließlich gegenseitige Schuldvorwürfe und darauf folgende

Rechtfertigungen vorgebracht. Die Kommunikation beschränkt sich auf wechselseitige Kritik und dementsprechende Gegenangriffe.

Die offene, aber auch die zurückgehaltene Wut lässt die Erotik völlig erlöschen. Die wachsenden negativen Einstellungen gegenüber dem Partner führen dazu, dass die Auseinandersetzungen immer heftiger – unsachlicher, ungerechter und womöglich lauter – werden. Steigt die Spannung zwischen den Partnern weiter an, kann es sich so zuspitzen, dass beide einander nur noch verletzen oder sich gänzlich zurückziehen möchten.

Die wesentliche Ursache für dieses Drama ist der fundamentale Irrtum, dass einer – nämlich der andere! – schuld ist. Deshalb wird ein solcher Kampf auf einen einseitigen Sieg ausgerichtet. Jeder von beiden versucht, zu gewinnen. Es ist also nicht nur die Verzweiflung angesichts der aussichtslosen Lage, sondern auch die Hoffnung, dass der vermeintlich Schuldige seine Schuld zugeben und sein Verhalten ein für alle Male ändern möge. Kippt die Balance tatsächlich einseitig um, so hinterlässt ein solcher »Sieg« den anderen tief verletzt. Die Verletzung vergrößert den emotionalen Abgrund noch mehr und macht es schwieriger, weiterhin zusammenzuleben.

Unabhängig davon ist es ein Irrtum zu glauben, ein Partnerschaftsstreit könne tatsächlich einseitig durch den Sieg eines Partners beendet werden. Denn der vermeintliche Verlierer hat eine Fülle von Mitteln, um den Ausgleich wiederherzustellen. Er wird jetzt auf ein großes »Waffenarsenal« indirekter Methoden zurückgreifen, mit dem er sich trotz scheinbarer Unterlegenheit dem Partner gegenüber behaupten kann. Beispiele dafür sind: Davonlaufen, Schweigen, anhaltende Vorwurfshaltung, sexuelle Verweigerung, Einbezug von Drittpersonen, Alkoholräusche und andere destruktive Reserven, die in diesem Fall mobilisiert werden können. Wüssten die Partner, dass *immer beide* für einen Konflikt verantwortlich sind, würde es gar nicht erst soweit kommen. Beide wären vielleicht schneller zu einer Versöhnung bereit.

50

Wohl brach ich die Ehe – aber zuerst brach die Ehe – mich.
Friedrich Nietzsche, »Also sprach Zarathustra«,
zit. in: Moeller, 1989, S. 19

Untreue

»Du hast mir das Herz gebrochen!«, sagt Melanie Griffith am Ende des Films »Mullholland Falls« (USA, 1996) zu ihrem Filmpartner Nick Nolte. Dann wendet sie sich ab und schreitet durch eine Reihe von Grabsteinen davon. Diese sollen offenbar den Tod ihrer Liebe symbolisieren. Sie hatte in einem ihr zugespielten Video mit ansehen müssen, wie leidenschaftlich er die schöne Allison geliebt hat. Nun reagiert sie auch nicht mehr auf seine Worte, mit denen er ihr gerade eben noch versichert hat, wie sehr er sie liebt. Und dass er nie daran gedacht hat, sich von ihr zu trennen.

Genau wie dieser Protagonistin ergeht es vielen Menschen. Umfragen zufolge sind 40 bis 50 Prozent der in einer Partnerschaft lebenden Menschen schon einmal »fremdgegangen«. Untreue ist also ein weit verbreitetes Phänomen. Davon kann man sich auf der Internetseite www.Betrogene.de überzeugen. Seit September 2002 wurde diese Seite über 450.000 Mal aufgerufen. Es scheint demnach einen Bedarf an Austausch und Unterstützung zwischen den Betroffenen zu geben.

Der Gedanke, dass der Partner auch einem anderen Menschen in einer so intimen Weise begegnen könnte, ist sehr schmerzhaft. Ein Teil dieses Schmerzes speist sich jedoch aus der Überzeugung, dass einem ungerechterweise weh getan wird. Dass man selbst überhaupt nichts dazu beigetragen hat. Dass man völlig unschuldig ist. Deshalb scheint das Recht immer auf Seiten der Betrogenen zu sein. Es gibt in einem solchen Szenario demnach immer einen »Guten« und einen »Bösen.«

Doch ganz so einfach verhält es sich nicht. Wenn nämlich die Protagonistin im Film und die vielen Menschen, die sich als »Betrogene« ansehen, besser Bescheid wüssten, dann könnte so manch gebrochenes Herz schneller wieder heilen. Schließlich sind es immer unsere gedanklichen Konstruktionen, auf die wir reagieren. Sobald der Gedanke »mir wird ungerechterweise weh getan« gegen »ich bin an diesem Geschehen gleichermaßen beteiligt« ausgetauscht werden kann, beruhigt sich auch der Schmerz. Zumindest würde Neugierde entstehen, wodurch es zur Untreue gekommen ist.

Es ist tatsächlich unwahrscheinlich, dass Untreue zufällig auftritt. Es gibt dafür in der Regel eine nachvollziehbare Ursache. Diese kann in der Situation bedingt oder in der Persönlichkeit des Partners angelegt sein. Um diese beiden Arten deutlich voneinander zu trennen, möchte ich wiederum die Einteilung in »normale Untreue« und »neurotische Untreue« vornehmen. Hier soll es zunächst um die »normale« Untreue gehen.

In jedem Haus muss von Zeit zu Zeit Großputz gemacht und einmal richtig ausgemistet werden. Ansonsten sammelt sich zu viel Schmutz und Unrat an. Aus einem vergleichbaren Grund muss jedes Auto alle zwei Jahre zum TÜV. Entstandene Mängel sollen hierbei gefunden und behoben werden. Paare hingegen unterziehen sich nicht solchen regelmäßigen Prozeduren: Hier gibt es keinen Großputz, kein Ausmisten und auch keine periodische Überwachung potenzieller Schwachstellen. Und so kann sich in Partnerschaften unbemerkt eine ganze Menge an Konfliktstoff ansammeln.

Eine Außenbeziehung, die ein Partner plötzlich nach Jahren des partnerschaftlichen Zusammenlebens eingeht, deutet immer auf derartige Altlasten hin. Sie ist als Konsequenz einer langen Kette von gegenseitigen Verletzungen zu verstehen. Der Außenbeziehung geht immer eine Mangelsituation oder eine Kränkung voraus. Ein Partner wendet sich normalerweise immer dann an eine andere Person, wenn er in seiner Beziehung entweder etwas Entscheidendes vermisst oder weil er sich verletzt, einsam oder vernachlässigt fühlt. Kritisch wird es deshalb, weil ihn irgendetwas davon abhält, sich und seinen Partner mit der Frustration und dem Schmerz zu konfrontieren. Stattdessen versucht er, seine Gefühle zu verdrängen. Und so schwelt der Konflikt weiterhin unter der Oberfläche. Es lässt sich vergleichen mit einer Krankheit, die man schon länger in sich trägt und nicht so deutlich bemerkt. Eines Tages ist es soweit: Sie bricht aus scheinbar heiterem Himmel aus. Im Falle der Untreue geschieht das in dem Moment, da sich plötzlich eine Gelegenheit dazu ergibt.

Die Außenbeziehung führt natürlich nicht zu einer Lösung des Konfliktes, aber sie wirkt immerhin wie ein Schmerzmittel. Das heißt, sie hat die Funktion, den aus der Beziehung resultierenden Schmerz zu kompensieren und empfundene Ungerechtigkeiten auszugleichen. Eine Dreiecksbeziehung lässt sich daher oft als ein Ausgleichsversuch verstehen. Die Drittperson kann beispielsweise als ein einseitiger Verbündeter desjenigen fungieren, der sich dem anderen in einer Auseinandersetzung nicht gewachsen fühlt. Der Untreue gewinnt durch die Außenbeziehung an Macht. Auf einer – wenn auch nicht immer bewussten – Ebene spielt sicher der Wunsch nach Rache mit. In der Zuwendung zu einem Dritten kann jemand ein Mittel finden, sich vom Partner abzugrenzen oder sich dessen – als übermäßig empfundenen – Forderungen zu verschließen.

Außenbeziehungen können demnach dazu beitragen, eine aus dem Gleichgewicht geratene Paarbeziehung erträglich zu machen. Meist ist ein anhaltender Spannungszustand vorausgegangen. Durch die Einbeziehung einer Drittperson kann diese Spannung neutralisiert werden, das heißt die Außenbeziehung kann dazu dienen, die Partnerschaft in gewisser Hinsicht spannungsfrei zu halten. In diesen Fällen wirkt sich eine Außenbeziehung sogar festigend auf die Beziehung aus.

Diese Art der Untreue ist demnach meist ein Hinweis auf eine latente Krise. Ein untreuer Partner handelt nicht – wie es ihm gemeinhin vorgeworfen wird – aus Leichtfertigkeit oder Bosheit. Wenn sich ein Mann beispielsweise – wie es häufig vorkommt – zu einer jüngeren Frau hingezogen fühlt, so geschieht das nicht, weil diese etwa schöner wäre, sondern vielmehr, weil er die langjährigen Spannungen, die unbefriedigenden Kompromisslösungen, die gegenseitigen Verletzungen und die immer gleichen Vorwürfe hinter sich lassen möchte. Eine junge Frau vermittelt ihm dabei das Gefühl, selbst wieder jung zu sein und nochmals von vorn beginnen zu können. Diesmal möchte er alles besser machen.

Zur Drittperson entsteht meist keine richtige Bindung, da die »Hauptbindung« zum gegenwärtigen Partner eine zusätzliche Bindung ausschließt. Eine ursprünglich intakte Beziehung kann in der Regel nicht so einfach durch eine andere abgelöst werden.

Es sei denn, die erlittenen Verletzungen waren zu groß, als dass sich die entstandenen Wunden überhaupt noch je schließen lassen.

Übersteht eine Paarbeziehung eine Außenbeziehung, weil durch den Eklat endlich einmal alles zur Sprache gekommen und ausgetragen worden ist, so geht sie daraus meist gestärkt hervor. Allerdings nur, wenn wirklich alle Wunden versorgt wurden und nun allmählich heilen können. Das setzt voraus, dass beide Partner verstanden haben, wie es zur Untreue kommen konnte. Denn erst dann können beide auch wieder zu einer vertrauensvollen Basis zurückkehren.

Was kann man nun aber tun, wenn der Partner untreu geworden ist? Unlängst stellte sich in einer Fernsehsendung ein Ehepaar der Fernsehpsychologin vor: Nach vielen Ehejahren hatte der Mann eine andere – eine jüngere – Frau kennengelernt und eine Außenbeziehung zu ihr aufgenommen. Er wurde von der Fernsehpsychologin vor die Wahl gestellt: entweder die Ehefrau oder die Geliebte. Doch er konnte sich weder für die eine noch für die andere entscheiden. Er wollte, dass alles so bleibt, wie es ist. Daraufhin forderte die Psychologin die Ehefrau zu einer Entscheidung auf mit den Worten: »Entweder Sie leiden weiter mit ihm oder Sie werfen ihn hinaus.« Aber auch die Frau konnte sich weder für das eine noch für das andere entscheiden. Sie litt zwar sehr unter der Außenbeziehung. Dennoch wollte sie ihren Mann nach so vielen Jahren nicht verlassen. Die Fernsehpsychologin insistierte auf einer sofortigen Entscheidung. Mit Nachdruck erklärte sie: »Wenn Sie sich jetzt trennen, dann hört das Leiden bald auf.«

Leider wird ein solcher Ratschlag in entsprechenden Fällen immer wieder erteilt. Auch in meiner Beratung waren einige Frauen, denen von anderer Seite geraten wurde, ihrem Partner ein Ultimatum zu setzen und ihn bei Nichteinhaltung »hinauszuwerfen«. Allein die Wortwahl zeugt davon, dass hier jemand zum »Bösewicht« gemacht wird, der keine eigenen Rechte mehr hat. Darin spiegelt sich die Vehemenz wieder, mit der es die Ratschläger – in ihrer irrigen Annahme – »gut meinen«.

Denn dieser Ratschlag basiert auf Unkenntnis. Wer ihn befolgt, erhöht und verlängert nicht nur unnötig sein Leid, sondern er bleibt außerdem ahnungslos hinsichtlich der wirklichen Ursachen des Scheiterns seiner Beziehung zurück. Wenn es dagegen zum Allgemeinwissen gehören würde, dass einem solchen Geschehen ein unterschwelliger Konflikt zugrunde liegt, dann könnten die Partner gemeinsam nach einer Lösung suchen. Allerdings wird dies ohne professionelle Hilfe meist nicht möglich sein. Denn es hat einen Grund, weshalb die Partner diesen Konflikt »verschleppt« haben. Oft ist ihnen nicht einmal bewusst, dass sie Konflikte haben, zumindest können sie diese inhaltlich oft nicht benennen.

Durch die Dreiecksbeziehung geraten *beide* in ein unauflösliches Dilemma. Doch auch dieser Gemeinsamkeit sind sie sich nicht bewusst. Oft stellt sich schon Erleichterung ein, sobald sie darauf hingewiesen werden. Anschließend müssen alle Schichten, die den Konflikt bedecken, nach und nach abgetragen werden. Das ist ein rückwärtsgewandter Prozess, der einige Zeit in Anspruch nimmt. Der Paarberater, der das Paar durch diesen Prozess begleitet, wird gleichzeitig dafür sorgen, dass die Beziehung gestärkt wird. Denn je stärker die Beziehung empfunden wird, desto eher können sich die Partner einander – auch für unangenehme Inhalte – öffnen. Nachdem die Konflikte geklärt und bearbeitet worden sind, bleibt allerdings noch der Umstand, dass der betrogene Partner sehr verletzt worden ist. Es ist wichtig, ihn zu ermutigen, zu dieser Verletzung zu stehen. Dann kann gemeinsam überlegt werden, was als angemessener *Ausgleich* dienen könnte.

Damit der Schmerz des verletzten Partners gestillt werden kann, wird dem untreu gewordenen Partner häufig die Empfehlung gegeben, er solle Reue für sein Fehlverhalten zeigen, eine Entschuldigung vorbringen und um Verzeihung bitten. Ein solcher Ratschlag fußt auf überkommenen Vorstellungen, denn in erster Linie werden damit lediglich Lippenbekenntnisse eingefordert, deren Folgen unberücksichtigt bleiben: Zunächst einmal wird außer Acht gelassen, dass durch die geforderten Gesten die Balance innerhalb der Beziehung empfindlich gestört würde. Denn die Ursache für die Verfehlung wird einzig in der Person des Untreuen lokalisiert. Dadurch kommt es zur Schieflage innerhalb der Beziehung. Darüber hinaus würde dieses Gefälle durch einen Akt des Verzeihens noch ausgeprägter werden. Denn sofern der Betrogene dem Untreuen verzeiht, vollzieht er damit eine viel zu großmütige Geste; dies kann der Partnerschaft nicht gut tun. Großmütiges Verzeihen kann sogar die gegenteilige Wirkung erzeugen. Es ist nämlich überheblich, wenn der Betrogene mit dem Anspruch moralischer Überlegenheit dem »Schuldigen« die »Schuld« erlässt. Der Verzeihende macht sich dadurch größer als der »Sünder«. Und er wird sich in diesem Falle wie ein Gewinner fühlen. Von einer ebenbürtigen Beziehung kann unter diesen Umständen nicht mehr die Rede sein. Darüber hinaus handelt es sich wie erwähnt lediglich um Lippenbekenntnisse. Denn bei eingehender Erforschung menschlichen Verhaltens kommt man zu der Erkenntnis, dass es kaum einem Menschen gegeben ist, einen wirklichen Akt des Verzeihens zu leisten. Es werden immer Spuren des Geschehens übrig bleiben. Und beim nächsten Konflikt ist die gesamte Geschichte dann plötzlich wieder auf dem Tisch. Das aber heißt auch, dass von demjenigen, den man um Verzeihung bittet, ohnehin etwas gefordert wird, wozu er sowieso gar nicht in der Lage ist.

Wichtig ist vielmehr, dass beide Partner zunächst einmal Bewusstheit herstellen, indem sie sich darüber klar werden, wodurch es zur Aufnahme einer Außenbeziehung kommen konnte: dass beide gleichermaßen an diesem Geschehen beteiligt waren und dass beide unter der Situation gelitten haben. Der untreue Partner war ebenfalls verzweifelt. Er hat seine Verzweiflung jedoch verdrängt, wodurch es überhaupt erst zu seinem »Symptom Untreue« gekommen ist. Der betrogene Partner kann schon deshalb auf eine Schuldzuweisung verzichten. Mit diesem Verzicht bringt er auch sein Verständnis zum Ausdruck, dass der Untreue aufgrund der für ihn kritischen Situation, an der *beide* gleichermaßen beteiligt waren, in diese Lage geraten ist.

Vor dem Hintergrund dieser Einsicht erübrigt sich jede Bitte um Verzeihung. Dennoch bleibt die Tatsache bestehen, dass sich der untreue Partner durch die »Liebe« einer anderen Person getröstet und seinem Partner damit großen Schmerz zugefügt hat. Dadurch entsteht bei dem Betrogenen ein unüberwindliches Bedürfnis nach Ausgleich. Aus diesem Grund muss eine Geste erfolgen, damit die durch die Untreue des Partners erlit-

56

tene Verletzung heilen, die damit einhergehenden Schmerzen gelindert und die Paarbeziehung halbwegs unbelastet weitergeführt werden kann.

Deshalb sollte der Betrogene etwas als Wiedergutmachung fordern, und zwar etwas, das dem Partner tatsächlich etwas abverlangt. Allerdings darf es nichts Schmerzhaftes sein, weil in diesem Fall wiederum ein Ausgleich erforderlich werden würde. Vor allem darf es nicht als Sühne erlebt werden. Auf die in altertümlichen Zeiten entstandene Forderung nach Sühne sollte eigentlich in allen Lebensbereichen verzichtet werden, damit versöhnliches Tun an ihre Stelle treten kann. Nur das führt zu einem Ausgleich durch Gutes, zu einer Beilegung des Konfliktes in Achtung und Liebe.

Von Bedeutung ist, dass der Untreue den Schmerz fühlt, den er dem anderen durch sein Verhalten zugefügt hat. Sobald der Schmerz des Betrogenen angemessen gewürdigt wird, erhält dieser auch seine Würde zurück. Die beste Lösung ist es, gemeinsam über einen Ausgleich nachzudenken und ihn dann zu vereinbaren. Bei diesem Ausgleich muss es um etwas Wichtiges gehen. Es muss dem untreuen Partner etwas zumuten, damit der verletzte Partner erkennen kann, dass es dem anderen aufrichtig leidtut. So musste beispielsweise ein Paar bisher wegen der Flugangst des Mannes auf Fernreisen verzichten. Nach erfolgreich verlaufener Paarberatung bot der Mann an, als Wiedergutmachung für seine Untreue den Workshop einer Fluggesellschaft gegen Flugangst zu besuchen, um seiner Partnerin den langgehegten Wunsch einer gemeinsamen Australien-Reise zu erfüllen.

Trennung als scheinbar letzter Ausweg
In der Vergangenheit haben die Menschen ihre Beziehung – unabhängig von deren Qualität – meist ein Leben lang aufrechterhalten. Dazu mögen vor allem Konventionen und ökonomische Abhängigkeiten beigetragen haben. Heute dagegen ist es nicht mehr notwendig, unter allen Umständen an einer Beziehung festzuhalten. »Jede dritte Ehe in Deutschland wird geschieden, in Großstädten ist es jede zweite« (Tagesspiegel vom 1.10.2003).

Eines hat sich indessen nicht verändert: Auch heute noch ist jede Auflösung einer Partnerschaft ein schmerzliches Ereignis.

57

Oft geht der Trennung ein sich lang hinziehender Prozess voraus, in dessen Verlauf sich die Partner wechselseitig so lange quälen, bis auch die letzten positiven Gefühle füreinander verschüttet sind. Sich richtig zu trennen würde eigentlich ebenso intensive und wahrhaftige Auseinandersetzungen wie das Zusammenleben erfordern. Bei den Betroffenen handelt es sich jedoch gerade um Menschen, die dies nicht leisten können. Deshalb trennen sich vor allem diejenigen, die hilf- und sprachlos sind angesichts der – in jeder Partnerschaft auftretenden – Konflikte.

Meist brechen sie ihre Beziehungen nur ab. Auf diese Weise aber können sie weder die Ursachen verarbeiten, noch sind sie in der Lage, sich von ihrem Partner richtig abzulösen. Die Art, wie sie die Beziehung unbearbeitet abrechen, ist dasselbe Verhalten, das ursprünglich erst zu einer großen Krise führte. Beides gehört zusammen. Wer sich in seiner Beziehung nie richtig mit dem Partner auseinandersetzen konnte, der wird sich auch nicht richtig trennen können. Für die meisten Menschen sind die Gründe für das Zerbrechen der Partnerschaft nicht durchsichtig. Fragt man sie nach dem Grund ihrer Trennung, stößt man auf eine eigenartige Ahnungslosigkeit. Manche können noch Jahre nach einer Trennung nicht angeben, warum es eigentlich dazu kam.

Im Verhältnis zu dem Ausmaß partnerschaftlicher Konflikte nehmen noch immer viel zu wenig Menschen professionelle Hilfestellung in Anspruch. Demgegenüber käme niemand in unserer Kultur auf die Idee, ein Loch im Zahn selbst reparieren zu wollen. Es ist zur Selbstverständlichkeit geworden, ein solches von einem Zahnarzt schließen zu lassen. Die Schuhe werden zum Schuster gebracht, die Kleidung in die Reinigung. In nahezu allen Lebensbereichen wird professioneller Dienst in Anspruch genommen. Wenn eine Störung irgendwo auftritt, dann lässt man diese durch einen Fachmann beheben. Nur in der Partnerschaft, in diesem so wichtigen Lebensbereich, da versuchen die meisten, mit ihrer Krise selbst irgendwie fertig zu werden. Meist bleibt unverarbeiteter Ballast zurück. Dieses übriggebliebene Gepäck wird später in eine neue Beziehung hineingetragen. Schon aus diesem Grund wäre es wichtiger, im Falle einer unausweichlich gewordenen Trennung – statt eines Schei-

58

dungsanwaltes – einen Paarberater oder Scheidungsmediator aufzusuchen.[4]

Reife Beziehungen in der Krise: Falldarstellungen

Im Folgenden habe ich Fallbeispiele aus meiner Beratungspraxis ausgewählt. Ich stelle ratsuchende Personen vor, die vor ihrer Krise in einer harmonischen Beziehung gelebt haben und nach der Beratung wieder in die ursprüngliche Harmonie zurückkehren konnten.

Doch zunächst noch einige Vorbemerkungen. Mit dem Begriff »Krise« sind nicht die vorübergehenden Unzufriedenheiten gemeint, die durch Schwankungen in den verschiedenen Phasen eines langjährigen Zusammenlebens immer wieder entstehen können. Schließlich bleibt der Partner – trotz aller Begeisterung – ein anderer Mensch, dem man zuweilen auch einmal zwiespältig gegenüberstehen kann. Es kann demnach immer wieder vorkommen, dass die Partner – die man mit einem Tanzpaar vergleichen kann – im Verlaufe ihrer Beziehung aus dem Rhythmus geraten. Dann kommt es darauf an, dass sie gemeinsam wieder zu einer harmonischen Schrittfolge zurückfinden können.

Ist dies nicht der Fall, werden die Schritte immer chaotischer ausgeführt, so dass sich die Partner zuletzt nur noch wechselseitig auf die Füße treten. Die ansonsten wohlwollende Sicht auf den Partner geht mehr und mehr verloren. Jeder Partner bewertet die Situation aus seiner eigenen Position heraus. Und von diesem Standpunkt aus sieht er sich selbst im Recht. Es erscheint ihm, als erzeuge der andere die unerträgliche Spannung.

Der Umstand, dass das Verhalten des Ersteren bereits durch das Verhalten des Zweiten mitbedingt war, wird nicht berücksichtigt. Stattdessen gibt einer dem anderen die Schuld. Da keiner von ihnen den Auslöser für diese Entwicklung benennen kann, finden sie auch keine Lösung, die Abhilfe schaffen könnte.

4 Diesbezüglich müssten die zuständigen Politiker, die auf die unbedingte Hinzuziehung eines Scheidungsanwaltes bestehen, besser aufgeklärt werden.

59

Dann entsteht meist bei beiden der Wunsch, den Tanz ganz zu beenden.

Wenn ein Paar in eine schwere Krise gerät, aus der die Partner – trotz allen guten Willens – nicht allein herausfinden können, kann Paarberatung wirksam Abhilfe schaffen und das Paar wieder zu ihrem ursprünglich harmonischen Tanz zurückführen. Voraussetzung ist, dass die Partner lange genug harmonisch miteinander getanzt haben und lediglich vorübergehend aus dem Takt gekommen sind.

Bei den beiden folgenden Fallbeispielen kam jeweils immer nur die Frau in die Beratung. Dieser Umstand spielt eine untergeordnete Rolle, denn Paarberatung kann genauso erfolgreich mit nur einem Partner durchgeführt werden. Hier zeigt sich, dass eine Partnerschaft ein System ist. Blickt einer verändert auf die Situation, verändert sich auch sein Verhalten, und sobald sich das Verhalten des einen verändert, verändert sich automatisch auch der andere.

Wie du mir – so ich dir!
Kristin A., 39 Jahre alt, kam in die Beratung, weil sie keinen Ausweg mehr wusste. Ihr Mann Harald war vor zwei Monaten aus dem gemeinsamen Haus ausgezogen. Er lebte jetzt mit seiner neuen Freundin zusammen. Bisher hatte Kristin gehofft, er werde wieder zu ihr zurückkommen. Doch als sie jetzt erfuhr, dass die Freundin schwanger ist, brach für Kristin eine Welt zusammen. Da sie Harald als sehr verantwortungsvoll kannte, musste sie jetzt annehmen, dass er bei der anderen Frau bleiben und mit ihr eine neue Familie gründen werde. Dieser Gedanke war unerträglich für sie. Die Beziehung zu der anderen Frau dauerte bereits ein halbes Jahr an. Kristin hatte in dieser Zeit immer wieder versucht, Harald zurückzugewinnen. Manchmal hatte sie auch schon das Gefühl, es geschafft zu haben. Doch dann war Harald plötzlich wieder weg. Ohne ihr und den Kindern zu sagen, ob und wann er wiederkomme.

Aus der Vorgeschichte erzählte Kristin, dass sie und Harald vor 14 Jahren geheiratet haben. Sie war 25 Jahre alt, Harald zwei Jahre älter. Der Sohn kam zwei Jahre später zur Welt. Eigentlich wollten sie nur ein Kind haben. Doch dann wurde Kristin mit 36 Jahren nochmals schwanger und gebar im elften Ehejahr ein Mädchen. Über den Verlauf der Partnerschaft sagt Kristin, dass sie immer ein glückliches Paar waren. Vor der Heirat kannten sie sich bereits fünf Jahre. Ihrer Mei-

60

nung nach waren die siebzehn gemeinsamen Jahre geprägt von großer Harmonie. Nie hätten die beiden schwere Konflikte austragen müssen. Auseinandersetzungen konnten immer recht schnell beigelegt werden. Von daher könne sie es sich umso weniger erklären, weshalb Harald sie so plötzlich verlassen wolle.

Wie konnte es geschehen, dass sich Harald einer anderen Frau zuwandte? Diese Frage beschäftigte uns von der ersten Stunde an. Kristin wollte wissen, was die andere Frau hat, was ihr selbst fehlt.

Viel wichtiger war jedoch die Frage, welcher Konflikt sich hinter seinem Ausscheren aus der Beziehung verbarg. Denn jeder Paarberater weiß, dass ein Paar bei lang anhaltenden Konflikten die Tendenz hat, seine Grenzen zu öffnen und Drittpersonen in den Konflikt einzubauen. Also war es nötig, herauszufinden, was in der Zeit, bevor Harald die andere Frau kennengelernt hatte, vorgefallen war.

Das Erstaunliche an diesem Punkt der Beratung ist, dass die Ratsuchenden hierzu nie etwas Konkretes vorbringen können. Diese Ahnungslosigkeit angesichts der zugrunde liegenden Ursachen ist ein Zeichen dafür, dass es sich um etwas sehr Belastendes handelt. Die damit verbundenen Gefühle werden offenbar als so bedrohlich erlebt, dass der gesamte Komplex aus dem Bewusstsein verbannt wird. Da den Betroffenen tatsächlich nicht bewusst ist, welche kritischen Inhalte der momentanen Situation zugrunde liegen, muss es ihnen erscheinen, als passierte ihnen so etwas Schreckliches geradezu aus heiterem Himmel. Auch Kristin glaubte, das Schicksal schlüge ausgerechnet bei ihr völlig wahllos zu.

Und so konnte Kristin in den ersten drei Beratungsstunden nichts Außergewöhnliches über ihre Beziehung vor der Stunde X berichten. Dass sie sich über den draufgängerischen Fahrstil von Harald und über andere Eigenarten von ihm aufregte, war unwesentlich. Ihre allgemeinen Beschwerden über ihn waren der kritischen Situation geschuldet, in der sie sich befand.

Wenn es erst einmal zu einer so zugespitzten Lage gekommen ist, dann konzentrieren sich die Ratsuchenden natürlich ausschließlich auf ihren gegenwärtigen Schmerz. Das ist es, worüber sie vor allem sprechen möchten. In diesem Zustand – den Kristin beschrieb, als habe man ihr einen schwarzen Sack über den Kopf gestülpt – wollen sie verständlicherweise nicht auch noch zusätzlich Altlasten ausgraben.

Kristin brauchte deshalb in ihrer Qual zunächst einen Verbündeten, jemanden, der Partei für sie ergreift. Der Paarberater übernimmt diese Funktion, ohne jedoch den Partner zum Bösewicht zu stilisieren. Im Gegenteil, ihm muss stets besondere Achtung entgegengebracht werden. Das ist eine Gratwanderung, weil die Betroffenen zu dieser Zeit noch fest davon überzeugt sind, all ihr Schmerz werde vom Partner verursacht. Sie suchen deshalb auch einen Verbündeten *gegen* ihn. Zu diesem Zeitpunkt sind sie sich nicht im Klaren, dass der weitere Groll gegen ihn in die Sackgasse führt. Deshalb können Freunde, die sich jeweils nur auf eine Seite stellen, selten wirklich helfen. Oftmals zementieren sie die Lage mit ihrer einseitigen Parteinahme nur noch mehr.

Nachdem Kristin sich offenbar sicher und halbwegs gestärkt in der Beratung fühlte, erzählte sie dann plötzlich von einem fünf Jahre zurückliegenden Ereignis: Sie waren nach Ägypten gereist und haben dort in einer Hotelanlage gewohnt. Eines Nachts hatte sich Harald fortgeschlichen und eine andere Frau getroffen. Dabei sei es zu Intimitäten gekommen. Reumütig habe er Kristin am nächsten Tag alles erzählt und sich entschuldigt.

Nun – fünf Jahre später – zeigte sich, dass Kristin diese Beichte nie überwunden hat. Sie konnte nie verstehen, warum er sich so verhalten hat. Anfangs hatte Harald noch Verständnis für sie, wenn sie ihm Vorwürfe gemacht hat. Doch weil er selbst nicht erklären konnte, warum das passiert ist, wollte er bald nichts mehr davon hören. Sobald Kristin davon anfing, wurde er wütend und schalt sie eine ewige Nörglerin. Deshalb hat Kristin irgendwann nicht mehr davon angefangen und so getan, als sei diese Geschichte für sie erledigt.

Anderthalb Jahre später wurde Kristin ungewollt schwanger. Sie hatte die Pille »vergessen«. Bevor ihre Tochter Lilly im Jahre 2001 geboren wurde, stritten die beiden darum, wer von ihnen Erziehungsurlaub nehmen sollte. Harald war der Meinung, er sei jetzt an der Reihe, da Kristin schließlich bei Sohn Max zu Hause geblieben war. Es war von jeher sein Wunsch, im ersten Lebensjahr seines Kindes bei ihm zu sein. Doch Kristin ließ hierüber nicht mit sich reden. Sie beharrte darauf, dass sie als Mutter bei dem Kind bleiben werde.

Mit diesen Informationen hatte Kristin nun auf den Tisch gebracht, welcher Konfliktstoff der gegenwärtigen Situation zugrunde lag.

Die weitere Entwicklung im Rahmen der Paarberatung: Grundsätzlich müssten Partner, die »betrogen« werden, zunächst darüber aufgeklärt werden, dass aus dem imaginären Zaun, der normalerweise um ein Paar herum gezogen ist, immer dann eine Latte herausbricht, wenn innerhalb der Beziehung eine Krise schwelt. Dass es in den meisten Fällen die Männer sind, die durch diese Lücke ausbrechen, liegt nicht etwa an deren »Triebhaftigkeit«, wie oft gemutmaßt wird, sondern vielmehr daran, dass Männer die Spannungen, die mit Krisensituationen einhergehen, schlechter ertragen können als Frauen.

62

Im Fall von Kristin hatte die Krise offenbar bereits vor fünf Jahren begonnen. Zu dem damaligen Zeitpunkt hätten Harald und Kristin Hilfestellung gebraucht. Gleich nach dem Seitensprung von Harald hätten sie ausgraben müssen, was zuvor zwischen ihnen vorgefallen ist, damit sich dieses Ereignis überhaupt ereignen konnte. Dann hätten sie diese Sache richtig abschließen können. So aber hat sich bei ihnen sprichwörtlich ein Wurm eingenistet, der sich in ihre Beziehung scheinbar unbemerkt immer tiefer hineingefressen hat, bis es jetzt zur endgültigen Eskalation gekommen ist.

Da die Verhaltensweisen der Partner regelkreisartig aufeinander bezogen sind, brauchte die Vergangenheit nicht noch weiter erforscht zu werden. Es war nur wichtig, Kristin zu verdeutlichen, dass das Verhalten des einen immer eine Reaktion auf das Verhalten des anderen ist. Und dass es somit in einer Partnerschaftskrise auch keinen Schuldigen gibt. Ungeachtet dieser Tatsache kann das Verhalten eines Partners jedoch den anderen sehr verletzen. Dies war der Fall, als Harald sich in Ägypten einer anderen Frau zuwandte. Es ist der Hilflosigkeit beider zuzuschreiben, dass sie irgendwann so getan haben, als sei dieses Ereignis für sie erledigt. Denn das war – wie man jetzt erkennen konnte – keineswegs der Fall.

Da sich unterdrückte Gefühle nicht mit der Zeit auflösen, sondern unverändert bestehen bleiben, war es notwendig, die Zeit quasi zurückzurollen und das damalige Geschehen nochmals richtig auszubreiten. Kristin brauchte für den damaligen Schmerz erst einmal Beistand. All die Jahre hatte sie diese Gefühle immer wieder abgewehrt. In der Geborgenheit mehrerer Sitzungen konnte sie nun endlich ihrem Kummer über das unverständliche Verhalten ihres Mannes Ausdruck verleihen. Nur so konnte er verarbeitet werden.

Auch die ungewollte Schwangerschaft war ein weiteres Indiz für die damals schwelende Krise. Gerade in Zeiten, in denen eine Auswahl an Möglichkeiten zur Empfängnisverhütung bereitsteht, ist davon auszugehen, dass jede ungewollte Schwangerschaft ein Symptom für einen darunter liegenden Konflikt darstellt. Das konnte in entsprechenden Untersuchungen belegt werden (Tunnadine u. Green, 1978).

Mit dem Streit um die Tochter hatte Kristin endlich etwas in der Hand, mit dem sie es Harald heimzahlen konnte: Sie ignorierte seinen Wunsch, das Aufwachsen seiner Tochter als »Hausmann« mitzuerleben. Doch erst im Schutze der Beratung wurde Kristin bewusst, dass sie sich damit an Harald gerächt hat. In diesem Sinne hatte gleichsam ein Ausgleich im Negativen stattgefunden – nun waren sie zunächst quitt.

Im Verlaufe der weiteren Beratung war es wesentlich, das Augenmerk Kristins nun auch auf seinen Schmerz zu lenken. Dies gelang nur allmählich, denn sie hatte lange Zeit nicht das geringste Gefühl für das, was er erleiden musste. Ihr eigener Schmerz stand noch zu sehr im Vordergrund. Erst als es ihr gelang, seinen Schmerz anzuerkennen, relativierte sich ihr eigener Schmerz. Kristin sah Harald plötzlich mit anderen Augen. Und das war der Wendepunkt: Ohne, dass sie Empfehlungen für das Verhalten ihm gegenüber oder gar Ratschläge zur Bezwingung der Situation entgegennehmen musste, veränderte sich ihr Blickwinkel. Für Harald war die Veränderung spürbar. Er kam von nun an immer öfter, offiziell, um die Kinder zu besuchen. Doch erste Annäherungen zu Kristin folgten. Die Balance zwischen den Partnern kam allmählich wieder ins Gleichgewicht. Die erste gemeinsam verbrachte Nacht war erfüllend wie Jahre zuvor nicht mehr.

Nun geriet Harald in einen schweren Konflikt. Er stand plötzlich zwischen beiden Frauen. Seine Rückkehr wurde durch seinen Argwohn verhindert. Er konnte nicht verstehen, was in Kristin vor sich ging und glaubte, Zauberei sei im Spiel. Deshalb bat Kristin ihn, ebenfalls zu den Beratungsstunden zu kommen, damit auch ihm erklärt werden konnte, was überhaupt geschehen war.

Nachdem er behutsam in die Beratungssituation einbezogen worden war, ist es beiden gelungen, sehr offen über alle Verletzungen, die sie einander in den vergangenen Jahren zugefügt hatten, zu sprechen. Während dieses Prozesses versorgte einer die Wunden des anderen: Das bedeutet, dass sich beide Partner wechselseitig in die Verletzungen und die damit einhergehenden Schmerzen des anderen einfühlten und in diesem *Mitfühlen* schmerzlich anerkannten, wie weh sie dem anderen mit ihrem Verhalten getan haben und diese Einsicht auch zum Ausdruck brachten. Dadurch heilten die Verletzungen nach und nach ab, wodurch die verschüttete Liebe wieder freigelegt werden konnte.

Harald zog zurück zu seiner Familie. Seine Geliebte nahm daraufhin einen Schwangerschaftsabbruch vor. Harald renovierte das ganze Haus und richtete es neu ein. Er wollte dem Neuanfang auch äußerlich Ausdruck verleihen. Ihre Beziehung ging insgesamt erneuert und gestärkt aus diesem Klärungsprozess hervor.

Alleingelassen in der Fremde
Auch Roswitha B., 49 Jahre alt, kam zur Beratung, weil ihr Partner ein »Verhältnis« zu einer anderen Frau hatte. Sie wollte ursprünglich dem Rat einer Freundin folgen und ihren Mann Reiner »in hohem Bogen hinauswerfen«. Sie hatte auch schon den Immobilienteil der Zeitung

64

studiert und sich Wohnungen angesehen. Doch kurz vor Vertragsschluss kamen ihr dann doch Bedenken. Deshalb wollte sie zunächst professionellen Rat einholen.

Zur Vorgeschichte erzählte Roswitha, dass sie und Reiner seit neun Jahren verheiratet waren. Für Roswitha war es die zweite Ehe. Sie hatte eine erwachsene Tochter, die in Dresden lebte. Reiner arbeitete im Management und wurde seit sechs Jahren von seiner Firma einmal im Jahr nach Tokio geschickt. Für Roswitha waren die sechs bis acht Wochen seiner Abwesenheit immer eine willkommene Gelegenheit, sich mit Freundinnen zu treffen und ausgiebig all die Dinge zu tun, die Reiner verabscheute. Zum Beispiel Kinobesuche.

Sie war in all den Jahren nie auf die Idee gekommen, Reiner könnte seinen Auslandsaufenthalt dazu ausnutzen, sich einer anderen Frau zuzuwenden. Doch als sie ihn beim letzten Mal vom Flughafen abgeholt hatte, spürte sie sogleich, dass etwas nicht stimmt. Auch die Frau, die ihr als zufällige Sitznachbarin vorgestellt wurde, machte sie argwöhnisch. Als dann in den nächsten Tagen Anrufe dieser Frau kamen, stellte Roswitha ihren Partner zur Rede. Und er gestand, in Tokio ein Verhältnis mit dieser »Sitznachbarin« gehabt zu haben. Er bedauerte es jedoch und versprach, die Verbindung zu der Frau abzubrechen. Die Anrufe der Frau kamen auch weiterhin.

Das Schlimmste für Roswitha war, dass sie ihm künftig nicht mehr vertrauen konnte. Selbst wenn es ihm noch so leidtat und er tatsächlich den Kontakt abgebrochen hätte, so könnte sie doch nie mehr sicher sein. Wie sollte das in Zukunft werden? Sie war ratlos und hätte sich am liebsten von ihm getrennt. Aber eigentlich liebte sie ihn noch. Zumindest den, dem sie einmal vertrauen konnte.

Wie konnte es geschehen, dass sich Reiner einer anderen Frau zuwandte? Irgendetwas musste diesem Ereignis vorausgegangen sein. Doch Roswitha konnte sich an nichts erinnern. Ihrer Ansicht nach war vor seiner Abreise alles genau so, wie es in all den Jahren zuvor auch gewesen ist. In diesem Fall wurde wiederum das Phänomen erkennbar, demzufolge die »Betrogenen« völlig ahnungslos hinsichtlich eines möglichen Auslösers sind. Der Paarberater muss sich dann mit detektivischen Spürsinn daran machen, aus der Fülle der Aussagen einen Hinweis zu finden, der die Spur zu der Ursache legt.

Von großem Nutzen sind hierbei die ersten Eindrücke des Paarberaters; so zum Beispiel, wenn bestimmte Behauptungen einen inneren Widerspruch auslösen. Bei Roswitha war es die Aussage, sie habe ihren Mann nie in Tokio besuchen wollen, weil sie sich noch nie für Japan interessiert hat. Gibt es Menschen, die sich nicht für Japan interessieren? Mag sein. Doch Roswitha wirkte keineswegs auf mich, als gehöre sie zu jener Gruppe. Doch auch auf meine verwunderte Nachfrage blieb sie bei dieser Aussage.

Mein innerer Widerstand, ihr dies abzunehmen, führte mich zur Lösung: Bei der Durchsicht meiner Aufzeichnungen fand ich den Vermerk, dass die Tochter in Dresden wohnt. Wie kam sie nach Dresden? Oder war sie von Anfang an dort? Hieß das, Roswitha war in der ehemaligen DDR aufgewachsen und zur Schule gegangen?

Hier setzte ich in der nächsten Stunde an. Und tatsächlich stellte sich heraus, dass Roswitha kein Englisch sprach. Und wie sie nun einräumte, schämte sie sich für diese Bildungslücke. Nun waren wir auf der richtigen Fährte. Roswitha berichtete, dass vor Jahren ein Arbeitskollege von Reiner zu Besuch war. Die beiden Männer fachsimpelten den ganzen Abend und Roswitha saß daneben und fühlte sich zunehmend minderwertig. Der Kollege machte dann noch eine ironische Bemerkung, als sie sich irgendwann mit der Ausrede, müde zu sein, verabschiedete.

Von diesem Abend an wollte Roswitha offenbar nichts mehr von Reiners Arbeit wissen. Vor allem schlug sie sämtliche Aufforderungen, ihn doch einmal in Tokio zu besuchen, ab. Lediglich im letzten Jahr hatte sie seinem Drängen nachgegeben. Es war ausgemacht, dass sie für drei Wochen zu ihm fliegt. Doch dann ist sie ausgerechnet kurz vor dem Abflug an einer Grippe erkrankt. Sie musste die Reise absagen.

Die weitere Entwicklung im Rahmen der Paarberatung: Zunächst war es wichtig, Roswitha die Ausgangslage zu verdeutlichen. Erst nach einer Weile gelang es ihr, sich damit auseinanderzusetzen, was es für Reiner bedeutet hat, dass seine Frau über Jahre hinweg erklärt hat, die Stadt, in der er arbeitete, interessiere ihn nicht. Für ihn war das gleichbedeutend mit einem Desinteresse an seiner eigenen Person. Umso größer war seine Freude, als sie endlich zugesagt hatte, ihn zu besuchen. Er hatte sich schon ausgemalt, was er ihr alles zeigen und wo er sie überall hinführen werde. Als sie die Reise dann so kurzfristig absagte, war seine Enttäuschung sehr groß. Es half ihm nichts, dass er sich vernunftmäßig klarmachte, dass sie krank ist. Insgeheim witterte er ihren Boykott. Genau in dieser labilen Situation traf er auf seine spätere »Sitznachbarin«.

Roswitha musste sich im Verlauf der Sitzungen für seinen Schmerz öffnen. Und wie immer in diesen Fällen hinderte sie der eigene Schmerz lange Zeit daran, seinen Schmerz fühlen zu können. Es handelt sich dabei um einen Prozess, der sich nicht abkürzen lässt. Schließlich ist sie es, die sich schwer verletzt fühlt durch seinen Vertrauensbruch.

Deshalb müssen die Verletzungen *beider* Partner berücksichtigt werden. Ein Paarberater muss quasi die Hand des »Betrogenen« hal-

66

ten und ihn trösten – und gleichzeitig immer wieder auf den Schmerz des Partners verweisen. Roswitha verstand allmählich, weshalb dieses Ereignis überhaupt eingetreten ist. Mehr und mehr relativierte sich ihr Schmerz vor dem Hintergrund seines Schmerzes. Die andere Frau spielte im Verlauf der Beratung keine weitere Rolle mehr. Es ging jetzt nur darum, dass sich beide Partner wechselseitig um ihre Wunden kümmerten.

Roswitha war diejenige, die – endlich, nach so vielen Jahren – offen darüber sprach, wie viel es ihr ausgemacht hat, dass sie kein Englisch sprechen kann. In der Zwischenzeit hatte sie jedoch bereits einen Kursus belegt. Sie konnte nun offen mit Reiner über ihre Ängste sprechen. Ihre »Horrorvision« war, dass sie allein durch Tokio – einer überfüllten Stadt – läuft, auf die Toilette muss, nur unverständliche Schriftzeichen sieht und sich nicht verständigen kann. Ihre Angst war offensichtlich die eines kleinen Mädchens, das Angst in der Fremde hat.

Durch ihre Erklärungen begann Reiner allmählich zu begreifen, dass es nicht etwa ein Desinteresse war, sondern dass Ängste sie bisher von einem Besuch bei ihm abgehalten haben. Und sie wiederum hat seine große Enttäuschung verstehen können. Das gegenseitige Verständnis führte dazu, dass sie zu ihrer einstigen Vertrauensbasis zurückkehren konnten. Nachdem sie sich wechselseitig ausgiebig um die Wunden des Partners gekümmert hatten, erreichten sie eine völlig neue Qualität in ihrer Beziehung. Inzwischen war Roswitha schon zweimal in Tokio. Sie hat eine Postkarte von dort geschickt, in der sie ihrer Begeisterung Ausdruck gibt.

(Fußball-)Stars sind auch nur Menschen
Etwa zur gleichen Zeit, als Roswitha B. zur Paarberatung kam, waren die Zeitungen gefüllt mit Meldungen über die Untreue eines berühmten Fußballstars. Es gab deutliche Parallelen zwischen beiden Fällen. Deshalb stellte sich die Frage, weshalb die in der Presse vorgeführten – sehr wohlhabenden – Eheleute nicht die Hilfe eines professionellen Paarberaters in Anspruch nahmen. Vor allem hätte die Allgemeinheit dann von deren Erfahrungen profitieren können.

Wie jeder nachlesen konnte, war der Fußballspieler für viele Millionen Euro von einem ausländischen Fußballclub eingekauft worden. Dadurch wurde für ihn ein Wohnortwechsel notwendig. Seine Frau hingegen wollte ihn nicht begleiten, weil sie eine Karriere im Heimatland anstrebte.

Und genau das war wieder der kritische Punkt: Vernunftmäßig hat es der Mann sicher verstanden, dass seine Frau ihm nicht als ein Anhängsel folgen, sondern ihre eigenen Ambitionen vorantreiben wollte. Schließlich ist es gut für jede Partnerschaft, wenn die Partner möglichst autonom sind. Doch die Gefühle lassen sich nie von solchen Überlegungen beeinflussen. Es ist davon auszugehen, dass sich der Mann in der Fremde allein und verlassen fühlte.

Natürlich kann man ohne ausführlichere Informationen nicht wirklich beurteilen, was im Einzelnen zu seiner Untreue geführt hat. Ich greife diesen Sachverhalt hier dennoch auf, um anhand dieses populären Falles noch einmal deutlich zu machen, von welchen Irrtümern die Allgemeinheit bei ihrer Beurteilung ausgeht.

Anhand der Schlagzeilen am Kiosk sowie auf entsprechenden Internetseiten zeigte sich nämlich, dass sich die Mehrheit über den untreuen Mann empörte. Und in geradezu gehässiger Weise wurde der Star von der Boulevard-Presse kritisiert. Mit solchen Berichterstattungen wird der Öffentlichkeit ein völlig falsches Bild suggeriert. Es wird regelrecht Angst geschürt vor den Unberechenbarkeiten, die in einer Paarbeziehung lauern. So wurde der Frau auf einer Internetseite geraten, ihren Mann künftig »nicht so lange unbeaufsichtigt den Versuchungen des Südens« auszusetzen. Wie soll eine Beziehung vor dem Hintergrund eines solchen Ratschlages wieder zu einer harmonischen Basis zurückkehren können?

Der Fußballspieler hat – wie wir erfahren konnten – seiner Frau Schmuck im Werte von einer Million Pfund zur Versöhnung geschenkt. Damit hat er für einen »Ausgleich des Betrogenen« gesorgt. Auch sein öffentliches Bekenntnis, dass er nur seine Frau liebt und zu seiner Familie stehen wird, wird ihr einigermaßen »Genugtuung« gegeben haben.

Doch das reicht leider nicht aus, weil sich die zugrunde liegenden Gefühle weder mit teuren Geschenken, noch mit aufrichtigen Versprechungen auflösen lassen. Der Schmerz beider Partner wird dadurch vielmehr zugedeckt. Solange er jedoch nicht anerkannt und »weggetröstet« wird, wird er Wege finden, sich indirekt zu zeigen. Es ist demnach zu erwarten, dass es in jenen Beziehungen, in denen nach solchen Krisen nicht die Basis bearbeitet wird, immer wieder zu Schwierigkeiten kommen wird.

Jeder Betrogene sollte demnach – trotz seines Schmerzes – versuchen, die Affäre seines Partners als eine Art Hilferuf zu verstehen. Das setzt zunächst Vertrauen voraus. Erst dann kann sich daraus das Bewusstsein entwickeln, dass ein solches Ereignis immer auch irgendwie »sinnvoll« ist.

Voraussetzungen für reife Beziehungen

»Du hast dein Haus auf Sand gebaut.« Dieser vorwurfsvolle Ausspruch beinhaltet die Kritik hinsichtlich des Fehlens tragfähiger Fundamente. Denn ein auf Sand gebautes Haus stürzt beim ersten Windstoß ein. Natürlich ist es sinnbildlich gemeint: Wir Menschen sind es, die – Häusern gleich – feste Verankerungen brauchen, um Halt in dieser Welt zu finden.

Diesen Halt suchen viele Menschen in einer Liebesbeziehung. Doch scheitern oft gerade diejenigen, die sich am meisten danach sehnen. Sie stehen vor einem unlösbaren Rätsel und können es sich einfach nicht erklären, weshalb bei manchen die Liebe noch wächst, während bei ihnen selbst die Liebe so schnell wieder verkümmert oder womöglich gar nicht erst richtig aufkeimt.

Die Dynamik innerhalb von Liebesbeziehungen ist noch nicht hinreichend erforscht. Wir kennen noch nicht alle Einflüsse, die im Miteinander der Menschen wirksam werden. Dennoch sind wir inzwischen durchaus in der Lage, die Voraussetzungen bestimmen zu können, die für das Gelingen oder Misslingen einer Liebesbeziehung förderlich sind.

Im Folgenden soll deshalb das Rätsel um das scheinbare Mysterium gelüftet werden. Denn aufgrund der bisherigen psychologischen Erkenntnisse lässt sich durchaus erklären, weshalb es manchen Menschen gelingt, über viele Jahre eine befriedigende Liebesbeziehung aufrechtzuerhalten, während dieser Wunsch bei vielen Menschen nicht in Erfüllung geht.

Für viele Menschen ist es inzwischen selbstverständlich, die Grundlagen des Liebeslebens in der frühen Kindheit zu suchen. Sie wissen, dass es die in der Kindheit gesetzten Rahmenbedingungen sind, die den Verlauf jeder späteren Liebesbeziehung bestimmen. Das heißt, die Gestaltung und Entwicklung einer Partnerschaft hängt entscheidend von dem ab, was die Partner früher in ihrer Kindheit erlebt haben. Denn keine menschliche Beziehung kommt der frühkindlichen Eltern-Kind-Intimität so nahe wie die Liebesbeziehung zwischen Erwachsenen.

In den ersten Jahren seines Lebens wird ein kleines Individuum mit einer Reihe von Entwicklungsaufgaben konfrontiert. Die Bewältigung dieser Aufgaben führt von einer Reifungsstufe auf die nächste, das heißt, sie bauen aufeinander auf. Deshalb ist es wichtig, dass jede Aufgabe gut bewältigt werden kann. Wer schon die erste Aufgabe nicht geschafft hat, der scheitert zwangsläufig auch an den nachfolgenden. Außerdem hat der Grad der Bewältigung maßgeblichen Einfluss auf das spätere Gelingen von Paarbeziehungen. Wer hier strauchelt, strauchelt in Liebesdingen sein ganzes Leben lang.

Wir wissen inzwischen aber, dass die jeweiligen Entwicklungsprozesse nicht mit dem Ende der Kindheit abgeschlossen sind, sondern noch im Erwachsenenalter fortgesetzt werden können. Deshalb bietet gerade eine Partnerschaft auch eine Fülle von Entwicklungschancen. Jedoch, und hier beißt sich die Katze in den Schwanz: Kaum eine andere menschliche Beziehung erfordert zunächst erst einmal ein so hohes Maß an Identität, Stabilität, Autonomie und Reife wie eine intime Zweierbeziehung.

Das heißt, dass zunächst erst einmal ein bestimmtes Quantum an Reife erreicht sein muss, um überhaupt innerhalb einer Partnerschaft eine Basis schaffen zu können, von der aus dann wiederum weitere Reifungsschritte gewagt werden können. Auf den nächsten Seiten werde ich einen Überblick über die wichtigsten Reifungsschritte geben.

Loslösung

Wir Menschen sind bei der Geburt völlig hilflos und könnten nicht überleben, wenn sich nicht jemand um unsere körperlichen Bedürfnisse kümmern würde. Für die seelischen Bedürfnisse gilt dies jedoch nahezu gleichermaßen. Denn erst ein liebevoller Blick- und Körperkontakt gibt einem Kind das Gefühl von Geborgenheit, welches es ansonsten nach Verlassen des Mutterleibs schmerzlich vermissen würde.

In diesen ersten Lebensmonaten erlebt sich das Kind mit der Mutter in einer symbiotischen Einheit. Damit es zu einem unabhängigen Individuum heranreifen kann, muss es nach und nach aus dieser Symbiose heraustreten. Dieser Prozess der allmählichen Loslösung wird nur dann in Gang kommen, wenn das Kind erst einmal all das an seelischer Zuwendung erhalten hat, was es braucht.

70

Der Vergleich mit körperlicher Nahrung bietet sich hier an: Sobald ein menschliches Wesen ausreichend Nahrung erhalten hat, wird es ein Gefühl von Sättigung verspüren. Dann kann es getrost vom Tisch aufstehen und sich der Welt zuwenden. Ungesättigt würde es am Tisch ausharren, immer in der – vergeblichen – Hoffnung, dass irgendwann nochmals ein Nachschlag folgt, damit es doch noch satt werden kann. Gleichermaßen verhält es sich mit seelischer Nahrung: Sobald eine Bezugsperson gut für ein Kind sorgt, kann sich das Kind diese gute Erfahrung »einverleiben«, das heißt, sie als Erinnerung speichern. Anders ausgedrückt: Es kann ein positives Vorstellungsbild verinnerlichen, welches von nun an konstant in seinem »psychischen Innenraum« vorhanden ist. Auf dieses innere Vorstellungsbild kann sich das Kind immer beziehen, auch wenn die Mutter vorübergehend nicht anwesend ist. So kann es sich über eine Zeitspanne hinweg – allein durch die Erinnerung an die Mutter – selbst trösten.

Seelische Nahrung bewirkt also, dass der seelische Innenraum gut – nämlich mit positiven Erinnerungsbildern – gefüllt ist. Je älter das Kind wird, desto länger kann es auf das verinnerlichte Bild zurückgreifen. Durch die liebevolle Zuwendung entwickelt es Vertrauen, welches ihm ermöglicht, sich auf immer länger werdende Perioden einlassen zu können. Es muss sich einigermaßen sicher sein, im Bedarfsfalle jederzeit zur Bezugsperson zurückkehren zu können. Nur dann kann es die auftauchende Trennungsangst auch bewältigen. Ein derart gut gerüstetes Individuum kann sich nun anderen Abenteuern des Lebens zuwenden.

Den Beobachtungen zufolge setzt der erste Loslösungs- und Individuationsprozess bei einem zwei- bis dreijährigen Kind ein. Da dem Kind von diesem Alter an erst allmählich die Trennung und eine (relative) Unabhängigkeit von der körperlichen Verfügbarkeit der Bezugsperson möglich wird, gab die Psychoanalytikerin Margaret Mahler diesem Zeitpunkt die Bezeichnung »psychische Geburt« (Mahler et al., 1999).

In der Zeit der so genannten Adoleszenz, also im Jugendalter zwischen der Pubertät und dem Erwachsensein, wird der Prozess der Loslösung im Idealfall zu einem Abschluss gebracht. Der

Jugendliche wird noch einmal alle Anstrengungen aufbieten, um die endgültige Ablösung von seinen Eltern zu erreichen und eine eigene Identität zu entwickeln. In diesem Prozess muss er seine kindlichen Liebesgefühle von den Eltern – vor allem auch von den verinnerlichten Vorstellungsbildern – abziehen. Es reicht nicht, sich äußerlich von ihnen zu trennen. Manche Menschen, die zu diesem – inneren – Schritt nicht fähig sind, versuchen, in ferne Länder auszuwandern. Doch die Abhängigkeit bleibt dennoch bestehen, weil die innere Loslösung nicht vollzogen werden konnte.

Diejenigen, die ausreichend von den Eltern bekommen haben, werden mit Beginn des Erwachsenenalters zunehmend in der Lage sein, die fürsorglichen Aufgaben der Eltern selbst zu übernehmen. Der gereifte Mensch hat sich von den äußeren und verinnerlichten Gestalten der Eltern befreit und deren Qualitäten für den Rest seines Lebens in sich selbst errichtet. Er ist in der Lage, für sich selbst die Mutter- und Vaterrolle zu übernehmen und sich die nötige liebevolle Zuwendung von nun an selbst zu geben.

Der Loslösungsprozess erfordert also vor allem ein Trennen in psychischer Hinsicht. Eltern, die diese Entwicklungsaufgabe selbst gut gelöst haben, unterstützen ihre Kinder, indem sie sich immer stärker zurücknehmen, um die Ablösung auch bei ihrem Kind zu fördern. Sie wissen instinktiv, dass die Unabhängigkeit ihrer Kinder nur durch die innere Loslösung von ihnen erreicht werden kann.

Jede Kindheit kann erst dann wirklich überwunden werden, wenn der Prozess der Loslösung abgeschlossen ist. Deshalb gehört diese Entwicklungsaufgabe zu den wichtigsten Reifungsschritten im Leben jedes Menschen. Wenn ein junger Mensch es geschafft hat, sich von den Eltern loszulösen, dann wird er eine autonome Persönlichkeit, die von niemandem abhängig ist und alles, was sie braucht, aus dem eigenen Innern schöpfen kann. Erst dann kann man von einer wirklich autonomen Persönlichkeit sprechen. Diese Entwicklung wirkt sich auf spätere Partnerschaften aus.

Erst die Loslösung, also die – vor allem innere – Abwendung von den ersten Liebespartnern, ermöglicht eine uneinge-

72

schränkte Hinwendung zu anderen Liebespartnern. Deshalb ist die vollzogene Loslösung beider Partner von entscheidender Bedeutung für die Gestaltung und Entwicklung ihrer Beziehung.

Da Entwicklungsaufgaben auch noch im späteren Leben gemeistert werden können, bietet gerade eine Partnerschaft die Möglichkeit der weiteren Ablösung von den Eltern sowie den von ihnen in der Psyche verankerten Vorstellungsbildern. Eine sich zunehmend entfaltende Individualität ermöglicht erst eine wirkliche Bezogenheit aufeinander.

Individuation

Der Mensch hat einen unvorstellbaren Grad an biologischer Differenzierung erreicht. Doch erst die entwickelten Diagnosetechniken schufen das Bewusstsein dafür, wie einzigartig jeder Einzelne tatsächlich hinsichtlich seiner ganz charakteristischen Merkmale ist: Jeder Mensch kann allein aufgrund seines Fingerabdrucks oder anhand eines einzigen Haares, eines winzigen Hautpartikels oder sogar schon aufgrund eines Speichel- oder Bluttröpfchens von allen anderen Menschen unterschieden werden. Selbst das Klangmuster jeder Stimme ist einzigartig. Das zeigte sich unlängst sehr eindrucksvoll, als ein Erpresser seine Mundhöhle für die telefonische Geldforderung mit Zellstoff ausgefüllt hatte, um unerkannt zu bleiben. Er konnte dennoch einwandfrei identifiziert und daraufhin festgenommen werden.

Eine solche Einzigartigkeit verbirgt sich auch in der Persönlichkeit jedes Menschen. Der hierzu führende Prozess, in dessen Verlauf ein Mensch die zahlreichen Facetten seiner Wesensart herausbildet und damit unverwechselbar wird, wird als Individuation bezeichnet. Dieser Begriff ist abgeleitet von dem Wort Individuum, welches bedeutet: Der Mensch als Einzelwesen in seiner jeweiligen Besonderheit. Einige Autoren bevorzugen den Begriff Differenzierung. Dieser Begriff stammt ursprünglich aus der Biologie und bezieht sich auf die Zellentwicklung. Wenn im Folgenden von Individuation, Differenzierung oder von Selbstwerdung die Rede ist, dann ist damit jeweils das Gleiche gemeint.

Während der Entwicklungsphase der Individuation steht jeder junge Mensch vor der Aufgabe, eine eigene Identität zu entwickeln, die möglichst nicht nur an anderen orientiert ist. Hierzu muss er sich der Liebe seiner Bezugspersonen sicher sein. Er darf keine Angst davor haben müssen, bestraft zu werden, wenn er versucht, seine ganz eigenen Wesensmerkmale zu entfalten. Er muss sich sicher genug fühlen und wissen, dass er auch dann noch geliebt und akzeptiert wird, wenn er den Wünschen und Vorstellungen der geliebten Menschen nicht entspricht. Und er muss standhaft bleiben können, wenn die Eltern darauf drängen, dass er sich ihnen angleicht.

Erst auf dieser Basis kann sich die komplexe Selbstwerdung eines Menschen vollziehen, in der sich ganz eigene signifikante Konturen herausbilden. Nur wenn ein Mensch in jungen Jahren keine Repression, also keine Unterdrückung seiner individuellen Entfaltung erfahren hat, kann er sich später angstfrei gegenüber anderen öffnen; auch dann, wenn er erwarten muss, dass seine Äußerungen nicht akzeptiert werden. Ein solcher Mensch wird es später wagen, an seiner Haltung festzuhalten, und dies auch dann, wenn er einem starken Anpassungsdruck ausgesetzt ist. Er kann eine von anderen abweichende Meinung vertreten, ohne sich dabei isoliert zu fühlen. Denn die Ausbildung der eigenen Persönlichkeit geht mit dem zunehmenden Bewusstsein einher, dass jeder Mensch als eigenständiges Wesen ein Recht auf seine Meinung hat und daher alle Meinungen gleichberechtigt auf einer Stufe stehen. Das eigene Selbstwertgefühl ist so nicht mehr von anderen und deren Reaktion abhängig. Von diesen Menschen heißt es, sie können »sich selbst treu« bleiben. Gerade wegen ihrer Treue zu sich haben sie die Freiheit, gelegentlich nachzugeben, ohne das Gefühl zu bekommen, sich dadurch zu verlieren.

Je weiter jemand in seiner Persönlichkeitsentwicklung vorangeschritten ist, desto stärker hat sich sein Selbst-Bewusstsein ausgebildet. Seine stabile Persönlichkeit garantiert ihm, dass er in wechselnden Situationen stets derselbe bleibt. Seine klaren Konturen machen es ihm möglich, sich auf einen anderen vollständig einzulassen. Seine emotionalen Bindungen erreichen eine besondere Tiefe, weil er trotz der damit verbundenen Intimität bei sich selbst bleiben kann. Denn er ist in der Lage, sein Identitätsempfinden auch dann zu wahren, wenn er in einer tiefen Verbindung zu einem anderen steht. Nur so lässt sich der Drang nach Unabhängigkeit mit der Sehnsucht nach tiefer Verbundenheit vereinbaren. Durch sein klares Gespür für die eigene Persönlichkeit wird dieser Mensch immer in sich selbst Halt finden können. In kritischen Phasen kann er sich selbst beruhigen und emotional für sich sorgen. Damit bleibt er unabhängig von anderen.

Die Voraussetzung für einen erfolgreichen Individuationsprozess ist eine frühe Förderung aller Eigenschaften und Talente durch die Bezugpersonen. Entscheidend hierbei ist, wie weit diese wiederum in ihrer eigenen Differenzierung fortgeschritten sind. Denn ein Mensch kann die Entfaltung seines Kindes nur soweit zulassen, wie es seinem eigenen Differenzierungsgrad entspricht: Wer sich selbst voll entfalten konnte, wird die volle Entfaltung seiner Nachkommen ebenfalls fördern. Wer dagegen unterdrückt wurde, wird – wenn auch vielleicht mit anderen Mitteln – selbst unterdrücken. Auf diese Weise geben Eltern ungefähr den Stand weiter, den sie selbst erreicht haben. Deshalb verändert sich dieser innerhalb einer Familie von einer Generation zur nächsten in der Regel nur unwesentlich.

Autonomie

Das Wort Autonomie kann mit Selbstständigkeit, Unabhängigkeit und Selbstbestimmung übersetzt werden. Demnach versteht man unter einer autonomen Persönlichkeit, dass sie selbstständig, unabhängig und selbstbestimmt lebt. Man kann Autonomie auch als die Fähigkeit des Menschen bezeichnen, innerlich über sich selbst bestimmen zu können. Diese Fähigkeit gründet sich allein auf die gelungene Loslösung und der damit erreichten seelischen Reife.

Eine autonome Persönlichkeit lebt weitgehend aus dem eigenen Inneren heraus. Da sie alle guten Erfahrungen mit ihren Bezugspersonen verinnerlicht hat und nun stetig auf diesen Fundus zurückgreifen kann, findet sie alles in sich, was sie braucht. Da sie aus ihrer inneren Quelle schöpfen kann, fühlt sie sich selten einsam und allein. Und damit erfüllt sie eine wichtige Voraussetzung für das Gelingen einer Partnerschaft. Denn nur, wenn jemand allein sein kann, ohne sich dabei einsam oder verloren zu fühlen, ist er wirklich frei. Eine Partnerschaft wird dann nicht als Erlösung aus einem defizitären Zustand erlebt, sondern als eine andere, durchaus gleichberechtigte Lebensform.

Sofern es im Zusammenleben mit dem Partner zu Leidenszuständen käme, würden sich diese Menschen aus der Partnerschaft lösen. Kein autonomer Mensch verharrt in schmerzvollen Zuständen, nur um einem vorbestehenden Zustand der Einsamkeit zu entgehen. Er kennt diese Einsamkeit gar nicht.

Auch im alltäglichen Zusammenleben ist die Autonomie beider Partner von Bedeutung. Autonome Partner sind völlig unabhängig und dennoch aufeinander bezogen. Selbstständigkeit und Partnerschaft schließen einander nicht aus; im Gegenteil, es handelt sich hierbei um eine Grundvoraussetzung für ein befriedigendes Zusammenleben: Jeder räumt dem anderen genügend Freiheit ein. Freiheit, die er auch für sich in Anspruch nimmt. Autonome Menschen wollen nicht immer im Zentrum der Aufmerksamkeit stehen. Sie können sich durchaus für eine Zeit zurücknehmen, wenn sich der Partner vorübergehend auf andere Dinge konzentrieren muss.

Selbstachtung

Selbstachtung und Selbstwertgefühl oder Selbstbewusstsein sind eng miteinander verbundene Begriffe. Das eine geht nicht ohne das andere. Wenn sich jemand als wertvoll empfindet, hat er automatisch Achtung vor sich. Und natürlich ist so ein Mensch auch selbstbewusst.

Das Ausmaß unserer Selbstachtung beeinflusst jeden Aspekt unseres Lebens. Sie entscheidet darüber, welches Leben wir führen und wie erfolgreich wir darin werden. Denn das Selbstachtungsniveau wirkt in alle Lebensbereiche hinein und beeinflusst unsere Erfahrungen tiefgreifend. Deshalb spielt die Selbstachtung eine der wichtigsten Rollen im Leben jedes Menschen.

Schließlich handelt der Mensch immer entsprechend seiner Selbstwahrnehmung. Es geht gar nicht anders. Wenn jemand volles Vertrauen in seine eigene Person hat, dann traut er sich viel zu. Ein selbstbewusster Mensch ist sich nicht nur seines grundsätzlichen Wertes, sondern auch seiner Talente bewusst. Er nimmt wahr, wenn er etwas besonders gut kann; er weiß es, wenn er gut reden, gut schreiben oder gut tanzen kann. Deshalb wird er von vornherein einen Beruf ergreifen, in dem er diese Talente umsetzen kann. Selbst wenn die Umstände – vielleicht aufgrund der Arbeitsmarktlage oder anderer äußerer Hindernisse – nicht so günstig sind, wird er versuchen, sich für sich einzusetzen und sich durchzusetzen – ganz anders, als sich dies ein Mensch mit gleichem Talent, aber geringerer Selbstachtung, zutrauen würde.

Sich selbst zu achten heißt demnach, auf die eigene Tüchtigkeit und den eigenen Wert zu vertrauen und sich selbst als wertvoll zu empfinden. Das damit einhergehende positive Denken und die dementsprechenden Erwartungen wirken dabei wie sich selbst erfüllende Prophezeiungen. Von daher hat das Selbstbild einen großen Einfluss auf das Schicksal jedes Menschen.

In Bezug auf Selbstbewusstsein und Selbstvertrauen zeigt sich erneut, dass alle Reifungsschritte aufeinander aufbauen. Denn diese Eigenschaften können nur auf dem Boden von Unabhängigkeit und entfalteter Individualität entstehen.

Anerkennung ist die Basis der Selbstachtung: Wenn ein Kind geachtet, respektiert und geliebt wird, dann übernimmt es diese Haltung zur eigenen Person. Es erkennt sich quasi im Spiegel der Augen seiner Mutter. Durch die beständige Beantwortung erlebt es seinen eigenen Wert. Diese erste Erfahrung über sich selbst speichert es als sein Selbstbild, das ihm von nun an aus dem Inneren heraus sagt: »So, wie du bist, bist du richtig.« Es hat nun die Haltung der Mutter übernommen und wird sich sein Leben lang achten, respektieren und lieben.

Auch der bejahende Blick anderer Bezugspersonen speichert sich als positives Selbstbild im Innern eines Kindes. Für Kinder ist es sehr wichtig, von ihren gegengeschlechtlichen Bezugspersonen bestätigt zu werden, damit sich ihnen positive Botschaften vom anderen Geschlecht einprägen können.

Die für ein Kind notwendige Anerkennung kann eine Bezugsperson jedoch nur aufgrund ihrer eigenen selbstständigen Identität geben. Ihr Selbstbewusstsein und ihre eigene Selbstachtung haben demnach maßgeblichen Einfluss auf die Entwicklung der Selbstachtung ihres Kindes. Ihre Haltung zu sich selbst entscheidet maßgeblich darüber, ob sich ein Kind in all seinen Äußerungen und Aktivitäten bestätigt oder abgelehnt fühlt.

Wenn das Kind lernt, die Mutter als eigenständige Person anzuerkennen, dann entwickelt sich eine reziproke Beziehung zwischen Mutter und Kind, das heißt, die Anerkennung, die jeder erhält, beruht von nun an auf Gegenseitigkeit. Bereits in dieser frühen Phase wird in der Interaktion zwischen Mutter und Kind eingeübt, wie sich in einer engen Beziehung die jeweils eigenen Bedürfnisse und Wünsche versöhnlich in Einklang bringen lassen. Das heißt, es wird gelernt, nach Kompromissen zu suchen, wenn das eigene Anliegen nicht mit dem des anderen in Übereinstimmung zu bringen ist. Nur dadurch kann sich ein Gleichgewicht zwischen Selbstbehauptung und Anerkennung entwickeln.

Wir Menschen haben ein grundsätzliches Bedürfnis nach gegenseitiger Anerkennung: Wir wollen von anderen anerkannt werden, aber wir wollen auch andere anerkennen. Es ist für uns von entscheidender Bedeutung, unser Selbst durch die Spiegelung im anderen zu finden, denn wir erkennen uns selbst nur im anderen. Wir brauchen also immer zunächst den anderen, um zu entdecken, wer wir selbst sind. Deshalb verbinden wir uns mit Menschen, die unser Gefühl für unseren Wert und für unsere Einmaligkeit stärken. Das Gefühl für den eigenen Wert entwickelt sich nur, wenn sich ein Kind von den Eltern angenommen fühlt. Deshalb hängt das Selbstbewusstsein zentral mit den ersten Liebeserfahrungen zusammen. Damit zeigt sich erneut, dass die Eltern-Kind-Beziehung den Grundstein für die späteren Liebesbeziehungen legt.

Die Auswirkungen von Selbstachtung auf eine Partnerschaft sind außerordentlich. Aufrichtige Wertschätzung der eigenen Person gegenüber ist das stabilste Stützsystem, das eine Beziehung überhaupt haben kann. Menschen, die sich selbst achten, haben solide Fundamente, die sie auch in stürmischen Zeiten vor einem Zusammenbruch schützen. Kein Konflikt kann sie so leicht erschüttern. Um eine befriedigende Beziehung führen zu können, muss man über sich selbst sagen können: »Ich bin liebenswert und ich werde geliebt, und zwar genau so, wie ich bin. Es spielt dabei keine Rolle, dass ich nicht der reichste, der schönste, der intelligenteste oder der mächtigste Mensch bin. Ich werde angenommen, obwohl ich auch Schwächen habe.«

Ein derart positives Selbstbild ist automatisch mit einem positiven Fremdbild verbunden. Denn Selbstannahme ist die Voraussetzung für die uneingeschränkte Annahme anderer. Nur wenn man in der Lage ist, seiner eigenen Person Achtung und Wertschätzung entgegenzubringen, kann man dies auch einer anderen Person gegenüber tun. Und nur derjenige, der sich als wertvoll und liebenswert erlebt und sich so annimmt, wie er ist, mitsamt seiner Schwächen, ist in der Lage, die Schwächen eines anderen zu akzeptieren.

Das heißt: Die eigene Selbstachtung zieht wiederum die Achtung anderer nach sich. Beides gehört immer zusammen. Wer von seinem Partner geachtet, geschätzt und geliebt wird, fühlt sich dadurch in seiner Liebe für ihn bestärkt. Doch erst die eigene Selbstachtung stellt hierbei gewissermaßen das Gefäß für die entgegengebrachte Achtung vom Partner bereit.

Die Liebe ist ein Freispruch, eine endgültige Zusage:
Du darfst, Du kannst, ja in gewissem Sinne:
Du musst so sein, wie Du bist! Das ist das ganze Glück.
Eugen Drewermann, 1999, S. 19

Liebesfähigkeit

Das Thema Liebe ist von universalem Interesse. Immer wieder wird dieses Motiv in abgewandelten Variationen in der Kunst, der Literatur und im Film aufgegriffen. Zeitungen und Zeitschriften erhoffen sich damit größere Auflagen, denn es ist eines der wichtigsten Themen überhaupt. Jeder versucht, diesem Mysterium auf die Spur zu kommen. Doch die Liebe speist ihre Quellen aus etwas Geheimnisvollem; sie bewegt sich in Dimensionen, die wir nicht mit dem Denken erfassen können.

Wir erfahren die Liebe zwar in unterschiedlichen Varianten, doch genaugenommen gibt es nur eine Liebe. Sie ist eine Kraft der Seele, eine Haltung gegenüber der Welt als Ganzes. Wer zu dieser reinen Liebe fähig ist, der ist bereit, alles so zu akzeptieren, wie es ist.

Tatsächlich sind jedoch nur sehr wenige Menschen in ihrer Selbsterkenntnis und Selbstliebe so weit entwickelt, dass sie in der Lage sind, alles achten und annehmen zu können. Deshalb erfahren nur Einige auf dieser Welt diese vollendete Liebe. Es wird noch eine Zeit der psychogenetischen Entwicklung brauchen, bis alle diesen Gipfelpunkt erreicht haben werden.

Wer dann einen Menschen wirklich liebt, liebt alle Menschen, liebt die ganze Welt und liebt das Leben. Wer dann zum anderen sagt: »Ich liebe dich!«, der meint damit: »Ich liebe in dir alle Menschen, ich liebe in dir die Welt und ich liebe in dir auch mich selbst.« Eine solche Liebe beschränkt sich nicht nur auf einen Menschen, sondern sie bezieht alle und alles mit ein. Sie macht sich nicht allein an der Person des Partners fest. Vielmehr bündelt sich die liebende Haltung zum Ganzen in einer Person und wird so zur Begegnung zweier Seelen.

Die Fähigkeit zu lieben entsteht nicht von allein. Sie entwickelt sich bei kleinen Kindern durch die liebende Haltung der Bezugspersonen. Schon ein Baby spürt, ob es geliebt wird. Diese Liebe ist die erste Liebe, die ein Mensch im Idealfall erfährt. Diese Erfahrung bleibt für ihn ein Leben lang das Grundmodell: So fühlt es sich an, geliebt zu werden. Dieses Gefühl schafft die Basis für das Grundvertrauen.

Bereits die Erfahrungen eines Babys im ersten Lebensjahr entscheiden darüber, ob es zu einem Menschen heranwächst, der Vertrauen in die Welt haben kann. Wenn das Kind seiner Umwelt vertraut, steht sein »kleines Herz« weit offen, und dadurch ist es selbst in der Lage, Liebe zu geben. Jede Regung der Bezugsperson wird von einem Kind genau registriert. Hierbei handelt es sich nicht um einen bewussten Vorgang. Vielmehr nimmt das Kind unbewusst alles auf, was in seiner Umgebung geschieht. Jeder Eindruck wird mit dem entsprechenden Gefühl präzise wie in einer Datenbank gespeichert.

Es gibt Wissenschaftler, die das menschliche Gehirn mit einem Computer vergleichen. Obwohl die Tauglichkeit dieses Vergleichs häufig kritisiert wird, lässt sich zumindest eine Analogie hinsichtlich der Programmierungsprozesse heranziehen: In der Kindheit werden die genetischen Anlagen mit den vielfältigen Eindrücken zu hochkomplexen Verschaltungen vernetzt. Alle Erfahrungen, die dort bewertet und nach entsprechenden Kriterien abgespeichert werden, bleiben unauslöschlich eingraviert.

Deshalb sind die ersten Lebensjahre von so großer Bedeutung für die Entwicklung der Liebesfähigkeit: Nur ein in Liebe ange-

80

nommenes Kind wird liebesfähig. Nur durch Liebe kann einem kleinen Individuum das Gefühl für den Wert vermittelt werden, der nur in ihm selbst liegt. Nur durch die Freude über sein Dasein erhält es ein Gespür für die kostbare Einzigartigkeit seines Wesens.

Diese empfangene Liebe ist die Voraussetzung dafür, dass ein Mensch auch im späteren Leben überhaupt in der Lage ist, Liebe annehmen zu können. Und nur jemand, der Liebe annehmen kann, ist dazu fähig, diese Liebe zu erwidern. Wenn ein kleiner Mensch genügend seelische Nahrung erhalten hat, wird er als Erwachsener naturgemäß seine Liebesfähigkeit an die nächste Generation weitergeben können. Denn aus geliebten Kindern werden liebesfähige Eltern.

Liebesfähigkeit kann in unmittelbarem Zusammenhang mit psychischer Gesundheit gesehen werden. Schon Freud hat seelische Gesundheit als die Fähigkeit definiert, arbeiten und lieben zu können. Wer sich ihm anschließt und psychische Gesundheit mit Arbeits- und Liebesfähigkeit gleichsetzt, wird feststellen, dass viele Menschen nicht psychisch gesund ist. Seelische Gesundheit ist in unserer Gesellschaft tatsächlich eher selten anzutreffen. Vor allem im Bereich der »Herzensangelegenheiten« gibt es noch immer viele Beeinträchtigungen.

Den meisten Menschen mangelt es an Selbstliebe. Die wahrhaftige Beziehung finden wir nämlich nicht im Außen – sie ist in uns. Unsere wahre Beziehung ist die Beziehung zu uns selbst – alles andere ist nur ein Spiegel dafür. Wenn jemand liebt, so begegnet er in dem Geliebten immer auch sich selbst. Sich selbst zu lieben, ist daher die Grundlage für die Liebe zu einem anderen Menschen. Erst wenn wir uns aus vollem Herzen selbst lieben, wird es möglich, andere Menschen in diese Liebe einzubeziehen. Wer sich selbst liebt, genießt die Liebe so sehr und er wird dadurch so beglückt, dass die Liebe anfängt überzufließen und auch andere erreicht. Nur über die Liebe zur eigenen Person kann sich die Liebe zu anderen ausbreiten. Das geht ganz von selbst. Es ist nichts weiter dazu nötig.

Jede Liebe beginnt also stets im eigenen Inneren – als liebevoller Umgang mit sich selbst. Es bedeutet, die eigenen Bedürfnisse an die erste Stelle zu setzen und darauf zu vertrauen, dass sich auch andere gleichermaßen für die Befriedigung ihrer Bedürfnisse einsetzen. Schließlich kann jeder am besten für sich selbst sorgen. Ein reifer Mensch hat sich sozusagen zu seiner eigenen Mutter und zu seinem eigenen Vater entwickelt. Er sorgt so liebevoll und nachsichtig für sich, wie diese es – im Idealfall – für ihn getan haben. Und diese Liebe kann er letztlich nie wieder verlieren.

Ein solcher Mensch ist sich selbst genug. Er braucht im Grunde genommen keinen anderen Menschen mehr. Wie bereits erwähnt, ist nur derjenige, der allein sein kann, auch zur Liebe anderer fähig.

Dieser gesunde Narzissmus darf nicht mit seinem Gegenteil – der »narzisstischen Störung« verwechselt werden (mehr über Narziss, der Gestalt aus der griechischen Mythologie, in Anmerkung 3). Wer sich selbst liebt, liebt nämlich nicht sein Spiegelbild, sondern er liebt einfach nur sich selbst.

Viele Menschen konzentrieren sich bei ihrer Suche nach Liebe ausschließlich auf das Außen. Dahinter verbirgt sich allerdings immer der Versuch, von einst erfahrenen Lieblosigkeiten geheilt zu werden. Die im Inneren fehlende Liebe soll nun von außen kommen. Das kann nicht funktionieren. Dennoch befinden sich die meisten Menschen auf dieser tragischen Suche.

Allmählich öffnet sich jedoch für immer mehr Menschen das Bewusstsein, und sie werden gewahr, dass es notwendig und hilfreich ist, verstärkt den inneren Bereichen Aufmerksamkeit zu schenken. Vor allem diejenigen, deren Suche im Außen vergeblich blieb, werden mehr und mehr auf ihre inneren Ressourcen gelenkt.

Für viele Menschen ist die bedingungslose Liebe ein erstrebenswertes Ideal. Eine solche Liebe wird noch immer von – insbesondere geistlichen – Autoritäten eingefordert. Deshalb bemühen sich viele, diesem Ideal zu entsprechen und selbstlos lieben zu können. Sie schämen sich, weil sie immer wieder scheitern. Doch sie müssen scheitern, weil sich selbstlose Liebe mit Unterwerfung gleichsetzen ließe: Man soll die eigene Person und damit die eigenen Gefühle völlig zurückstellen und nur an das Wohl eines anderen Menschen denken? Das kann eigentlich niemand von einem anderen verlangen; würde es doch jegliche Aussagen über die Selbstliebe ad absurdum führen.

Selbstlose Liebe in diesem Sinne kann es deshalb nicht geben, denn bedingungslos hieße auch uneigennützig. Wenn zu lieben aber bedeutet, sich im anderen zu sehen und sich durch ihn erkennen zu wollen, so ist das keineswegs uneigennützig. Und damit wäre keine Liebe uneigennützig, nicht einmal die Mutterliebe. Denn die liebesfähige Mutter und der liebesfähige Vater lieben in ihrem Kind einen Teil von sich. Das hat nichts mit Bedingungslosigkeit zu tun.

Die Liebe ist daher niemals selbstlos, sondern eher selbstergründend. Sie beinhaltet das Suchen des Eigenen im Fremden. Sie sucht den Spiegel, um zur eigenen Bestätigung zu gelangen. Das aber ist nicht bedingungslos. Unter »bedingungsloser Liebe« kann allenfalls ein fragloses Annehmen und Akzeptieren des geliebten Menschen verstanden werden. Und zu einer solchen Liebe ist wiederum nur jemand fähig, der sich selbst fraglos annimmt und akzeptiert. In diesem Fall wird er allerdings die eigene Person niemals völlig in den Hintergrund stellen.

Leider wird die »selbstlose Liebe« den Menschen noch allzu oft als Vorbild auferlegt. Unhinterfragt übernehmen viele dieses fragwürdige Ideal. Sie tun dies, weil sie die Erfahrung uneingeschränkter Annahme bisher nicht machen konnten. Nur in Menschen, die keine Liebe kennen, schwelt die Sehnsucht nach diesem bedingungslosen Geliebtsein. Sie wollen endlich aufgehoben sein in der Liebe. Sie sehnen sich nach unbegrenztem Verstandenwerden. Aus dieser Sehnsucht wächst die Hoffnung auf eine nährende Beziehung, die all die erfahrenen Verletzungen heilt. Viele Menschen wären bereit, alles dafür zu geben. Doch die irdische Liebe bekommt man geschenkt. Sie braucht nicht verdient zu werden. Doch dort, wo sie fehlt, kann sie nicht erworben werden, und man kann nichts, aber auch gar nichts tun, um sie hervorzurufen.

Liebesfähigkeit und eine glückliche Partnerschaft gehören eng zusammen: Wer sich an seinem eigenen Wesen erfreuen kann, wer sich selbst liebt und sich der Liebe anderer für würdig hält, der schafft mit dieser Haltung die erste Voraussetzung für das Wachsen der Liebe in der Partnerschaft.

Doch warum besteht überhaupt das Verlangen, von anderen geliebt zu werden, wenn sich ein Mensch, der sich liebt, selbst genug ist und einen anderen Menschen überhaupt nicht braucht?

Die Antwort auf diese Frage wurde bereits gegeben: Weil wir gesehen werden wollen! Wir wollen erkannt werden als der Mensch, der wir schon immer sind und auch als der Mensch, der wir noch werden möchten. Es ist also immer das Sehnen nach dem Erkanntwerden und das Sehnen nach dem Beantwortetwerden.

In einer Liebesbeziehung können wir unser Selbst in der Welt – gewissermaßen außerhalb unseres Bewusstseins – wahrnehmen. In den Augen eines Menschen, der uns liebt, können wir erkennen, wie reich wir sind und was wir zu geben haben. Denn gerade das ist eine wichtige Funktion der Liebe: Sie entdeckt im anderen das, was dieser andere zu geben und zu schenken hat. Sie ermöglicht es uns, etwas vom Wesen des anderen zu erfassen. Deshalb sind Menschen, die uns lieben, wichtige Spiegel, in denen wir uns selbst vollständiger sehen, in denen wir unseren Reichtum und unsere Schönheit entdecken können.

Die Bewältigung des Ödipuskomplexes

Jeder Erwachsene, der zu einer befriedigenden Paarbeziehung fähig ist, hat die vielfältigen Aufgaben des Ödipuskomplexes einigermaßen gelöst. Was darunter zu verstehen ist, möchte ich im Folgenden ausführen.

Auch wenn sich viele nicht – oder nicht mehr – daran erinnern können: Als kleines Kind war jeder einmal in seinen gegengeschlechtlichen Elternteil »verliebt«. Das heißt, jeder kleine Junge »verliebt« sich unter normalen Umständen irgendwann einmal in seine Mutter und jedes Mädchen entsprechend in seinen Vater. Mit dieser Verliebtheit wird die psychosexuelle Entwicklung in Gang gesetzt.

Da das Begehren des jeweils gegengeschlechtlichen Elternteils in dieser Entwicklungsphase im Vordergrund steht, benannte Siegmund Freud sie nach Ödipus, der Gestalt aus der griechischen Mythologie. Dieser hatte seinen Vater getötet und seine Mutter geheiratet (zur Sage des Ödipus siehe Anmerkung 4). Mit dem Begriff »Komplex« ist in diesem Zusammenhang die Gesamtheit von Gefühlen, Gedanken, Vorstellungen

84

und Konflikten gemeint, die mit diesem Entwicklungsstadium einhergehen.

Das psychosexuelle Erleben und die Geschlechtsidentität setzen sich aus nahezu unzähligen Komponenten, Eindrücken und Beziehungserfahrungen zusammen. Dieses hoch komplexe Zusammenwirken, welches von biologischen und psychischen Einflüssen begleitet wird, läuft meist unbewusst ab. Es kann hier nur in vereinfachter Form skizziert werden.

Die Ödipus-Entwicklungsphase, kurz ödipale Phase genannt, beginnt mit der Entdeckung des Geschlechtsunterschiedes. In der Literatur wird als Beginn meist das vierte Lebensjahr genannt. Vor diesem Lebensalter spielen das eigene Geschlecht sowie geschlechtliche Unterschiede noch keine große Rolle. Ganz kleine Kinder erfahren sich noch nicht als geschlechtliche Wesen. Ihre Entwicklung verläuft zunächst geschlechtlich kaum differenziert. Mit der ödipalen Phase setzt die Entwicklung der Sexualität ein. Plötzlich bekommen anatomische Geschlechtsmerkmale große Bedeutung. Sobald sich das Kind der Geschlechtsunterschiede bewusst wird und beobachten kann, dass es zwischen den Eltern offensichtlich etwas Geheimnisvolles zu geben scheint, beginnt eine Zeit, in der ganz spezifische Entwicklungsaufgaben gemeistert werden müssen. Diese stellen eine eminente Herausforderung für ein Kind dar. Und nur, wenn es diese Aufgaben bewältigt, kann es sich allmählich zu einem reifen Sexualwesen entwickeln.

Ein schönes Beispiel für die ödipale Situation lässt sich in dem Film »Das Comeback« (USA, 2005) finden. In der Nebengeschichte wird die Liebesgeschichte von Jim Braddock und seiner Frau Mae erzählt. Oft sieht man, wie sich die beiden abends, wenn die drei Kinder im Bett sind, im Wohnzimmer umarmen. Sie sind dabei vollständig bekleidet, und es gibt nicht die geringste sexuelle Andeutung. Und doch ist es eine so sinnliche Umarmung, wie sie in dieser Weise nur zwischen Liebenden geschieht. Nicht nur der Zuschauer wird Zeuge dieser Liebesszenen, sondern auch eines der kleinen Kinder, welches heimlich am Türpfosten stehend zuschaut.

Im Film wird diese – mehrfach wiederholte – Andeutung nicht weiter ausgebaut. Doch aufgrund von unzähligen Untersuchungen wissen wir inzwischen, was in diesem Kind vorgeht, wenn es Zeuge derart sinnlicher Szenen wird: Die neugierige Erforschung der Eltern als sexuelle Wesen setzt ein. Immer deutlicher nimmt das Kind nun wahr, dass Vater und Mutter etwas sehr Lustvolles miteinander erleben, von dem es selbst aber total ausgeschlossen bleibt. Durch das Gefühl des Ausgeschlossenseins tauchen Wünsche und Phantasien auf, ebenfalls an diesem geheimnisvollen Geschehen teilzunehmen.

Hierbei erlebt sich das Kind als durchaus gleichwertig mit Vater oder Mutter. Das heißt, das Mädchen fühlt sich plötzlich wie eine kleine Frau, während sich der kleine Junge entsprechend als kleiner Mann fühlt. Durch diese Illusion entsteht im Erleben des Kindes ein Dreiecksverhältnis. Das heißt: Einer ist plötzlich zuviel.

Das Kind gerät zunächst in ein unauflösbares Dilemma. Da es den gegengeschlechtlichen Elternteil begehrt, möchte es sich an die Stelle des gleichgeschlechtlichen Elternteils setzen. Dazu müsste dieser jedoch erst einmal verdrängt werden. Also beginnt das Kind, mit dem gleichgeschlechtlichen Elternteil zu rivalisieren. Der gleichgeschlechtliche Elternteil wird nun zwar als Rivale erlebt, aber er wird aufgrund seiner Vorbildfunktion auch wertgeschätzt. Das Kind wird also sehr genau beobachten, welche spezifischen Eigenschaften es sind, die den Vater für die Mutter – oder umgekehrt – so anziehend machen. Hierdurch werden vom Kind geschlechtsspezifische Verhaltensweisen übernommen, nachgeahmt und dabei eingeübt. Diese Identifizierung dient besonders dazu, sich begehrte und bewunderte Verhaltensweisen und Einstellungen der Eltern anzueignen.

Aufgrund seines rivalisierenden Verhaltens fürchtet sich das Kind jedoch auch vor dem gleichgeschlechtlichen Elternteil. Vor allem entwickelt es quälende Schuldgefühle. Es bleibt diesem Elternteil ja trotz aller gefühlsmäßigen Turbulenzen in tiefer Liebe verbunden. Diese Liebe will es auf keinen Fall verlieren.

Um den Ödipuskomplex überwinden zu können, muss ein Kind irgendwann die traurige Erkenntnis akzeptieren, dass es selbst noch klein ist, während der von ihm begehrte Elternteil bereits erwachsen, also groß ist. Mit dem Erkennen der Realität folgt das Akzeptieren und die Annahme der Situation, so wie sie ist – trotz aller gegenteiligen, verheißungsvollen Phantasien. Die

86

erste große Liebe zum anderen Geschlecht endet demnach für die meisten Kinder in Enttäuschung. Denn ein Kind kann den ersten gegengeschlechtlichen Menschen, den es liebt und für sich allein begehrt, nicht als Partner haben. Es muss auf diese erste Liebe verzichten.

In einer idealen Familienkonstellation wird dieser Verzicht dem Kind allerdings nicht allzu schwer fallen, denn das Bedürfnis, geliebt und umsorgt zu werden, ist in dieser Zeit ohnehin stärker als die sexuellen Strebungen. Wenn das Kind dann die Mutter beziehungsweise den Vater als phantasierten Liebespartner aufgibt, sagt es sich in etwa: Wenn ich groß bin, bin ich wie Mama beziehungsweise Papa, und dann werde ich eine Frau wie Mama beziehungsweise einen Mann wie Papa heiraten.

Der Verzicht hat positive Wirkungen, denn er löst die Schuldgefühle auf und belohnt das Kind nunmehr mit der unbeeinträchtigten Liebe des gleichgeschlechtlichen Elternteils. Gleichzeitig entsteht der Ansporn, sich mit dem gleichgeschlechtlichen Elternteil vollends zu identifizieren und dadurch später ein – für das andere Geschlecht – ebenso begehrenswerter Mensch zu werden.

Die Ausgangssituation ist für beide Geschlechter sehr unterschiedlich. Während der Junge beginnt, plötzlich jene Frau zu begehren, aus deren Abhängigkeit er sich gerade erst zu befreien begonnen hat, wird das Mädchen durch die ödipale Liebe geradezu aus der Mutterbindung herausgelockt. Ansonsten verläuft die Entwicklung ähnlich. Sowohl das kleine Mädchen als auch der kleine Junge identifizieren sich mit einer Vielzahl von mütterlichen beziehungsweise väterlichen Qualitäten. Diese bilden das Fundament für ihre jeweilige Geschlechtsidentität. Durch die Bewältigung der ödipalen Herausforderungen macht jedes Kind im Idealfall die nachstehenden Lernerfahrungen:
– Es lernt, Geschlechtsunterschiede anzuerkennen.
– Es lernt, Gefühle des Ausgeschlossenseins zu überwinden, wenn es die Eltern als Paar erlebt.
– Es lernt, mit Gefühlen von Neid und Eifersucht umzugehen und diese zu zähmen.
– Es lernt, mit Enttäuschungen umzugehen.
– Es lernt, Generationsgrenzen anzuerkennen.

- Es lernt, zu einer realistischen Wahrnehmung zu gelangen und sein ödipales Begehren aufzugeben.
- Es lernt, mit seinen aggressiven Impulsen umzugehen.
- Es lernt, Ambivalenzen auszuhalten, die durch die Wut auf den als Rivalen empfundenen Elternteil, der gleichzeitig innig geliebt wird, entstehen.
- Es lernt, Ängste vor Bestrafung – aufgrund seiner Rivalität – zu bewältigen.
- Es lernt, zu tolerieren, wenn sich die Eltern – vorübergehend – von ihm abwenden, um sich einander zuzuwenden. Das heißt, es vollzieht den Entwicklungsschritt von einer kleinkindhaften, bedürfnisbefriedigenden Beziehungsform zu einer reiferen Beziehungsqualität.
- Es hat aus der phantasierten Liebesbeziehung zur Mutter beziehungsweise zum Vater – sinnliche – Liebesgefühle entwickelt. Diese kann es später auf einen eigenen Partner übertragen.

Mit der Bewältigung des Ödipuskomplexes werden demnach eine ganze Reihe von psychischen Fähigkeiten erlangt, die zur Reifung der Persönlichkeit beitragen und deshalb für das weitere Leben des Einzelnen – insbesondere im Hinblick auf spätere Partnerschaften – von großer Bedeutung sind.

Ob und inwieweit dem einzelnen Kind ein positiver Ausgang der ödipalen Herausforderung ermöglicht wird, hängt wiederum im Wesentlichen von den Eltern ab. Die wesentlichste Voraussetzung ist zweifelsfrei eine befriedigende Beziehung zwischen ihnen. In diesem Fall wird es ihnen gelingen, das Kind in ihre Zweisamkeit zu integrieren. Gleichzeitig müssen die Eltern ihrem Kind klare Grenzen zeigen, ohne es zu locken oder abzuweisen. Das setzt bei jedem Elternteil die Bewältigung eigener ödipaler Konflikte voraus.

Das Erleben der ödipalen Situation gestaltet sich für jedes Kind anders, da es auf unterschiedlich bereitete Böden fällt. Das jeweilige Entwicklungsniveau entscheidet darüber, inwieweit jemand gerüstet ist, der immensen Aufgabenstellung zu begegnen.

Das Zwischenreich – Unbefriedigende Beziehungen

In unbefriedigenden Beziehungen treffen oft zwei Menschen zusammen, die beide auf der Suche nach jemanden waren, der sie von ihren Entwicklungsdefiziten und den damit einhergehenden Konflikten erlösen kann. Der jeweilige Partner soll nun all die Defizite ausgleichen, die durch die abträglichen Erfahrungen in der Herkunftsfamilie entstanden sind.

Jeder der beiden hat nach einem Partner Ausschau gehalten, von dem Signale ausgehen, die auf vertraute Muster und ähnliche Strukturen hinweisen. Denn nur ein solcher ist geeignet für ein gemeinsames Wiederholen und Durcharbeiten der eigenen ungelösten Konflikte. Es scheint, als könnten sie geradezu »wittern«, wer zur Erfüllung der eigenen noch anstehenden Aufgaben am geeignetsten erscheint. Und dieser Umstand macht die unwiderstehliche Anziehung aus.

Diejenigen also, denen es nicht ermöglicht worden ist, die nötige Reife und damit die Voraussetzung für eine harmonische Partnerschaft zu erlangen, versuchen nun, den entstandenen Mangel mit Hilfe eines Partners zu beheben beziehungsweise zu kompensieren. Das Ausmaß des tatsächlichen Entwicklungsdefizits bestimmt dabei jeweils darüber, inwieweit eine andere Person zu einem Ausgleich herangezogen wird.

Doch ein Mensch, der sich aus einer Notwendigkeit heraus »verliebt«, *braucht* den »Geliebten« zu einem bestimmten Zweck. Die »Wahl« des Partners ist dann allein diesem unbewussten Zweck untergeordnet. In einer Partnerschaft, die aus derartigen Notwendigkeiten zustande gekommen ist, steht nicht die wechselseitige Zuneigung im Vordergrund. Die »Zuneigung« fußt eher auf einer Zweckbestimmtheit. Und das bedeutet eine prinzipielle Austauschbarkeit des »Geliebten«. Das spürt der andere schmerzlich. Zahlreiche Konflikte sind hier bereits vorprogrammiert.

Die Beweggründe für solche konfliktträchtigen Arrangements können vielfältig sein. So kann zum Beispiel von vornherein ein bindungsunfähiger Partner »gewählt« werden, um damit der unbewussten Angst vor Nähe zu entgehen. Dahinter kann sich die Angst vor dem »Erkanntwerden« verbergen; die Angst, nicht so angenommen zu werden, wie man ist. Niemand soll das sorgsam verborgene »wahre Selbst« entdecken, weil dies mit Abwertung assoziiert wird. Hierbei handelt es sich demnach um eine Abwehrmaßnahme: Die erlebte oder phantasierte Minderwertigkeit soll auf keinen Fall offenkundig werden.

Andere wiederum erleben ihr Selbst als zu schwach. Eine tiefere Bindung wäre für sie zu bedrohlich. Deshalb muss sie von vornherein abgewehrt werden. Andererseits brauchen diese Menschen aber gerade einen Partner, um ihr schwaches Selbst halbwegs zu stabilisieren. Sie können sich deshalb nur mit jemandem verbinden, der ähnliche Schwierigkeiten hat und seinerseits große Distanz braucht.

Eine Frau wirft ihrem Partner dann vielleicht vor, er sei desinteressiert und zu oft abwesend. Oder ein Mann beklagt, dass er immer auf Frauen »hereinfällt«, die sich nicht richtig binden wollen. Indem die Bindungsunfähigkeit jeweils dem anderen unterstellt wird, muss das eigene Unvermögen nicht wahrgenommen werden. Ein unerreichbarer und unzugänglicher Partner steht damit gleichzeitig immer auch im Dienste der Abwehr, das heißt, durch ihn kann das Wahrnehmen eigener Ängste vermieden werden. Hierin liegt oft das hintergründige Motiv einer bestimmten Partnerwahl. Daraus können Konstellationen hervorgehen, in denen sich die Partner wechselseitig geradezu missbrauchen. Inwieweit diese Vorgänge in die Richtung von Pathogenität führen, hängt im Wesentlichen von dem Grad der jeweils erreichten Reifestufe ab.

Es kann jedoch nicht oft genug betont werden, dass das Hernehmen eines anderen Menschen zum Zwecke der Kompensation oder der Abwehr nicht bewusst geschieht. Vielmehr verbergen sich dahinter eher fatale Selbstheilungsversuche. In diesen Fällen entsteht ein unwiderstehlicher Drang, in der Partnerschaft die Traumatisierungen der frühen Kindheit zu heilen und einander von vorbestehenden Ängsten zu erlösen.

90

Die Dynamik unbefriedigender Paarbeziehungen

Aufgrund der ungünstigen Umstände in ihrer Kindheit können viele Menschen nicht die elementaren Reifungsschritte vollziehen, die für ein glückliches Leben und eine ebensolche Partnerschaft erforderlich sind. In psychologischem Sinne sind viele Erwachsene Kinder geblieben. Dementsprechend sind zahlreiche Liebesbeziehungen in vielerlei Hinsicht unreif.

Die meisten Menschen wissen in der Regel nichts von ihren inneren Fehlentwicklungen. Sie sehnen sich nach einer befriedigenden Partnerschaft, nicht wissend, dass sie hierzu bisher (noch) gar nicht fähig sind. Doch die Sehnsucht nach einer liebevollen Beziehung ist unzerstörbar, weil sie einem tiefeingewurzelten menschlichen Bedürfnis entspricht.

Auch wenn manche glauben, den »richtigen« Partner gefunden zu haben, müssen sie doch schon bald feststellen, dass sie in ihrer Partnerschaft nicht automatisch die ersehnte Liebe erhalten. Und so gibt es viele Menschen, die in einer Partnerschaft leben und trotzdem sehr unzufrieden sind. Gemeint sind hiermit all jene Partnerschaften, die eigentlich von Anfang an konfliktbeladen sind. Häufig fehlt es Partnern, die nicht wenigstens am Anfang sehr von ihrer Verliebtheit ineinander ergriffen waren, an Kraft und emotionaler Tiefe in ihrer Beziehung.

Andere wiederum können anfangs sehr verliebt gewesen sein und sich in dieser Phase als überaus liebesfähig erlebt haben. Doch sobald die Verliebtheit nachlässt, tritt Ernüchterung ein. In dem Moment, da die Idealisierung einem realistischeren Bild weicht, entdecken sie Eigenschaften beim Partner, die sie nicht hinnehmen möchten. Denn dort, wo sich keine Liebe entwickelt, kann die Verschiedenheit nur bedingt akzeptiert werden. Außerdem wurde vom Partner die Befriedigung all der langangestauten Bedürfnisse erhofft. Doch nun wird auch noch diese Erwartung enttäuscht. Dem Partner indes geht es nicht anders. Er ist gleichermaßen enttäuscht. Zur Bewältigung der sich daraus ergebenden Probleme kommen nun all jene früh eingeübten Verhaltensmuster zum Einsatz. Damit wird alles noch komplizierter. Oft bleibt dann die Hoffnung, dass sich die Beziehungsstörungen im Laufe der Zeit gleichsam von allein lösen werden.

Die Ursachen solcher konfliktanfälligen Partnerschaften sind in dem Fehlen eines liebevoll sorgenden Elternteils sowie in traumatischen Erlebnissen in der Kindheit zu finden. Die wesentlichen Beeinträchtigungen im partnerschaftlichen Miteinander werden einerseits durch den so genannten »pathologischen Narzissmus«[5] und andererseits durch ungelöste ödipale Konflikte verursacht. Im Folgenden möchte ich aufzeigen, wie »narzisstische Störungen« die Entwicklung reifer Liebesbeziehungen beeinträchtigen.

Narzisstische Störungen und Partnerschaft

Es ist der Glanz in den Augen der Mutter, der bei einem kleinen Individuum den Grundstein für ein lebenslang anhaltendes gutes Selbstwertgefühl legt. Wer diesen Glanz bei der eigenen Mutter vermisste, wird sein Leben lang nach dieser wichtigen Spiegelung suchen. Jeder Mensch hat dieses Leuchten in den Augen schon einmal bei einer Mutter gesehen, die ihr Baby voller Freude und Bewunderung beobachtet. Die Augen der Mutter wirken wie Spiegel, in denen sich das Kleinkind erkennen kann. Der Glanz der Bewunderung führt zu der Einschätzung: »Ich bin genau richtig, so wie ich bin.«

Man spricht in diesem Fall von »gesundem Narzissmus«, denn die gefühlsmäßige Einstellung dieses Menschen zu sich selbst ist realitätsgerecht. Ist sie es nicht, spricht man von »narzisstischer Störung«. Vereinfacht formuliert leiden diejenigen Menschen an einer »narzisstischen Störung«, die in früher Kindheit nicht – zumindest nicht ausreichend – »gespiegelt«, das heißt liebevoll beachtet worden sind.

Der Glanz im mütterlichen Auge bleibt immer dann aus, wenn die Mutter ihrerseits »narzisstisch gestört« ist. Sie konnte keinen Glanz in den Augen der eigenen Mutter wahrnehmen, weil diese wiederum selbst keine bewundernde Spiegelung er-

---

5 Ich setze »Narzissmuss« und »narzisstisch« stets in Anführungsstriche, da es sich hierbei um psychiatrische Klassifikationen handelt, die meist ohne ausreichende Würdigung der zugrunde liegenden Ursachen Anwendung finden.

halten hat. Ihr Spiegel ist stumpf geblieben. Dadurch konnte sich bei ihr kein »gesunder Narzissmus« ausbilden.

»Narzisstisch gestörte« Menschen suchen unentwegt nach dieser Form der uneingeschränkten Bejahung. Was läge näher, als diese nun im Auge des eigenen Kindes zu erhoffen? Ohne sich dessen bewusst zu sein, will jetzt eigentlich die Mutter – endlich einmal – das liebevoll beachtete Kleinkind sein. Da sich dieser Wunsch nicht erfüllen lässt, entstehen aggressive Regungen gegen das Kind.

Das Kind spürt diese unterschwelligen Aggressionen. Das Bild der Mutter wird mitsamt ihrer Aggressionen verinnerlicht. Von nun an richten sich diese Aggressionen aus dem Inneren gegen die eigene Person. Die Folge sind oft schwere Depressionen, die sich – je nach Temperament – auch nach außen in unkontrollierbaren Wutausbrüchen äußern können. Da das Kind nichts von den Entbehrungen der Mutter ahnt, glaubt es, selbst Schuld an den negativen Gefühlen der Mutter zu sein. Es schämt sich dafür. Jeder Mensch schämt sich dafür, nicht geliebt zu werden. Denn er wähnt die Ursache dafür immer in seiner eigenen Person. Die erste und wichtigste Beziehung im Leben dieser Menschen ist somit schon an der Wurzel beschädigt. Und genau diese Beziehung dient ihnen später als Modell für ihre Liebesbeziehungen.

Die »narzisstische Störung« ist kein abgrenzbares Symptom. Die maßgebliche Störung liegt im fehlenden Selbstwertgefühl, welches sich durch quälende Minderwertigkeitsgefühle bemerkbar macht. Um diesen schmerzlichen Gefühlen etwas entgegensetzen zu können, suchen Betroffene Zuflucht in Illusionen, unrealistischen Hoffnungen und Phantasien. Diese Luftschlösser sorgen vorübergehend für ein Gleichgewicht im Selbstgefühl, welches allerdings überaus empfindlich ist.

Zwischenstufen gibt es bei »narzisstisch gestörten« Menschen kaum. »Gesunde« Menschen fühlen sich überwiegend recht gut und nur manchmal schlecht. Bei ihnen sorgt das narzisstische Regulationssystem immer wieder für einen Ausgleich. Dies ist bei der »narzisstischen Störung« selten der Fall. Diese Menschen fühlen sich periodisch entweder sehr schlecht oder – aufgrund der dann zum Einsatz kommenden »Luftschlösser« – sehr gut.

Außenstehende können diese schwere Störung oft nicht erkennen. Aufgrund ihrer Scham haben es betroffene Menschen gelernt, sich hinter – oft sogar besonders prunkvollen – Fassaden zu verstecken. Vielfach handelt es sich bei ihnen um schillernde Persönlichkeiten, die ein durchaus anziehendes Verhaltensrepertoire haben. Im näheren Kontakt merken es Außenstehende allenfalls an der Egozentrik dieser Menschen. Alles muss sich stets um sie drehen. Sie wollen meist im Mittelpunkt stehen und fordern Bewunderung und Aufmerksamkeit. Andererseits sind sie ihren Mitmenschen gegenüber sehr unsicher und zudem äußerst verletzlich, denn die Ursache ihrer Störung liegt ja gerade in dem tiefen Mangel an Selbstwertgefühl.

Aufgrund der in der Kindheit erlebten Kränkungen haben »narzisstische« Menschen Angst, sich später überhaupt jemals richtig auf eine Beziehung einzulassen. Gleichzeitig geben sie nie die Hoffnung auf, dass diejenigen, die sie verletzt haben, auch diejenigen sind, die ihre Schmerzen lindern werden. Da sich diese Hoffnung nicht erfüllt, nimmt der Partner die Rolle eines Stellvertreters ein, der nun die narzisstische Wunde heilen soll. Für die Suche nach diesem Stellvertreter dient das alte Vorbild: Es wird derjenige »gewählt«, der wenig oder gar nichts zu geben hat. Da sich in den entsprechenden Partnerschaften zwei »narzisstische« Persönlichkeiten mit unterschiedlich schillernden Facetten begegnen, kann es anfangs durchaus zu enormer Faszination, gesteigerter Bewusstheit und einem erhöhten Lebensgefühl kommen.

Während sich eine »narzisstische Störung« bei alleinlebenden Menschen schon gravierend genug auswirken kann, werden sich die damit einhergehenden Belastungen in einer Partnerschaft geradezu potenzieren. Das liegt daran, dass die eigenen Konflikte durch das Zusammenleben erst recht zum Vorschein kommen. Außerdem treffen in diesen Partnerschaften immer zwei Menschen mit einer schweren psychischen Störung aufeinander. Denn Menschen, die nicht »narzisstisch gestört« sind, könnten keine Partnerschaft mit einem Betroffenen eingehen. Zu befremdlich und verletzend ist dessen Verhalten.

So neigen »narzisstische« Menschen beispielsweise dazu, andere nicht als eigenständige Personen wahrzunehmen. Da sie sich

94

psychisch noch nicht von ihren frühen Bezugspersonen abgelöst haben, haben sie den Sprung vom Ich zum Du nicht bewältigen können. Auf der psychischen Ebene sind sie abhängig wie ein Kleinkind von seinen Eltern. Sie können sich nicht selbst innerlich Halt geben. Deshalb werden ihre Partner nahezu ausschließlich als Stütze – und darüber hinaus als Quelle der Befriedigung ihrer Bedürfnisse – erlebt. Der Partner wird nicht als ein Individuum mit gleichen Rechten angesehen, sondern eher als ein Objekt, von dem nun die einst fehlende Liebe erwartet wird.

In entsprechenden Partnerschaften projizieren beide Partner wechselseitig diejenigen Aspekte ihrer Psyche, die sie bei sich selbst nicht ertragen können, auf den jeweils anderen. Die Projektionen dienen demnach als Abwehrmechanismus: Indem innere Gefühlszustände nach außen projiziert werden, reduzieren sich die inneren Spannungen. Beispielsweise kann die Verachtung der eigenen Person gegen den Partner gewendet werden, im Sinne von: »Ich verachte dich statt mich!« Die Verachtung des Partners hat dann Entlastungsfunktion.

Auf die gleiche Weise kann sich jemand durch Projektion von seinen Ängsten und Schuldgefühlen befreien. Dann kommt es ihm vor, als sei der Partner nun derjenige, der diese Gefühle hat. Damit sind die eigenen Gefühle sozusagen »sichtbar« gemacht. Nun können sie im Außen bekämpft werden.

Die Betroffenen sind sich zwar all dessen nicht bewusst. Unterschwellig leiden sie jedoch an einem Gefühl der Unzulänglichkeit und der Ahnung eines grundlegenden, namenlosen Defekts. Es gibt also durchaus eine tiefere Ebene, auf der sie gewahr werden, dass mit ihnen etwas nicht stimmt. Sie mögen zuweilen das Irrationale ihres Verhaltens erkennen, aber sie können nicht anders. Trotz allen Bemühens und trotz zeitweiliger Einsicht verfallen sie immer wieder in die alten Muster.

Kollusionen

Mit dem Begriff »Kollusion« wird das unbewusste Zusammenspiel in einer Partnerschaft umschrieben: Wenn zwei Partner mit ähnlich gelagerten Entwicklungsdefiziten zueinander gefunden haben, gibt es oft ein bedeutsames Grundbedürfnis, welches bei beiden gleichermaßen nie erfüllt worden ist.

Ein Beispiel: Es kommen zwei Menschen zusammen, die beide an der fehlenden Liebe und Geborgenheit in ganz früher Lebensphase gelitten haben. In einer Art »Rollenspiel« tragen sie nun das Thema »Liebe und Geborgenheit« aus, um sich ihre nie befriedigten kindlichen Bedürfnisse endlich zu erfüllen. Da nicht beide die Rolle eines Kleinkindes übernehmen können, übernimmt einer von ihnen die aktive, die versorgende »mütterliche« Rolle. Das kann auch der Mann sein. Das heißt, die bei beiden zugrunde liegende Entwicklungsstörung wird nun in entgegengesetzten Rollen ausgetragen. Einer bildet quasi den Gegenpol des anderen.

Aufgrund ihrer gleichartigen Grundstörung haben beide hierdurch eine scheinbar ideale Lösung für ihr Zusammenleben in der Partnerschaft gefunden: Der eine scheint nun seine kindlichen Sehnsüchte erfüllt zu bekommen, während der andere die Erfüllung der eigenen Sehnsüchte im Erfüllen der Sehnsüchte des andern sucht. Jeder fühlt sich in seiner Funktion vom anderen gebraucht und genießt einen Vorteil aus diesem Arrangement: Der »Pflegling« erhält scheinbar endlich all das, was ihm in frühester Kindheit versagt geblieben ist. Die »Mutter« bekommt dankbare Anerkennung – und kann sich obendrein mit dem »Pflegling« identifizieren und somit doch noch ein wenig an dem teilhaben, was ihm bisher gefehlt hat. Jedem scheinen also in gewisser Weise alte Liebessehnsüchte erfüllt zu werden.

Es handelt sich hierbei jedoch lediglich um unterschiedliche Versuche der Partner, eine Lösung für die gemeinsame Grundproblematik zu finden. Insofern ist es ein gemeinsamer Selbstheilungsversuch. Die Partner wissen davon nichts. Sie glauben vielmehr, in einmaliger Weise füreinander bestimmt zu sein. Die daran beteiligten Individuen können dieses unbewusste Zusammenspiel nicht durchschauen. Vor allem dann nicht, wenn die Frau die Mutterrolle übernommen hat, denn sie bedient mit ihrem liebevollen Umsorgen ein geschlechtsspezifisches Muster. Die neurotische Fehlhaltung, die sich hinter ihrem »Bemuttern« verbirgt, kann dann kaum als solche erkannt werden.

Auch für Außenstehende sind solche Kollusionen kaum durchschaubar, weil die Partner ihre wesentlichen Rollentexte meist auch nur durch verborgene Kanäle kommunizieren. Die Partner bleiben auf diese Weise aber in den übernommenen komplementären Rollen verstrickt. Im längeren Zusammenleben wird dieses Arrangement immer unbefriedigender. Vor allem wird sich der »Pflegling« zunehmend unwohl fühlen, weil sich seine Rolle nicht mit einem positiven Selbstwertgefühl vereinbaren lässt. Oder er kann das, was er sich zwar zutiefst ersehnt hat, gar nicht ertragen. Denn damit wird ja an der ursprünglichen Wunde gerührt. Der andere reagiert darauf mit Enttäuschung. Hatte er doch gehofft, dem Partner helfen zu können, alle Schwächen und Ängste zu bewältigen. Stattdessen zeigt sich dieser nun undankbar.

Im weiteren Verlauf der Partnerschaft kann die Interaktion zwischen den Partnern immer destruktivere Formen annehmen. Je nach Schweregrad verhindern die Abwehrfunktionen jegliche Einsicht, so dass zuweilen auch in einer Paartherapie keine nachhaltige positive Veränderung erzielt werden kann. Der scheinbar einzige Ausweg aus einer solchen Situation ist oft nur noch die Trennung.

Ohne dich kann ich nicht leben!
vermeintliche Liebeserklärung

Symbiotische Beziehungen

Viele Paare sind so eng miteinander verbunden, dass bereits von einer emotionalen Verschmelzung gesprochen werden muss. Da sie ihre Verbundenheit sehr stark empfinden, verwechseln die meisten diese Form der Abhängigkeit mit Liebe. Ein echtes Miteinander würde jedoch voraussetzen, dass es – trotz tief erlebter Zusammengehörigkeit – eine klare Trennlinie zwischen zwei Menschen gibt.

Symbiotische Paare hingegen klammern sich aneinander, anstatt sich zu umarmen. Bildlich kann man sich dass so vorstellen: Zwei Menschen schmiegen sich unaufhörlich eng aneinander. Keiner von ihnen kann den anderen mehr sehen, weil jeder über die Schulter des anderen blickt. Der Partner selbst wird gar nicht wahrgenommen, sondern vielmehr ein Bild von ihm, welches sich zusammensetzt aus Vorstellungen, die sozusagen hinter dem Rücken des anderen entstehen.

Viele Beziehungen basieren auf dieser gegenseitigen Abhängigkeit. Obwohl leichtere und schwerere Formen unterschieden werden können, gibt es hier wie da keine eigenständigen Persönlichkeiten. Was den betroffenen Partnern fehlt, ist ein Gefühl für sich selbst. Dieses suchen sie im anderen. Der andere soll ihre innere Leere füllen. Die Betroffenen gehen unbewusst davon aus, dass sie all ihre Defizite mit Hilfe des Partners ausgleichen können. Jetzt endlich wollen sich diese Menschen das nehmen, was ihnen im Inneren fehlt. Ohne sich dessen bewusst zu sein, wollen sie tatsächlich vom anderen Besitz ergreifen, um auf diese Weise eine diffus empfundene Lücke doch noch schließen zu können.

Durch das Streben nach symbiotischer Verschmelzung werden die Eigenschaften des Partners gewissermaßen aufgelöst und in Bausteine für das eigene Selbstgefühl verwandelt. Die andere Person wird damit zur Nicht-Person, zur Erweiterung der eigenen Persönlichkeit. Solange der Partner jedoch nicht als eigenständige Person wahrgenommen wird, gibt es keine Basis für eine Liebesbeziehung.

Da es sich um Menschen handelt, die früh in ihren Wesensäußerungen unterdrückt wurden, trauen sie sich nun auch in ihrer Partnerschaft nicht, sich so zu zeigen, wie sie eigentlich sind. Sie sehen darin ein Risiko, den anderen zu verlieren. Ihnen ist nicht bewusst, dass es gerade in einer Liebesbeziehung darauf ankommt, sich vorbehaltlos zu zeigen und mitzuteilen.

Durch das Ausschließen bestimmter Themen erschöpfen sich nach und nach die unverfänglichen Bereiche, über die sie reden können. Und so bleiben bald nur noch die heiklen Themen übrig. Sprachlosigkeit ist die Folge. Dieser Zustand schürt die Angst, den Partner zu verlieren. Aus Angst vor dem Alleinsein klammern sie sich folglich noch fester an ihn.

Es ist somit immer irgendeine Angst, die sie antreibt: die Angst vor Liebesverlust, die Angst vor dem Verlassenwerden, die Angst vor dem Alleinsein. Sie ist vergleichbar mit der Angst, die ein kleines Kind verspürt, welches in einem Einkaufszentrum verloren gegangen ist. Manche kompensieren ihre Ängste durch totale Unterwerfung. Ein abhängiger Mensch ist bereit, alles aufzugeben, weil er glaubt, das eigene Überleben hänge vom anderen ab. Aufgrund dieses Glaubens wird der andere so dringend gebraucht. Das kann in Extremfällen so weit führen,

98

dass sich jemand völlig aufgibt, um im anderen regelrecht zerfließen zu können. Hierbei handelt es sich um Menschen, die die eigene Person als zu schwach und nichtig erleben, als dass sie allein existieren könnten.

Wenn jemand hinsichtlich seiner inneren Stabilität auf seinen Partner angewiesen ist, bleibt ihm nichts anderes übrig, als ihn ständig zu überwachen und unter Kontrolle zu halten. Schon die kürzeste Abwesenheit des anderen kann Panik und Verzweiflung auslösen. Ist der Partner nicht verfügbar, treten regelrechte »Entzugserscheinungen« auf.

Sobald der Partner das Gefühl bekommt, vom anderen regelrecht verschlungen zu werden, wird er unwillkürlich auf Abstand gehen. Fatalerweise fühlt sich der andere dadurch gezwungen, den Partner noch mehr zu vereinnahmen. Dieser wiederum wird seinen klammernden Partner schließlich jäh zurückweisen; nicht wissend, dass sich der andere dadurch in seinem Liebesunwert bestätigt fühlt. Und so nimmt der Teufelskreis seinen Lauf.

Mit steigender Abhängigkeit von der Beziehung sinkt gleichzeitig die Einflussnahme, die eine Person in einer Beziehung besitzt. Es kommt zu Zuständen der Ohnmacht und Hilflosigkeit. Die Betroffenen zeigen tatsächlich alle Merkmale einer Sucht. Oft ist es die – zumindest nach außen hin scheinende – abhängige Frau, die sich einem Partner völlig unterwirft. Ihr schwaches Selbstgefühl soll mit der Pseudo-Stärke des Partners aufgewertet werden. Deshalb lebt sie in der ständigen Angst, dass ihr »normaler« Partner entdecken könnte, wie schwach und unsicher sie sich wirklich fühlt. Ihr – scheinbar unabhängiger – Partner, der zur Erhaltung ihres Selbst beiträgt, bekommt dadurch sehr viel Macht; Macht, die er zur Kompensation eigener empfundener Schwäche benutzen kann. Denn im Paargeschehen sind Macht und Abhängigkeit lediglich zwei Seiten derselben Münze.

So kommen in einer Beziehung immer zwei Menschen mit ähnlichen Abhängigkeitstendenzen zusammen. Sie tragen dies nur in polaren Mustern aus, das heißt, einer nimmt die unabhängige und der andere die abhängige Position ein. Diese beiden generellen Stile erscheinen zunächst wie das Gegenteil, doch liegt ihnen die gleiche Grundstörung zugrunde. Jeweils 70 Prozent der Männer zeigen das unabhängige Muster, während 70 Prozent der Frauen im abhängigen Muster gefangen sind. Hierin spiegelt sich die geschlechtsspezifische Erziehung wider, in der Mädchen zu Anpassung und Unterordnung angehalten werden, während von Jungen Unabhängigkeit erwartet wird.

Abhängige Menschen merken nicht, dass sich ihre Abhängigkeit nicht mit Liebe vereinbaren lässt. Subjektiv empfinden sie es vielmehr gerade so, als liebten sie mehr als andere. Hierzu trägt das eindeutige Gefühl bei, nicht ohne den anderen leben zu können. Sie können es tatsächlich oft nicht. Deshalb kommt es im Falle einer Trennung nicht selten zu gewalttätigen Übergriffen, die manchmal sogar mit dem Tod eines der Partner enden.

Neurotische Paarkonflikte

Neurotisch ist ein Partnerkonflikt immer dann, wenn er sich nicht als normaler Interessenkonflikt zweier Partner verstehen lässt, sondern auf inneren Konflikten der Beteiligten beruht. Hier spielen also tiefer liegende persönliche Motive mit, die in frühen Verletzungen oder Traumatisierungen begründet sind. An den aktuellen Liebespartner werden gleichsam alte Rechnungen zum Begleichen herangetragen, das heißt, dieser soll erlittene Entbehrungen ausgleichen und Traumatisierungen gleichsam ungeschehen machen. Von ihm also wird die Erlösung erhofft, obwohl er eigentlich nicht der richtige Adressat ist.

Meist wurden die – in diesem Zusammenhang maßgeblichen – Erfahrungen in sehr frühen Entwicklungsphasen gemacht, so dass die Betroffenen über keinerlei Erinnerung darüber verfügen und somit buchstäblich nichts von dieser Vorgeschichte wissen. Aber auch andere – später gemachte – Erfahrungen können dem »Vergessen« anheimgefallen sein. Das Wissen darüber besteht zwar weiterhin, doch es bleibt unterhalb der Bewusstseinsebene. Deshalb bemerken die Betroffenen auch nichts von ihrer Forderungshaltung gegenüber dem Partner.

Jeder Partner versucht, in der Partnerschaft seine unverarbeiteten Erlebnisse aus der Kindheit noch einmal durchzuspielen.

Dahinter steht der Wunsch, nunmehr endlich Verarbeitungsmöglichkeiten dafür zu finden. Der Partner erhält jeweils den Part einer enttäuschenden Elternfigur, zu der die Ähnlichkeit in der Verliebtheitsphase verleugnet wurde. Manchmal ist es die Enttäuschung beider Partner darüber, das sich der jeweils andere nicht gemäß den eigenen Erwartungen verhält. Oder es stören plötzlich gerade diejenigen Merkmale am Partner, die ursprünglich anziehend wirkten. Hierbei handelt es sich meist um Aspekte der eigenen Person, die nun im anderen bekämpft werden.

Ein Beispiel: Eine aggressiv gehemmte Frau bewundert zu Beginn des Kennenlernens die Aggressivität des Mannes. Sie selbst weiß gar nichts von ihren unterschwelligen Aggressionen, und sie würde sich auch nie trauen, diese derart auszuleben. Stellvertretend besorgt dies von nun an ihr Partner für sie.

Im Verlauf der Paarbeziehung richtet sich das aggressive Verhalten des Partners nun zwangsläufig aber auch gegen sie. Sie ist sich nicht bewusst, dass ihr damit quasi ein Teil ihrer Selbst entgegenkommt. Sie weiß deshalb nichts von diesem unbewussten Zusammenspiel, sondern sie beginnt, nunmehr seine Aggression zu bekämpfen, indem sie ihn kritisiert, ihn dafür beschimpft und verachtet.

Da der Partner es nicht lassen kann, aggressiv zu sein, wird die Frau weiterhin dagegen ankämpfen und womöglich sogar mit Trennung drohen. Trotzdem wird sie bei ihm bleiben und sich weiterhin als Opfer fühlen, nicht wissend, dass sie sich in einem – auch für sie vorteilhaften – Arrangement befindet.

Wer sich in einer Beziehung als Opfer fühlt, blendet immer einen wesentlichen Teil der Beziehungsdynamik aus. Unter dem Opfersein brodelt nämlich die eigene Aggression; von dort aus wird es dem anderen heimgezahlt. Auf diese Weise können Opfer sehr aggressiv sein, ohne es vor sich und dem Partner zugeben zu müssen. Obendrein können sie sich moralisch auch noch überlegen fühlen.

Bei nahezu allen Vorwürfen handelt es sich um Projektionen eigener verdrängter Anteile. Im aufgeführten Beispiel ist es die eigene unterdrückte Aggressivität der Frau, die sie im Partner wiederfindet. Das heißt, die als negativ erlebte Eigenschaft wird ausschließlich im anderen wahrgenommen. Sie wird nicht als ein eigener Selbstanteil erlebt, weil er nicht akzeptiert werden kann. Trotz Intelligenz und aufrichtigen Bemühens kann die Frau ihre eigene Aggressivität nicht erkennen.

Deshalb kann nur immer wieder betont werden, dass jeder von beiden gleichermaßen etwas von einem solchen Arrangement haben wird, auch wenn es von außen nicht danach aussehen mag. Verantwortlich für diese spezifische Paardynamik sind immer tiefliegende Gründe, die mit der familiären Geschichte *beider* zu tun haben.

Eifersucht

An dieser Stelle soll es nicht um die »begründete« Eifersucht gehen, die wahrscheinlich jeder schon einmal erlebt hat, wenn sich der Partner in außergewöhnlichem Maße für jemand anderen interessiert hat. Denn je sicherer wir uns selbst sind, je stabiler unsere Selbstachtung und unser Empfinden ist, von unserem Partner begehrt und geliebt zu werden, desto leichter können wir auch das gelegentliche Interesse an anderen Menschen bei unserem Partner akzeptieren. Und dann wird sich das Gefühl der Eifersucht schnell wieder verflüchtigen.

Ganz anders verhält es sich bei der scheinbar »unbegründeten« Eifersucht. Sie sucht unsichere Menschen heim, die unfähig sind zu glauben, das ein anderer Mensch sie jemals wirklich lieben kann. Die Eifersucht tritt bei ihnen oft ohne realen äußeren Grund auf. Sie reagieren im Allgemeinen auf den geringsten Anlass mit Wut und Anklagen. Damit provozieren sie bei ihrem Partner meistens nur Abwehr. Denn diesem ist natürlich nicht bewusst, welche tiefen Ängste sich hinter dieser ihm lästigen Eifersucht verbergen.

Eifersüchtige Menschen leiden nämlich unter – mehr oder weniger bewussten – Phantasien des Abgelehntwerdens. Ihre tiefen Selbstzweifel und Unsicherheitsgefühle führen zu der beständigen Erwartung, verlassen zu werden. Das Pendant für diese verunsicherten Menschen ist ausgerechnet ein Partner, der seinerseits schwere Selbstzweifel hegt. Aber auch dieser wird diese quälenden Gefühle nicht wahrhaben wollen. Vielleicht wird er deshalb versuchen, seine Selbstzweifel in forcierter Weise – vielleicht durch besonders auffallendes Flirtverhalten – zu kompensieren. Doch gerade damit wird der andere noch mehr verunsichert und in seiner Eifersucht bestätigt.

Es ist die Angst, verlassen zu werden, die bei *beiden* eine große Rolle spielt. In der Eifersucht taucht nämlich ein alter Schmerz des Verlassen-worden-Seins wieder auf. Dieser Schmerz, der früher einmal seine Berechtigung hatte, sucht auch heute noch einen Anlass, um endlich einmal richtig gefühlt zu werden.

Neurotische Untreue

Bei dieser Art von Untreue handelt es sich um ein Phänomen, welches in der Persönlichkeit des Untreuen verankert ist. Zwar spielen auch hier Wünsche nach Selbstbestätigung eine Rolle. Doch als zentraler Hintergrund lassen sich eher unerledigte Entwicklungsaufgaben annehmen. Das heißt, das unbewusste Bedürfnis nach einer Außenbeziehung entsteht in diesen Fällen jeweils auf der Basis von Entwicklungsdefiziten. Meist verbergen sich hinter der Hinwendung zu Drittpersonen:
– die Angst vor zu engen Bindungen,
– die Verstrickung infolge mangelnder Loslösung,
– ödipale Konflikte.

Die Angst vor zu engen Bindungen: Die hiervon betroffenen Menschen sind selbstunsichere Personen mit starken Selbstzweifeln. Sie können sich – aufgrund früher Verletzungen und Traumatisierungen – nicht uneingeschränkt an einen anderen Menschen binden. Sie haben Angst, in einer engen Bindung erneut verletzt zu werden, denn sie zweifeln von vornherein an der Zuverlässigkeit und Treue des Partners. Sie können sich grundsätzlich nicht vorstellen, von jemandem geliebt zu werden. Aufgrund ihrer Ängste sind sie besitzergreifend und kontrollierend. Dadurch treiben sie den Partner förmlich aus der Beziehung hinaus. Aufgrund ihres nicht zu stillenden Bedürfnisses nach Selbstbestätigung wenden sie sich ihrerseits immer wieder anderen außerhalb der Beziehung zu.

Diese Menschen trauen sich zudem nicht, sich zu öffnen und dem anderen dadurch nahe zu sein. Ihre Angst vor Intimität kann ebenfalls dazu führen, Drittpersonen in die Beziehung einzubeziehen. Die Funktion der Außenbeziehungen liegt hierbei darin, die Paarbeziehung vor zu großer Nähe zu bewahren. In diesen Fällen festigt die Außenbeziehung sogar die Beziehung, weil sie den Grad ihrer Intimität herabsetzt.

Darüber hinaus befinden sich diese Menschen auf der Suche nach einer Person, die sie für sämtliche Enttäuschungen und Verletzungen entschädigen soll. Da dies weder der Partner noch irgendeine andere Person jemals leisten kann, wandern sie unermüdlich von einem zum anderen.

Die Verstrickung infolge mangelnder Loslösung: Besonders die chronisch »Untreuen« sind oft Menschen, die unter der fehlenden Loslösung von ihren Eltern leiden. Die Aufnahme einer Außenbeziehung ist hier als ein Versuch zu verstehen, sich noch im Erwachsenenalter von dem inneren Elternbild zu lösen. Unbewusst nehmen diese Menschen den Partner als Elternfigur wahr und wollen von ihm all das bekommen, was sie früher vermisst haben. Gleichzeitig wenden sie sich einer anderen Person zu, um nunmehr die Lösung von der Elternfigur vollziehen zu können. Der unabgelöste Erwachsene verhält sich genauso wie ein Heranwachsender, der einen Freund außerhalb der Familie braucht, um sich ablösen zu können.

Unter diesem Aspekt ist die Untreue also als der Versuch anzusehen, eine unbewältigte Entwicklungsaufgabe wieder aufzugreifen, um sie jetzt endlich bewältigen zu können. Dahinter steht der unbewusste Wunsch, auf der psychischen Ebene vom gebundenen Kind zum autonomen Erwachsenen heranzureifen.

Letztendlich werden jedoch all diese Versuche scheitern. Denn sämtliche späteren Ablösungsversuche verlaufen immer in einer Art Kreisbewegung. Auf der bewussten Ebene will sich der Partner nämlich – anders als der Jugendliche – überhaupt nicht von seinem Partner lösen. Er wird also immer wieder in den partnerschaftlichen Hafen einlaufen wollen. Und dadurch kommt er – trotz aller Versuche, die einstige Entwicklungsaufgabe doch noch zu meistern – immer wieder an der selben Stelle an.

Ödipale Konflikte: Menschen, die für ihre ödipalen Konflikte keine Lösung gefunden haben, reagieren mit unbewussten

Schuldgefühlen, wenn ihre spätere Liebesbeziehung befriedigend verläuft. In der unbewussten Phantasie haben sie sich mit dem gegengeschlechtlichen Elternteil vereint, während der gleichgeschlechtliche Elternteil außen vor blieb. Sie sind nicht wirklich frei für andere Partner. Indem sie sich einer Drittperson zuwenden, schaffen sie die ödipale Dreieckskonstellation erneut.

Die Dreiecksbeziehung entspricht hierbei der Vater-Mutter-Kind-Situation. In der Wiederherstellung der ursprünglichen Ausgangssituation soll jetzt die Lösung für die einstigen Probleme gefunden werden. Da diese Dynamik ebenfalls vollständig unbewusst verläuft, wird es auch hier keine Lösung ohne professionelle Hilfestellung geben.

Die Ursachen unbefriedigender Beziehungen

Kaum jemand erfüllt all die Voraussetzungen für eine gute Partnerschaft, die ich an früherer Stelle aufgelistet habe. Denn kaum jemand in unserer Gesellschaft hatte eine ideale Kindheit. Jeder hat als Kind etwas entbehrt – sei es die Geborgenheit des Am-Leib-getragen-Werdens, sei es das Gestilltwerden, sei es die Liebe der Mutter, die Anerkennung des Vaters oder was auch immer.

Das führt dazu, dass sich der erwachsene Mensch ein Leben lang nach der Erfüllung dieser kindlichen Grundbedürfnisse sehnt: Er will geliebt und angenommen, geachtet und geschätzt werden und Menschen haben, die zu ihm gehören, die ihn nicht verlassen, die zu ihm stehen, denen er vertrauen kann und die ihm Raum für die eigene Entwicklung lassen.

Ein Mangel an Erfüllung all dieser elementaren kindlichen Bedürfnisse verursacht viel psychisches Leid – sowohl in unserem inneren als auch in unserem äußeren Leben. Dabei ist es bei einem Erwachsenen nicht mehr der Mangel, der das Leid verursacht, sondern der Umstand, dass der damit einhergehende Schmerz verdrängt wird. Instinktiv tut der Mensch nämlich alles, um Situationen aus dem Weg zu gehen, in denen er seinen Schmerz fühlen müsste. Das Leid entsteht also durch die Angst vor dem Schmerz, den der Mangel mit sich brachte.

In dem Moment, da der erwachsene Mensch seinen Schmerz aus Kindertagen fühlen könnte, würde sich das schmerzhafte Gefühl auflösen. Denn Gefühle verändern sich, sobald man sie fühlt. So aber bleibt der abgewehrte Schmerz unerlöst. Das Unterbewusstsein wird dann weiterhin versuchen, genau solche Situationen zu schaffen, in denen dem Schmerz die Möglichkeit geboten wird, sich zu zeigen. Im Folgenden werde ich darstellen, wie sich beeinträchtigte Reifungsprozesse im späteren Leben eines Menschen konkret auswirken.

Misslungener Loslösungs- und Individuationsprozess
Wenn Eltern – aufgrund ihrer eigenen Kindheit – emotional distanziert oder wenn sie gar völlig abwesend sind, kann das Kind keine gute innere Vorstellungswelt aufbauen. Die innere Welt des Kindes ist dann bevölkert von Ängsten, Aggressionen und Konflikten. Da das Kind von diesen Gefühlen überwältigt werden würde, setzt der Verdrängungsmechanismus ein: Die bedrohlichen Gefühle werden ins Unbewusste verbannt. Zurück bleibt eine Leere, die sich als quälendes Gefühl bemerkbar macht.

Das Kind hat nichts, was es aus seinem Inneren schöpfen könnte. Deshalb kann sich der Loslösungsprozess nicht vollziehen. Das Kind bleibt unter diesen Umständen zwangsläufig von den Eltern beziehungsweise von der Außenwelt abhängig. Jeder Versuch, die notwendige Ablösung in Gang zu setzen, käme einem Sprung in den Abgrund gleich. Erinnern wir uns an die Analogie mit der Nahrungsaufnahme: Diejenigen, die nur wenig oder gar nichts bekommen haben, bleiben hungrig. Sie harren am Tische aus, in der Hoffnung, dass noch ein Nachschlag folgt.

Wenn es einem Heranwachsenden dann aufgrund der dargelegten Umstände nicht gelingt, die Bindung von seinen Eltern zu lösen, bleibt diese Aufgabe unerledigt. Er kann sich nicht willentlich zum »Aufstehen vom Tisch« – also zur Loslösung von den Eltern – entscheiden. Mit der Vernunft, die ihm sagt, dass es keinen Nachschlag mehr geben wird, ist hier nichts auszurichten. Rationale Überlegungen haben keinerlei Einfluss. Vielmehr lässt die aus dem Mangelerleben hervorgegangene Leere die Sehnsucht nach einem nährenden Kontakt bei ihm nie erlöschen.

106

Und so, wie ein Mensch bei fehlender Nahrung den Hungertod sterben würde, so verkümmert er auch bei seelischem Hungern. Das lässt sich inzwischen durch Untersuchungen mit bildgebenden Verfahren nachweisen. Bei überlebenden Kindern aus rumänischen Waisenhäusern hat sich beispielsweise gezeigt, dass deren emotionales Gehirn völlig verkümmert ist. Aber auch andere Kinder verkümmern, wenn sie in Heimen oder bei lieblosen Eltern aufwachsen müssen. Diese Verkümmerungen führen dazu, dass diese Menschen zeitlebens abhängig bleiben, sofern keine therapeutischen Maßnahmen ergriffen werden. Wenn ein Kind womöglich noch schwer traumatisiert wird, dann stagniert das seelische Wachstum vollends. Eine Inzesthandlung beispielsweise kann einen begonnenen Loslösungsvorgang sogar wieder rückgängig machen.

Da es viele Menschen gibt, die in ihrer Kindheit traumatisiert wurden oder Entbehrungen hinnehmen mussten, gibt es dementsprechend auch viele, die unter den Folgen misslungener Loslösung leiden. Zwischen den beiden Extremen »abgeschlossener« und »gar nicht erst begonnener Loslösung« wird man allerdings unzählige Abstufungen finden.

Die misslungene Loslösung hat weitreichende Folgen: Meist haben sich die betroffenen Menschen zwar äußerlich von ihrer Herkunftsfamilie getrennt, aber im Inneren bleiben sie fest an diese gebunden. Es quält sie ein unbestimmbares Gefühl und der Drang, die unerledigte Aufgabe doch noch zu erledigen. Es ist ähnlich wie beim Loch im Zahn: Ständig fühlt die Zunge dorthin, als könne sie es magisch füllen.

Ohne sich dessen bewusst zu sein, wird der Erwachsene dazu gedrängt, diese Entwicklungsaufgabe zu bewältigen. Es ist seine innere Einsamkeit, die in ihm den Wunsch weckt, die in Kindertagen entstandene Leere im späteren Leben mit Hilfe einer dauerhaften Beziehung zu einem anderen Menschen zu füllen. Er ahnt instinktiv, dass seine Bedürftigkeit, die in einer Mangelbeziehung entstanden ist, nur in einer Beziehung zu einem anderen Menschen behoben oder wenigstens ausgeglichen werden kann.

Die jeweiligen Partner repräsentieren dann allerdings die Elternfiguren, das heißt, der von seinen Eltern unabgelöste Erwachsene fühlt sich an seinen Partner gebunden wie ein Kind an die Mutter. Ihm fehlt die seelische Voraussetzung für eine reife Beziehung. Er genießt zwar einerseits diese Bindung, weil sie ihm – die für ein Kind nötige – Sicherheit gibt. Andererseits wehrt er sich zugleich gegen die Bindung, weil er sich – wie ein Kind – eingeengt fühlt. Und diese Einengung schafft ihm Unbehagen. Fatalerweise wird er nun vielfältige Versuche unternehmen, sich jetzt endlich zu lösen.

In diesem »Ablösungsdrama« (Jellouschek, 2005) findet eine Art Kreisbewegung statt, bei der die Betroffenen immer wieder an den Ausgangspunkt zurückkommen. Dieser Verlauf hat uns bereits im Zusammenhang mit der neurotischen Untreue beschäftigt, weil der Versuch, sich im Erwachsenenalter von dem inneren Mutterbild zu lösen, oft die Hinwendung zu Partnern außerhalb der Partnerschaft bewirkt. Darin liegt ein zentraler Grund, warum in vielen erwachsenen Beziehungen Außenbeziehungen entstehen. Bei diesen Menschen bleibt eine typisch kindliche Bindungsambivalenz bestehen: Sie wollen unbedingt – und gleichzeitig wollen sie doch eigentlich nicht.

Während Kinder beiderlei Geschlechts an beide Elternteile gebunden bleiben können, lassen sich später oft geschlechtsspezifische Unterschiede erkennen: Viele Töchter bleiben an ihren Vater gebunden. Das Ergebnis sind die Frauen, die ihren Partner »auf einen Sockel« stellen und dann zu ihm aufblicken. Nur selten ist ihnen bewusst, dass sie ihm gegenüber eine Kindposition einnehmen.

Das Pendant dazu ist das oft verspottete »Muttersöhnchen«: Ihm ist es nicht gelungen, sich von der ersten Liebe seines Lebens – seiner Mutter – zu lösen. Er befindet sich emotional nach wie vor in ihrem Bannkreis. Jede spätere Hinwendung zu einer erwachsenen Frau kann unbewusst mit der Angst verbunden sein, die Inzestschranke zu übertreten. Manche fürchten sich unbewusst vor der Vergeltung ihrer Mutter, wenn sie sich einer anderen Frau zuwenden. Ähnliche Ängste können umgekehrt natürlich auch bei Frauen auftreten.

Diese Menschen sind folglich nicht frei für die Liebe zu einem reifen erwachsenen Partner. Unbewusst werden sie sich einen Partner mit ähnlichen Ängsten suchen. So könnte – um bei dem obigen Beispiel zu bleiben – eine Frau, die infolge ihrer eigenen mangelnden Loslösung vom Vater eine Kindrolle einnimmt, die vielfältigen Ängste eines »Muttersöhnchens« beschwichtigen. Unabhängig davon werden beide Geschlechter versuchen, die mit der missglückten Loslösung verbundene Fehlentwicklung zu kompensieren. Während Männer oft den Ausgleich durch Tüchtigkeit und Erfolg anstreben, stellen Frauen vielfach ihre körperlichen Attribute in den Vordergrund. Auf diese Weise kommen manchmal skurrile Verbindungen zustande.

Auf den ersten Blick ist nicht erkennbar, dass in einer solchen Partnerschaft keine zwei autonomen Persönlichkeiten zusammengefunden haben. Offenkundig wird es eigentlich erst in der Paarberatung, zu der sich einige entschließen, wenn sie für die Vielzahl ihrer Konflikte keine annehmbaren Lösungen finden können. Ohne therapeutische Intervention werden es diese Menschen jedoch nicht schaffen, die versäumte Entwicklungsaufgabe nachzuholen. Erst durch die Hilfestellung eines Therapeuten kann ein solcher Mensch zu einem autonomen, ein für allemal getrennten Individuum nachreifen.

Ein unterdrückter Individuationsprozess hat ebenfalls weitreichende Folgen. Die Erziehung früherer Generationen wurde von Maßnahmen beherrscht, in denen Gewalt zur Durchsetzung der Forderungen ausgeübt wurde. Ganz oben auf der Gebotsliste standen hierbei Anpassung und Gehorsam. Diese »Tugenden« wurden den Kindern oft mit drakonischen Strafen »eingebläut«. Eigene Meinungen wurden durch Liebesentzug und körperliche Züchtigung unterdrückt. Dadurch wurde die Entwicklung zu eigenständigem Denken, Fühlen und Handeln gehemmt. Das Erziehungsziel war ein braves, fügsames Kind, welches keine Widerworte gab.

Es gab damals kaum ein Bewusstsein für die Einzigartigkeit eines heranreifenden Individuums. Die kollektiven Vorstellungen der Erwachsenenwelt führten dazu, dass Eltern versuchten, das Wesen ihrer Kinder geradezu in Schablonen zu pressen. Der innere Reichtum, den jedes Kind mit auf die Welt bringt, konnte sich durch diese Erziehung nicht entfalten.

Viele Eltern versuchen auch heute noch, ihr Kind zu »erziehen«, indem sie ihm ihren eigenen Willen aufzwingen. Das kann sehr subtil geschehen, indem sie beispielsweise mit Unmuts-äußerungen reagieren, sobald das Verhalten oder die Wünsche ihres Kindes von den ihren abweichen. Kinder verfügen über eine sehr differenzierte Wahrnehmung. Sie erkennen intuitiv, ob ihr ausgelassenes Verhalten toleriert und ob ihre Wünsche Zustimmung erhalten oder abgelehnt werden.

Im Falle von Ablehnung erlebt das Kind die eigenen Äußerungen als potentiell gefährlich. Es unterdrückt sie deshalb und übt sich künftig in »Beherrschung«. Es wird versuchen, sich dem Willen der Eltern unterzuordnen. Dadurch verschmilzt der eigene Wille des Kindes mit dem der Eltern. Viele Kinder erleben sich nur dann als liebenswert, wenn sie die Forderungen der Eltern erfüllen. Da die Eltern wiederum freudig auf die Erfüllung ihrer Forderungen reagieren, wird eine scheinbare Harmonie hergestellt. Diese Harmonie ist jedoch trügerisch, da sie allein aufgrund der Unterdrückung der Reaktionen des Kindes zustande kommt.

Die keimende Persönlichkeit eines Kindes wird auf diese Weise in seinem Wachstum erstickt. Das Kind verlernt immer mehr, auf sein Inneres zu hören. All das, was sich an Eigenem entwickeln wollte, wird zum Erliegen gebracht. Die Individualität bleibt zeitlebens nur als Potenzial erhalten. Später ist es dem Erwachsenen nicht mehr möglich, auf den wirklich eigenen Willen zurückzugreifen. Stattdessen lässt er sich manipulieren und manipuliert sich selbst.

Hinter einer solchen Fehlentwicklung verbirgt sich immer die Angst vor Liebesentzug. Denn ein Kind schränkt seine Lebendigkeit nur ein, wenn es Angst hat, nicht so angenommen zu werden, wie es ist. Da sich ein Kind dafür schämt, nicht so angenommen zu werden, wie es ist, treten Scham und Selbstzweifel an die Stelle, an der sich einzigartige Wesensmerkmale hätten entfalten sollen. Diese Vorgänge laufen unbewusst ab. Ein Kind ist sich dessen nicht bewusst, dass es die eigene Lebendigkeit nicht mehr spüren kann und Teile seiner Persönlichkeit als nicht zu ihm gehörend erlebt.

Diese Anpassung an den Willen der Eltern und die daraus hervorgehende Unterordnung, zu der sich ein Kind aufgrund seiner Ängste gezwungen fühlt, wird tief in seiner Persönlich-

110

keitsstruktur verankert. Diese Struktur bestimmt später die Lebensweise, vor allem die Art und Weise, mit sich und anderen umzugehen. Viele Verbiegungen und Verkrüppelungen in den Lebensäußerungen eines Menschen sind demnach die Folge der Angst vor dem Liebesverlust. Weil Kinder auf die Liebe ihrer Bezugspersonen angewiesen sind, versuchen sie, alles zu unterlassen, was diese Liebe aufs Spiel setzen könnte. Andererseits werden sie versuchen, alles zu tun, um die Liebe der Eltern zu erringen.

Wenngleich viele Eltern inzwischen liberaler geworden sind und Kinder in weiten Bevölkerungskreisen nicht mehr unterdrückt werden, so lässt sich doch auch heute beobachten, dass Kinder vornehmlich in den Leistungsbereich hineingedrängt werden. Ihr Gefühlsleben wird noch immer viel zu wenig beachtet. Auf die Entfaltung der einzelnen Persönlichkeit wird oft nicht genügend Wert gelegt.

Das liegt daran, dass Eltern, die aufgrund selbst erfahrener repressiver Erziehungsmaßnahmen nur über einen geringen Differenzierungsgrad verfügen. Sie können ihre Kinder deshalb nicht in ihrem Individuationsbestreben unterstützen. Wie bereits erwähnt, wird ein geringer Differenzierungsgrad von einer Generation an die nächste weitergegeben. Und so bleiben viele Menschen das ganze Leben auf einem niedrigen Ausgangsniveau, welches sich bereits in ihrer Pubertät mehr oder weniger verfestigt hat. Woher sollen sie später wissen, wie sie ihr Kind fördern könnten? In Fernsehsendungen wie »Die Super-Nanny« wird ihnen zwar vorgeführt, wie sie sich gegenüber ihren Kindern verhalten sollten. Doch das nützt wenig, wenn die entsprechenden Gefühle fehlen und die eingeübten Verhaltensweisen zur Farce werden.

Je geringer der Grad der Differenzierung, desto größer ist die unwillkürliche Neigung, Abhängigkeitsbeziehungen einzugehen. Da die eigenen Wesensanteile nicht entwickelt werden konnten, werden diese – unbewusst – in einem Partner gesucht. Das fehlende Identitätsgefühl soll zudem durch die Beziehung ersetzt werden. Die Verbundenheit, die diese Menschen zu ihrem Partner verspüren, kann deshalb sehr stark sein. In diesen Beziehungen hört der andere jedoch auf, ein eigenes Indivi-

111

duum zu sein. Er wird zu einem Teil der eigenen Persönlichkeit, das heißt, der andere wird erlebt, »als wär's ein Stück von mir« (Titel der Biographie von Carl Zuckmayer). Und diese Einverleibung von psychischen Anteilen macht die enorme Abhängigkeit aus: Von seinem Arm möchte man sich schließlich auch nicht freiwillig trennen.

Das fehlende Identitätsgefühl soll insbesondere durch die Bestätigung genährt werden, die vom Partner erwartet wird. Doch kein Mensch ist imstande, einem Menschen, der kein Gefühl für sich selbst hat, das Maß an ständigem Zuspruch zu geben, nach dem dieser verlangt. Wenn ein Mensch kein klares Empfinden für sich selbst hat, wird er zudem ständig auf die Übereinstimmung mit dem Partner bedacht sein. Aufgrund der Angst, womöglich von ihm verlassen zu werden, hört ein solcher Mensch auf, sich so zu zeigen, wie er ist. Er wird vielmehr die Rollen spielen, von denen er annimmt, dass sie dem Partner zusagen. Damit verschwinden auch noch die letzten Fragmente seiner Individualität. Die Folgen können Entfremdung, Kommunikationsstörungen und letztendlich ein völliger Rückzug des Partners sein.

Unter diesen Umständen bietet dieser keinen Rückhalt mehr. Die Folge ist, dass das mühsam aufrechterhaltene innere Gleichgewicht des Abhängigen zusammenzubrechen droht. Die Ängste vor einem völligen Zusammenbruch lassen diese Menschen noch stärker mit dem Partner verschmelzen. Die Person des Partners dient als Stütze, um die brüchigen inneren Strukturen halbwegs zusammenzuhalten. Deshalb ist ein Leben ohne den anderen nicht mehr vorstellbar.

Begreift man diese Dynamik, dann wird es verständlich, weshalb der Partner so überaus wichtig für das (Über-)Leben der Betroffenen ist. Sie selbst können allerdings nicht durchschauen, wie es dazu kommen konnte, denn die zugrunde liegenden Zusammenhänge sind ihnen nicht bewusst.

Im Alltag können diese Menschen überaus lebenstüchtig wirken. Und solange ihre Ängste unterhalb eines bestimmten Grenzwertes bleiben, können sie sich in ihrer Partnerschaft einigermaßen gut arrangieren. Sobald jedoch Stressfaktoren auftreten, die über ihre Belastungsgrenze hinausgehen, nehmen die Ängste zu und die Konflikte brechen durch.

Bei der vergeblichen Suche nach einer plausiblen Erklärung können diese Menschen jedoch partout kein Verschulden in ihrer eigenen Person entdecken. Also kommen sie zu dem Schluss, dass die Konflikte vom Partner ausgehen müssen. Da dieser sich vielleicht tatsächlich zurückgezogen, sich aus der Umklammerung gelöst oder irgendeine andere Veränderung seines Verhaltens gezeigt hat, kann er endgültig als der Schuldige identifiziert werden.

An einer solchen Entwicklung sind jedoch immer beide Partner gleichermaßen beteiligt. Denn man kann sich nur mit einem Partner »verstehen«, dessen Differenzierungsgrad ungefähr dem eigenen entspricht. Deshalb werden immer Partner »ausgewählt«, die sich auf demselben Individuationsniveau befinden.

Eine Veränderung ist oft nur dann möglich, wenn in einem »Nachnährprozess« die blockierte Entwicklung wieder in Gang gesetzt wird, so dass die einst unterdrückten Wesensanteile doch noch zum Leben erwachen. Sobald dies geschehen ist, müssen sich diese Menschen nicht mehr an einen anderen klammern.

Die Blockierung autonomer Strebungen
Die Entwicklung der Autonomie kann bereits in den ersten Lebensjahren eines Kindes behindert werden. Die Weichenstellung liegt – ebenso wie bei der Loslösung und Individuation – also wiederum in der Kindheit. Denn ein Mensch kann nur zu einer autonomen Persönlichkeit heranreifen, wenn er von klein auf seine Lebendigkeit leben und all seine Wünsche und Bedürfnisse äußern darf. Nur wenn er sich entfalten darf, kann er entdecken, wer er ist. Und nur wenn er weiß, wer er ist, kann er authentisch handeln und sich dafür wertschätzen.

Wenn Eltern die autonomen Strebungen ihrer Kinder unterdrücken, so liegt das wiederum daran, dass sie selbst Persönlichkeiten sind, deren Autonomie unterdrückt wurde. In den Kindern spiegeln sich nämlich alle Beschränkungen der Eltern wider. Wenn eine Mutter weit entfernt von einer autonomen Persönlichkeit ist, dann erfolgt zwangsläufig auch eine Fehlentwicklung bei ihrem Kind. Sobald Eltern keinen Zugang zur eigenen Autonomie haben, können sie nicht zur Entwicklung der Autonomie bei ihrem Kind beitragen. Da sie selbst gänzlich

von außen gelebt werden, merken sie es gar nicht, dass sie – trotz aller guten Absichten – auch ihren Kindern kein aus dem Inneren heraus gelebtes Leben ermöglichen können. Anderenfalls würde ihnen schmerzlich bewusst werden, in welchem Ausmaß ihr eigenes Wesen und die eigene Lebendigkeit einst unterdrückt worden sind. Um diese schmerzhafte Erkenntnis zu vermeiden, können sie auch bei ihren Kindern nur jeweils den Grad an Autonomie zulassen, der ihnen selbst eingeräumt worden war. Die Folge ist eine über Generationen fortgesetzte Kette von abhängigen, sich selbst entfremdeten Menschen. Denn die Blockierung autonomer Strebungen hat ebenfalls weitreichende Folgen:
- Selbstentfremdung,
- innere Leere,
- Maskerade,
- unbedingter Gehorsam gegenüber Autoritäten,
- Abhängigkeit.

Selbstentfremdung: Wenn ein junger Mensch sein Wesen, seine Lebendigkeit, seine Gefühle und seine Bedürfnisse unterdrücken muss, gelangt er in einen Zustand der Selbstentfremdung. Im späteren Leben ist ihm der Zugang zu den eigenen Reaktionen dann nicht mehr möglich. Viele Erwachsene können allenfalls noch sehr beschränkt Aspekte ihres inneren Geschehens wahrnehmen. Sie können ihr Wesen jedoch nicht mehr voll zum Ausdruck bringen, denn sie wissen gar nicht, wer sie wirklich sind und was sie wirklich wollen.

Innere Leere: An der Stelle, an der sich ein autonomes Selbst hätte entfalten sollen, ist ein Vakuum entstanden. Von diesem Vakuum geht ein Sog aus. Dadurch werden die Menschen zum Handeln getrieben: Sie müssen die innere Leere irgendwie füllen. Das tun sie, indem sie entweder ein »falsches Selbst« an die Stelle fehlender Authentizität setzen oder indem sie sich völlig einer Autorität unterordnen und fortan deren Willen ausführen.

Maskerade: Wer sich schämt, versteckt sich gern. Allerdings sind sich die Betroffenen ihrer Scham – und vor allem dem Auslöser dieser Scham – überhaupt nicht bewusst. Diese Menschen

114

wissen nicht, dass sie sich gewissermaßen hinter einer Maske verbergen: Anstelle eines echten Selbst ist ein »falsches Selbst« entstanden. Das heißt, an die Stelle authentischer Äußerungen tritt nun die Attitüde, also eine Pose, die der Außenwelt ganz bestimmte innere Haltungen vorgaukelt. Hierbei stehen nicht eigene Impulse, sondern – der jeweiligen Situation angepasstes – Kalkül im Vordergrund.

Durch ihr Anpassungsvermögen ahnen diese Menschen, was die Umwelt von ihnen erwartet. Da es ihnen vorwiegend um den Wunsch geht, zu gefallen, sind sie darauf aus, stets jedem »zum Mund zu reden«. Oftmals merkt man es nicht auf den ersten Blick, denn sie vermitteln tatsächlich den Anschein, aus dem eigenen Innern heraus sprechende und handelnde Menschen zu sein.

Viele versuchen, durch beruflichen Erfolg von der inneren Leere abzulenken. Andere wiederum zeigen nach außen ein scheinbar bescheidenes Wesen, hinter dem sie jedoch versuchen, zu herrschen und zu bestimmen, zu manipulieren und die Befriedigung ihrer Bedürfnisse und Wünsche zu erzwingen.

Fehlende Autonomie kann jedoch weder durch Status noch durch Macht oder andere Attribute ersetzt und vorgetäuscht werden. So verhindern diese Menschen im längeren Zusammensein mit ihrem Verhalten gerade das, wonach sie sich am meisten sehnen: nämlich endlich die Bestätigung und Anerkennung zu bekommen, die ihnen bisher nicht nur versagt blieb, sondern derentwegen sich bei ihnen überhaupt erst diese »Falschheit« entwickelt hat. Und nun sind sie nicht wirklich da, sie können gar nichts Eigenes zeigen, für das man sie bestätigen und anerkennen könnte.

Unbedingter Gehorsam gegenüber Autoritäten: Wer keine untergründige Autonomie spürt, dem bleibt oft nur noch die Anpassung an andere. So entsteht der Versuch, Durchsetzungskraft und Stärke durch die Identifizierung mit Autoritäten zum Ausdruck zu bringen; das heißt, diese Menschen suchen die fehlende innere Stärke in äußeren, starken Gestalten und sagen sich dann: »Ich bin wie der!«

Die Übernahme von deren Einstellungen und ein unbedingter Gehorsam ersetzen ihre fehlende Autonomie. Sie buckeln und bilden sich ein, dafür endlich von anderen anerkannt und geliebt zu werden. Da sich dieser Gehorsam ursprünglich gegenüber der Macht und Autorität der Eltern entwickelt hat, wissen diese Menschen später, wie man andere Autoritäten besänftigt und beschwichtigt. Sie haben es schließlich von klein auf gelernt, sich gegenüber ihren Eltern klein zu machen und sich klein machen zu lassen.

Da Erziehungsmethoden von einer Generation zur anderen weitergegeben werden und das Gehorsamsgebot für Kinder in großen Teilen der Bevölkerung nach wie vor positiv besetzt ist, wachsen noch immer viel zu viele Menschen mehr fremd- als selbstbestimmt heran.

Später ist es nicht mehr ohne Weiteres möglich, diesen Gehorsam abzustellen und die ursprünglich angelegte Autonomie wachzurufen. Das Ergebnis sind die willfährigen Menschen gegenüber jedweder Autorität. Wer ihnen das jedoch zum Vorwurf macht, der weiß nichts über die Entstehungsgeschichte.

Abhängigkeit: Eine misslungene Loslösung und Individuation sowie die damit ausbleibende Autonomieentwicklung führen zu Defiziten, die sich durch verschiedenste Symptome Ausdruck verschaffen können. Meist ist es ein ganzer Komplex, unter dem Menschen mit gravierenden Entwicklungsrückständen leiden. Quälende Gefühle der Minderwertigkeit, innere Leere und Phasen der Verzweiflung sind ständige Wegbegleiter.

Diese Zustände können sehr schmerzhaft sein. In diesen Fällen wird verzweifelt Abhilfe gesucht. Häufig kann – vorübergehende – Erleichterung durch Suchtstoffe erreicht werden. Mit deren Hilfe soll wiederholt ein nicht anders aushaltbarer Zustand »abgestellt« werden. Sämtliche Abhängigkeiten lassen sich deshalb auf dieses Geschehen zurückführen.

Jean Liedloff hat in ihrem Buch »Auf der Suche nach dem verlorenen Glück« eindringlich den Zusammenhang von Drogensucht und frühen Entbehrungen dargelegt. Da die Droge dem Konsumenten zunächst ein Gefühl von Geliebtwerden vermittelt, was mit einem positiven Selbstbild und dem Gefühl des Richtigseins einhergeht, schaffen es einige später nicht mehr, darauf zu verzichten. Denn es ist genau das, wonach sie sich ihr ganzes Leben lang gesehnt haben.

116

Kaum eine Therapie vermag ihnen diesen seligen Zustand zurückzugeben. Deshalb haben es Drogenabhängige so schwer, nach einem Entzug clean zu bleiben: Bei ihnen wurde der schmerzhaft empfundene Mangelzustand durch Erfüllung aufgehoben – zumindest vorübergehend. Auch der Alkoholiker leidet unter fehlender Selbstachtung, innerer Leere und tief empfundener Minderwertigkeit. Der Alkohol vermag ihm vorübergehend ein Gefühl von Allmacht zu verleihen. Die ihn sonst quälenden Gefühle kann er ertränken. Plötzlich scheint der Trinkende alles im Griff zu haben.

Im Unterschied zu diesen stoffgebundenen Süchten, die relativ leicht zu erkennen sind, verlaufen die prozessgebundenen Süchte wie Spielsucht, Arbeitssucht und Abhängigkeit von einem Partner viel subtiler, aber nicht weniger gefährlich.

Fehlende Autonomie hat negative Auswirkungen auf eine Partnerschaft. Wer schon als Kind darauf geprägt wurde, den Willen seiner Eltern zu übernehmen, um von ihnen geliebt zu werden, der wird in seinen späteren Beziehungen nicht mehr anders können. Vielmehr wird es eine stillschweigende Übereinkunft geben, die nach demselben Schema abläuft. Die unausgesprochene Botschaft lautet: »Ich mache alles, so wie du es willst. Und du gibst mir dafür, was ich von dir brauche.«

Aber so kann das nicht funktionieren. Eine befriedigende Zweisamkeit wird so nicht entstehen. Schon deshalb nicht, weil mit einem Menschen, der keine eigenständige Persönlichkeit entwickelt hat, keine echte Beziehung entstehen kann. Wer seine eigenen Bedürfnisse und Wünsche zu oft übergeht und opfert, um dem Partner zu gefallen oder um ihn zufrieden zu stellen, der fügt beiden Schaden zu: sich selbst, weil er aus innerer Unfreiheit heraus handelt, und dem Partner, weil er ihn zum Empfänger seiner Opfergaben macht. Es wird dann nicht lange dauern, bis er ihm mit unterschwelligem Groll begegnen wird. Unterschwellig deshalb, weil dieses Gefühl als »unangemessen« zurückgedrängt wird.

Wer jedoch bei sich selbst keine »unangemessenen« Gefühle und Reaktionen zulassen kann, wird solche auch nicht bei seinem Partner durchgehen lassen können. Ein liebevolles Behan-

117

deln des Partners ist deshalb nicht möglich. Nur wer offen, aufrichtig und authentisch sein kann, wird dies seinem Partner ebenfalls zubilligen. Erst dadurch kann das Gefühl beglückender Nähe entstehen.

Wer dagegen gar nicht weiß, wer er ist, der ist sich selbst fremd. Dadurch ist er nicht fähig zu echter Intimität. Es liegt eine Tragik darin, dass ausgerechnet der Mensch, der nie eine zwischenmenschliche Nähe gespürt hat, später nicht mehr dazu in der Lage sein wird. Zumindest solange nicht, bis er entsprechende Ängste abgebaut hat. Vielleicht wird dieser Mensch versuchen, sich idealisierten Vorstellungsbildern anzugleichen. Doch so sehr er sich auch anstrengen mag, diesen nachzueifern: Er macht alles nur noch schlimmer, weil in diesem Fall seine eigene Persönlichkeit überhaupt nicht mehr zu finden sein wird. Er ist für andere dann erst recht kein wirkliches Gegenüber.

Wenn Authentizität fehlt, erfolgen alle Reaktionen wahllos. Jegliches Verhalten wird unberechenbar, weil es immer aus einer »Falschheit« heraus entsteht. Diese Menschen fürchten sich vor jeder Auseinandersetzung, weil für sie sofort alles ins Wanken gerät. Deshalb werden sie versuchen, sich unterzuordnen und gehorsam zu sein. Sie gehen jedem Konflikt aus dem Weg, in der irrigen Annahme, dass sie dadurch konfliktfrei leben könnten. Wenn es Partnern in ihrer Partnerschaft allerdings gelingen sollte, ihr eigentliches Selbst hervorzulocken und sich dem anderen in allen – willkommenen und unwillkommenen – Facetten zu zeigen, dann wird ihre Beziehung an Qualität und Lebensdauer gewinnen.

Fehlende Selbstachtung

Wer als Kind keine Achtung entgegengebracht bekam, der kann sich später auch nicht selbst achten. Diesen Menschen fehlt die Erfahrung eines respektvollen Umgangs mit der eigenen Person. Es erfolgte gewissermaßen kein »Input«. Das hat fatale Folgen: Denn wenn ein Kind nie zu fühlen bekommt, dass es um seiner selbst willen geliebt und geachtet wird, dann macht es sich Gedanken, woran das liegen könnte.

Da ein Kind nicht weiß, dass die Eltern ihm aufgrund eigener fehlender Selbstachtung keine Achtung entgegenbringen können, sucht es den Grund dafür bei sich selbst. Aus seiner Sicht muss es irgendetwas an der eigenen Person geben, dass die Eltern hindert. Also fängt das Kind an, sich hässlich zu fühlen. Das Gefühl, hässlich zu sein, brennt sich wie eine Tätowierung tief unter die Haut. Kein Spiegel und kein gutes Zureden kommen später gegen diese Selbstverachtung an. Das grundsätzliche Gefühl, nicht zu genügen, hat sich zu tief eingeprägt.

Diese Menschen sind in den Grundfesten des Gefühls, ein Lebensrecht auf dieser Welt zu haben, schwer erschüttert. Man erkennt sie an ihrem übermäßigen Bemühen, die Zustimmung anderer zu erringen und deren Missbilligung zu vermeiden. Je weniger Achtung sie gegenüber der eigenen Person haben, desto stärker ist natürlich ihr Bedürfnis, sich zu verstecken, und desto größer ist ihre Angst vor dem Gesehenwerden.

Sollte ihnen dann doch jemand begegnen, der ihnen Achtung entgegenbringt, gehen sie sofort davon aus, dass sie sich wieder einmal verstellt und dem anderen lediglich Sand in die Augen gestreut haben. Sie können die Wertschätzung anderer nicht wirklich annehmen, weil die Überzeugung, es nicht wert zu sein, zu tief sitzt.

Ein Mensch, der sich selbst als nicht wertvoll erlebt, neigt zur Idealisierung anderer, wodurch er noch mehr an Boden bezüglich seines eigenen Wertgefühls verliert. Die ihn quälenden Selbstzweifel münden nicht selten in einer Depression. Oder er identifiziert sich mit irgendwelchen Idolen und erlebt Anflüge von Grandiosität, hinter der sich die verdrängte Depression verbirgt.

Es gibt viele Menschen, die negative Selbstbilder in sich tragen, ohne es zu wissen. Unterhalb der Ebene der bewussten Wahrnehmung empfinden sie sich als minderwertig und nicht liebenswert. Selbst wenn man sie darauf hinwiese: Sie würden es nicht glauben. Sie würden vielmehr antworten: »Natürlich achte ich mich. Und natürlich verdiene ich es, geliebt zu werden.« Die tieferliegenden negativen Gefühle sind jedoch trotzdem da und hintertreiben all ihre Bemühungen, irgendwann die Erfüllung zu finden, nach der sie sich so sehnen.

Viele Partnerschaftsprobleme lassen sich auf die fehlende Selbstachtung der Partner zurückführen. Wenn sich zwei Menschen zusammenfinden, die voller Zweifel, Ängste und Unsicherheiten in Bezug auf die eigene Person sind, dann können sie noch so sehr guten Willens sein – sie werden keine befriedigende Beziehung aufbauen können. Ohne Selbstachtung ist generell kein erfülltes Leben möglich.

Wer nicht schon in frühen Jahren ein stabiles und positives Gefühl für sein eigenes Selbst entwickeln konnte, der wird sich stets als minderwertig empfinden. Er wird im anderen das suchen, was er nicht in sich selbst entwickelt hat. Er sucht einen Erlöser, damit dieser ihn von seiner Selbstverachtung und den sich daraus ergebenden Folgen befreit. Aber so funktioniert das leider nicht.

Ein gutes Selbstwertgefühl kann später weder durch höchste Leistungen und Anerkennung von außen erlangt werden, noch können sich Partner gegenseitig dazu verhelfen. Alles von außen Kommende kann zwar unsere Selbstachtung stärken, wenn diese bereits vorhanden ist. Die anderen können das positive Bild, wenn es in uns ist, nähren. Aber sie können es nicht hervorrufen. Niemand kann uns fehlendes Selbstbewusstsein geben. Das können nur wir selbst.

Wo keine positive Selbstwahrnehmung entwickelt werden konnte, kann dies also nicht durch ein Kompliment oder ein wertvolles Geschenk nachgeholt werden. Wo von vornherein kein solides Gefäß für solche Wohltaten vorhanden ist, ist es, als gösse man eine Flüssigkeit in ein defektes Behältnis: Nach kurzer Zeit ist es ausgelaufen und somit wieder leer.

Die eigene Selbstachtung ist demnach für beide Partner von Wichtigkeit, weil diese jeweils erst das Behältnis für die entgegengebrachte Achtung vom anderen bereitstellt. Darüber hinaus ist die Art, wie die Partner sich gegenseitig behandeln, ohnehin nur das Spiegelbild ihrer Art, sich selbst zu behandeln. Wer sich beispielsweise nicht um die Bedürfnisse seines Partners kümmert, der geht auch mit den eigenen Bedürfnissen achtlos um. Insofern ist die Abwertung des anderen immer eine Projektion der eigenen Abwertung.

Angenommen, ein Mann, der sich selbst verachtet, nimmt eine Beziehung zu einer Frau auf. Erscheint ihm diese Frau vielleicht beim Kennenlernen als bewundernswert, so wird er sie wenig später – da sie sich auf eine Beziehung zu ihm eingelassen hat – wahrscheinlich ebenso verachten wie sich selbst. Das heißt, er projiziert die eigene Verachtung auf die Partnerin.

Er kann gar nicht anders, als sie zu verachten, da er sich als ihrer Zuneigung nicht würdig wahrnimmt. Warum sollte sie sich – seiner unbewussten Vorstellung nach – also auf ihn einlassen? Indem er seinen Mangel an Selbstachtung auf sie projiziert, wird alles, was Positives in dieser Beziehung entstehen könnte, kontaminiert. Seine unbewusste Überzeugung, der Liebe nicht wert zu sein, zwingt ihn geradezu dazu, die Beziehung zu sabotieren und letztendlich zu zerstören.

Wenn er dann schließlich wieder allein ist, wird er sich sagen, er habe die ganze Zeit über geahnt, dass es mit dieser Frau nichts werden könne. Er wird sich vielleicht beruhigen, indem er sich sagt: »Die Frauen taugen eben alle nichts.« Sollte die Beziehung jedoch halten, stellt ihn auch das vor ein Problem. Denn es verwirrt das Bild, welches er von sich hat. Auf einer unbewussten Ebene wird er sich fragen: Wie passt es, dass eine Frau bei mir bleibt, da ich doch so unwert bin? Verzweifelt wird er nach einer Lösung, nach einem Ausweg suchen.

In dem Film »Das Glücksprinzip« (USA, 2000) gibt es eine Szene, die geradezu als ein Plädoyer dafür dienen kann, sich und seine – vermeintlichen – Hässlichkeiten gegenüber einem Partner offen zu zeigen:

Der Lehrer Simonet hat ein entstelltes Narbengesicht. Der Zuschauer erfährt später, dass er von seinem Vater mit Benzin übergossen und angezündet wurde. Aufgrund seiner Erfahrungen ist er ein zurückhaltender, vielleicht sogar verbitterter Mann geworden. Er wird von seinen Schülern gehänselt.

Mr. Simonet lernt die schöne Mutter eines Schülers kennen und verliebt sich in sie. Nach einem gemeinsam verbrachten Abend fragt ihn die Frau vor der Haustür, ob er sie in ihre Wohnung begleiten möchte. Er verneint. Die Frau reagiert verunsichert. Doch er versucht ihr zu vermitteln, dass es anders sei, als sie denkt.

Die Beziehung entwickelt sich zaghaft, und irgendwann sieht man die beiden dann doch zusammen im Bett. Die schöne Frau sitzt rittlings auf ihm und zieht sich mit einer selbstverständlichen Geste ihr T-Shirt aus. Daraufhin knöpft er langsam sein Hemd auf.

Der Zuschauer wird durch diese Gesten eingestimmt auf die sich anbahnende erotische Szene. Deshalb rechnet er nicht damit, was jetzt kommt: Als Simonet sein Hemd öffnet, kommen sehr unansehnliche Brandnarben zum Vorschein. Selbst wenn man aufgrund seines Gesichtes damit rechnen musste, dass sich seine sichtbaren Brandnarben auch am Körper fortsetzen werden, so ist man doch einigermaßen erschrocken über den Anblick, der sich nun bietet.

Simonet legt nun seinen Oberkörper frei. Dann nimmt er vorsichtig die Hand seiner Geliebten und legt sie auf den entstellten Bereich. Sie beginnt ganz vorsichtig, diesen zu streicheln. Und genau in diesem Moment geschieht es: Das Entstellte, das Unansehnliche, das Hässliche – es gewinnt unter der Liebkosung an Schönheit. Der Mann, dem jetzt soviel Zärtlichkeit widerfährt, wird plötzlich schön mit seinen Verletzungen. Gerade, weil er sich so zeigt, wie er ist, hat er nun seine ganz eigene Würde.

Nicht jeder Mensch hat solche sichtbaren Narben. Aber viele haben unsichtbare. Sie glauben, damit etwas Abstoßendes zu haben, das sie unter keinen Umständen zeigen können, und deshalb verstecken sie es. Und niemand sagt ihnen, dass sich ihre »hässlichen« Seiten unter dem Blick eines liebenden Menschen in Schönheit verwandeln.

Fehlende Liebesfähigkeit

Jeder wünscht sich zwar, geliebt zu werden, doch die wenigsten können wirkliche Liebe geben und empfangen. Da die meisten Menschen sich nicht selbst lieben können, erfüllen sie nicht die Voraussetzungen dafür: Wer sich selbst nicht liebt, kann auch andere nicht wahrhaftig lieben. Er ist unfähig, Liebe von anderen anzunehmen. Denn wer sich selbst nicht liebt, kann nie ganz glauben, dass ein anderer dies könnte.

Menschen, die sich nicht lieben, empfinden der eigenen Person gegenüber oft Gleichgültigkeit, Feindseligkeit oder sogar Hass. Die gleiche Einstellung werden sie auch gegenüber dem Partner und der Welt insgesamt haben. Und wie könnte ein Mensch mit dieser Haltung hoffen, von anderen wahrhaftig geliebt zu werden?

Die Ursache dieser Tragik liegt wiederum in der frühen Kindheit. Wie soll sich jemand selbst lieben lernen, wenn er von den wichtigsten Menschen in seinem Leben nicht geliebt wird? Wenn ein Kind spürt, dass es nicht geliebt wird, dann geht es selbstverständlich davon aus, es nicht wert zu sein, geliebt zu werden. Es glaubt, von Natur aus nicht liebenswert zu sein. Es wird sich fortan wertlos fühlen.

Dieses Gefühl der Minderwertigkeit macht das Annehmen von Liebe im weiteren Leben unmöglich. Um Liebe entgegennehmen zu können, muss sich ein Mensch dieser Liebe wert empfinden. Wenn er dagegen kein Selbstwertgefühl hat, traut er dem anderen nicht. Fehlende Selbstachtung geht deshalb immer mit fehlender Liebesfähigkeit einher.

Die meisten Menschen glauben dennoch, lieben zu können. Doch sie befinden sich im Irrtum: Es handelt sich lediglich um eine Illusion. Was sie erleben, ist vielmehr eine Mischung aus Bedürftigkeit, aus Ängsten und Abwehrhaltungen.

Dies gilt vor allem für Menschen, die »narzisstisch gestört« sind. Das bedeutet, sie sind aufgrund ihrer empfundenen Minderwertigkeit auf die Bestätigung, die Aufmerksamkeit und die Schmeicheleien ihrer Umwelt angewiesen. Sie fühlen sich vorübergehend aufgewertet durch jemandem an ihrer Seite, den sie als kompetenter, größer und schöner erleben. Sie meinen jedoch nicht das Wesen des – womöglich erfolgreichen oder gar berühmten – Partners, sondern lediglich dessen Image. Sie hoffen, dass dessen Glanz ein bisschen auf ihr als kläglich empfundenes Selbst abfärben wird. Sie mögen diesem Menschen vielleicht sogar treu ergeben sein und ihn anhimmeln. Aber um wirkliche Liebe handelt es sich dabei nicht.

Häufig kommen Menschen aufgrund von unbefriedigten Bedürfnissen in einer Partnerschaft zusammen. Bedürftigkeit ist jedoch nie eine gute Ausgangslage für eine Liebesbeziehung. Die Partner wollen vor allem Liebe bekommen, weil sie glauben, damit ihre Ängste vor dem Leben niederhalten zu können. Sie brauchen also die »Liebe« des Partners, um sich in Sicherheit fühlen zu können.

Oft verbirgt sich hinter der Sehnsucht nach Liebe lediglich der Wunsch, nicht allein zu sein. Gerade einsame Menschen können jedoch nicht lieben. Ihr Bedürfnis ist so groß, dass sie sich an den Partner klammern und sofort abhängig von ihm werden. Diese Menschen sind innerlich leer geblieben und verzehren sich nun nach Liebe. Sie wollen sich Liebe einverleiben, um sich endlich einmal gut genährt zu fühlen.

Oder denken wir an die Menschen, die davon ausgehen, dass Liebe verdient werden muss. Sie haben gelernt, dass zunächst

Forderungen zu erfüllen sind, um geliebt zu werden. Und so mühen sie sich ihr ganzes Leben ab, um in einer fernen Zukunft endlich das zu erhalten, wonach sie sich zeitlebens sehnen – nicht wissend, dass man Liebe geschenkt bekommt.

Oft wird Liebe mit sexuellem Begehren verwechselt. Aber auch diese Dimension der »Liebe« erzeugt Abhängigkeit. Meist sind diese Menschen in ihrer Kindheit sexuell ausgebeutet worden. Da sie bisher nur Ausbeutung erfahren haben, beuten sie nunmehr ihrerseits andere aus. Sie benutzen den anderen, wie sie einst selbst benutzt wurden.

All diese Menschen können keine wahrhaftige Liebe geben. Ohne sich dessen bewusst zu sein, sind sie in ihrem Verhalten berechnend und manipulierend. Da sie unfähig sind zu lieben, müssen sie Liebe vortäuschen. Diese Täuschung gilt allerdings in erster Linie der eigenen Person. Auf diese Weise können sie sich weiterhin vormachen, liebesfähig zu sein und dass das Lieben selbst eigentlich ganz einfach wäre. Schwer sei nur, den richtigen Partner zum Lieben zu finden.

Sie wissen auch nicht, dass Liebesfähigkeit eher selten anzutreffen und nur eine Minderheit dazu in der Lage ist. Der Psychologe Peter Lauster (1985) sieht aufgrund seiner Erfahrungen sogar bei 90 Prozent der Menschen die Liebesfähigkeit gestört (S. 79). Diese überwältigende Mehrheit ist sich dessen jedoch nicht bewusst. Insofern sagt auch der, dessen Herz fest geschlossen ist: Ich liebe. Dabei weiß er gar nicht, wie sich das anfühlen würde. Er hat das Gefühl, welches die Liebe vermittelt, noch nie erfahren. Gerade deshalb kann er den Irrtum aufrechterhalten.

Die aus den beschriebenen Bedürfnislagen hervorgehenden Liebesbeziehungen stehen sämtlich auf tönernen Füßen, weil ihr die wesentliche Grundlage fehlt: Es fehlt ihnen an einer tief aus dem Herzen heraus empfundenen Liebe.

Der Grund dafür, dass sich ein Mensch seiner psychischen Situation nicht voll bewusst ist, liegt in den Verdrängungsmechanismen. Diese schützen ihn vor schmerzhaften Einsichten.

Ein Kind, welches nicht geliebt wird, erleidet großen psychischen Schmerz. Es würde daran sterben, wenn nicht Abwehrmechanismen dafür sorgten, dass der Schmerz aus dem Bewusstsein entfernt und ins Unbewusste verdrängt wird. Die psychische Abwehr ist demnach ein eigentlich wunderbarer Schutzmechanismus, um den Organismus am Leben zu halten: Der Schmerz muss zunächst einmal nicht in vollem Umfang gefühlt werden.

Doch das hat eine Kehrseite: Aus Angst davor, erneut verletzt zu werden, hat sich das Herz verschlossen. Der betroffene Mensch kann es später nicht mehr ohne Weiteres öffnen. Dieser Mensch wird sich vielmehr von einem liebesfähigen Partner bedroht fühlen. Er kann niemanden mehr nahe an sich herankommen lassen, weil dann all die Schwächen entdeckt würden, derentwegen er – seiner unbewussten Phantasie zufolge – früher abgewiesen wurde. Deshalb wird dieser Mensch sein Inneres vor dem anderen verborgen halten. Aufgrund seiner Angst wird nun jede intensive Beziehung von vornherein verhindert. Der Betroffene selbst weiß jedoch nichts von diesen Vorgängen.

Diesbezüglich macht sich also die Kehrseite der Abwehrmechanismen bemerkbar: Durch die ins Unbewusste verbannten Schmerzen und Ängste ist der einstmals verletzte Mensch von nun an blockiert, denn er kann die abträglichen Erfahrungen nicht ohne Weiteres einer Korrektur unterziehen. Damit fehlen ihm die Chancen, später gegenteilige Erfahrungen zu machen. Es entsteht ein Teufelskreis, der einen Menschen immer mehr in die Verhärtung, Abkapselung und Gefühlspanzerung hineinführt.

All diese Vorgänge verlaufen unbewusst. Die betroffenen Menschen wissen in der Regel nichts von ihren vielfältigen Ängsten vor der Liebe. Auf der bewussten Ebene wünschen sie sich ja nichts sehnlicher als eine beglückende Liebesbeziehung. Sie sind sich nicht bewusst, dass sie sich selbst nicht lieben. Denn auch das Wissen um fehlende Selbstliebe ist so schmerzhaft, dass Abwehrmechanismen für die Verbannung dieses Wissens mit all den damit verbundenen schmerzlichen Gefühlen sorgen.

So ist sich niemand dessen bewusst, dass er nicht lieben kann. Die Abwehr schützt ihn vor dieser Wahrnehmung, weil die Psyche eines Menschen, der nie Liebe erfahren hat, viel zu schwach ist, um einen so schmerzhaften Sachverhalt ertragen zu können.

Erst wenn dieser Mensch sich – durch therapeutische Maßnahmen – mehr und mehr stabilisiert, kann er eine Bewusst-

125

seinsebene erreichen, auf der ihm allmählich gewahr werden kann, dass er bisher weder sich noch andere wirklich lieben konnte. Das geht in kleinen Schritten vor sich, denn die Abwehr wacht auch weiterhin über die Bewusstseinsinhalte. Sie lässt in der Regel immer gerade soviel ins Bewusstsein hineinsickern, wie ein Mensch aushalten kann. Sobald jemand jedoch einen solchen Prozess eingeleitet hat, ist er auf dem Weg, ein liebesfähiger Mensch zu werden.

Unbewältigter Ödipuskomplex

Angesichts der überaus schwierigen Aufgabenstellungen scheint es geradezu an ein Wunder zu grenzen, wenn der Ödipuskomplex überhaupt von jemandem vollständig bewältigt werden kann. Es gibt tatsächlich viele Menschen, denen dies nicht gelingt.

Die ödipalen Entwicklungsaufgaben lassen sich mit einer hohen Sanddüne vergleichen, die diese Menschen – entweder infolge mangelnder Kraft oder aufgrund von zu schwerem Ballast und zu großen Hindernissen – nicht überwinden können. Sie rutschen quasi vor Erreichen des Kamms immer wieder zurück. Das heißt: Sie bleiben in einer Region stecken, ohne weiter voranschreiten zu können.

Oft sind es gerade diejenigen, die von Beginn ihres Lebens benachteiligt sind. Denn zunächst müsste erst einmal die vorödipale Entwicklung eines Kindes optimal verlaufen sein, weil ansonsten wichtige Reifungsschritte fehlen, die den Boden für das Austragen der ödipalen Konflikte bereitstellen. Kinder, denen es an den entsprechenden Voraussetzungen fehlt, begegnen dem Ödipuskomplex nur mit gebrochener Kraft.

In vielen Fällen ist anzunehmen, dass die unbewältigten ödipalen Konflikte der Eltern eine vorrangige Rolle spielen. Denn auch ihre Kinder, die nun ihrerseits nicht den Ödipuskomplex bewältigen können, werden später Eltern, die ihren Kindern wiederum nicht dazu verhelfen können. Scheitern werden also diejenigen Kinder, deren Eltern – statt unterstützend zu begleiten – aktiv zur Verhinderung beitragen. So ist vorstellbar, dass sich der gegengeschlechtliche Elternteil tatsächlich verführerisch verhält. Das geschieht in der Regel immer dann, wenn die Paarbeziehung der Eltern unbefriedigend ist. Ein Elternteil

126

sucht sich dann im Kind einen Ersatzpartner. Nicht selten wird man bei dieser Konstellation sexuellen Missbrauch vorfinden.

Abgesehen von den psychischen Verletzungen, die solches Elternverhalten hervorruft, wird das Kind zusätzlich in die Falle gelockt. Da es in der ödipalen Dreieckssituation quasi zum (Schein-) Sieger erklärt wird, wird ihm kein Verzicht auf die ödipale Liebe abverlangt. Das Kind bleibt in diesem Entwicklungsstadium stecken. Da es sich nicht den – zur Überwindung notwenigen – Herausforderungen stellen muss, kann es die für sein künftiges Leben so bedeutsamen Reifungsschritte nicht vollziehen. Zudem bleiben die aus der ödipalen Situation resultierenden Schuldgefühle sowie die Angst vor Vergeltung unverarbeitet.

Es lassen sich zahlreiche andere Familienkonstellationen vorstellen, die jeweils entsprechende Folgen nach sich ziehen. Wenn beispielsweise die Beziehung zur Mutter nicht liebevoll ist, hegt ein kleines Mädchen die Hoffnung, der Vater werde ihr die vermisste Liebe geben. Das Mädchen wird auf diese Weise in besonderem Maße abhängig von der Liebe des Vaters. Unter diesen Umständen kann es nicht auf die ödipale Liebe zu ihm verzichten, zumal sie bei der Bewegung zurück zur Mutter psychisch ins Leere fallen würde.

Das Kind würde später als Frau vielleicht von der Liebe anderer Männer abhängig werden, um ihre psychische Balance zu finden. Die unverarbeiteten Schuldgefühle gegenüber der Mutter sowie die Ängste vor deren Vergeltung werden bei einer solchen Frau vermutlich Selbstbestrafungstendenzen erzeugen. Unbewusst wird sie sich jede befriedigende Partnerschaft versagen. Als Ergebnis kann man sich eine Femme fatale vorstellen, die immer wieder Männer erobern will, und diese – sobald sie sie erobert hat – von sich weisen muss. Ihr selbst bleiben die Zusammenhänge undurchsichtig; doch ihr Leidensweg ist damit vorgezeichnet. Ist die Vaterbeziehung hingegen unbefriedigend, so hat dessen Zurückweisung tiefgreifende Auswirkungen auf das Selbstwertgefühl und die psychosexuelle Entwicklung eines Mädchens, was ebenfalls die spätere Beziehungsfähigkeit stark beeinträchtigen kann.

Für Jungen gilt das natürlich gleichermaßen. Wenn diese nicht auf ihre ödipale Liebe zur Mutter verzichten können, resultiert daraus eine genauso ernsthafte Störung. Auch Mütter können in ihren Söhnen einen Ersatzpartner sehen. Für ihre unbefriedigende Partnerschaft machen diese Frauen meist den Vater verantwortlich, den sie womöglich offen oder hinter dem Rücken beschimpfen und verhöhnen.

Der Junge sieht in diesem Fall keine Notwendigkeit, mit seinem Vater zu rivalisieren. Er übernimmt vielmehr die – von der Mutter ausgehende – Verachtung. Die erforderliche Identifizierung mit ihm bleibt aus. Das aber hat wiederum zur Folge, dass der Junge in dem unbewältigten Prozess stecken bleibt. Das Erreichen einer reifen männlichen Geschlechtsidentität wird auf diese Weise verhindert. Stattdessen bleibt der an die Mutter gebundene Sohn auf der psychischen Ebene ein kleines Kind. Er kann die für dieses Entwicklungsstadium typischen Allmachtsphantasien nie aufgeben. Das hat natürlich fatale Konsequenzen für sein späteres Verhalten in Partnerschaften.

Es gibt eine ganze Reihe von weiteren Varianten, durch die es zu einem Stillstand oder Abbruch des ödipalen Prozesses kommen kann. Da es in diesen Fällen zu keiner inneren Aussöhnung mit dem gleichgeschlechtlichen Elternteil kommt, bleiben massive Schuldgefühle und diffuse Ängste zurück. Die Folge ist oft eine Regression, das heißt ein Zurückfallen auf ein früheres Entwicklungsniveau. Da der Ödipuskomplex wesentlich zur Entwicklung des sexuellen Identitätsgefühls beim Kind beiträgt, bleibt ein Mensch im ungünstigsten Fall in psychosexueller Hinsicht auf dem Niveau eines Kindes stehen. Hiervon bleibt unberührt, dass jemand aus kognitiver Sicht »weiß«, dass er ein Mann oder eine Frau ist.

In seiner äußeren Erscheinung mag er – oder sie – besonders männlich – oder besonders weiblich – wirken und von daher sogar eine außerordentliche Wirkung auf das jeweils andere Geschlecht ausüben. Das liegt daran, dass diese Menschen oft gerade versuchen, ihre innere Unreife durch äußere Attribute zu kompensieren. Dieser Umstand ist ihnen nicht bewusst.

In der Regel wissen Menschen nicht, wenn sie wesentliche Entwicklungsschritte nicht bewältigten konnten. Fehlende Erinnerungen an das ödipale Geschehen mögen der Unlösbarkeit der Konflikte geschuldet sein. Je konfliktreicher die einstigen Er-

128

fahrungen, desto vollständiger wird der gesamte Komplex verdrängt.

Die Erfahrungen aus der ödipalen Phase haben großen Einfluss auf das spätere Leben, denn sie werden in der Partnerschaft aktualisiert. Das heißt, im Partner wird immer der einstige ödipale Liebespartner wiedererlebt. Menschen, deren erste Liebe in einer positiven Bindung beantwortet worden ist, stellen später ebenso positive Bindungen her. Entsprechendes gilt, wenn die Kindheit von negativen Bindungen geprägt war.

Bei besonders abträglichen Erfahrungen, in denen oft Misshandlungen und Missbrauch eine Rolle spielen, entscheidet das Ausmaß der Schwere über die späteren Folgen. In zahlreichen Fällen wird das Eingehen einer Partnerschaft überhaupt erschwert. Schließlich wird in jeder Partnerschaft die ödipale Situation reaktiviert, das heißt in diesem Fall, dass längst verdrängte Traumata wieder durchlitten werden.

Ähnliches gilt für jene Menschen, die sich grundsätzlich nicht tiefer auf eine Beziehung einlassen können. Die Nähe zu einem anderen Menschen würde alte Gefühlskomplexe wieder wachrufen. Hieraus leitet sich auch das scheinbar irrationale Bedürfnis her, sich als Geliebte oder Liebhaber einem bereits gebundenen Partnern anzubieten.

Aber auch in bestehenden »normalen« Beziehungen, die von Beginn an unbefriedigend verlaufen, spielen häufig ödipale Komponenten eine verhängnisvolle Rolle. Wenn es jemandem als Kind beispielsweise nicht gelungen ist, die phantasierte Liebesbeziehung zum Elternteil aufzugeben, dann kann er seine Liebesgefühle später nicht auf einen anderen erwachsenen Partner übertragen. Die Bindung an den gegengeschlechtlichen Elternteil ist oft noch zu stark. Der gegenwärtige Partner wird fortwährend – unbewusst – mit diesem verglichen. Da die Bindung an den gegengeschlechtlichen Elternteil in diesen Fällen immer ambivalent war, wird es bei der späteren Bindung an einen Partner ebenso sein. Das heißt, auch zum gegenwärtigen Partner wird sich eine Hass-Liebe entwickeln.

Andere Betroffene wiederum können dazu neigen, sämtliche Beziehungen zu sexualisieren. Sie geben sich oft als sexuell besonders triebhaft. Dahinter verbirgt sich allerdings eher ein Abwehrmanöver im Sinne einer Flucht nach vorn. Diese Menschen versuchen, potentielle Partner einzuschüchtern. Denn eine stabile Beziehung können sie sich nur zu einem asexuellen Partner vorstellen, der nicht an den Ödipuskomplex rührt, sondern diese Konflikte eher entschärft.

Manche wiederum sind sexuell nur beziehungsfähig mit einem Partner, der mit dem gegengeschlechtlichen Elternteil nichts gemein hat. In diesem Fall fehlt es jedoch an der nötigen Resonanz, das heißt, die ursprünglich erlebten sinnlichen Gefühle bleiben möglicherweise aus.

Es ist zwar durchaus möglich, dass sich Partner – trotz bestehender Reifungsdefizite – halbwegs konfliktfrei in einer Partnerschaft arrangieren können. In der Regel wird es jedoch eher zu Beziehungsstörungen kommen. Und diese sind meist mit Leiden verbunden. Vor allem wird die hoffnungsvolle Erwartung enttäuscht, sich in der Partnerschaft von allen Ängsten und Konflikten erlösen zu lassen. Meist geben sich die Partner – irrtümlich – gegenseitig die Schuld für das Versagen. Sie glauben insgeheim, bei einem anderen Partner das zu finden, was der jetzige verwehrt.

Unbefriedigende Beziehungen in der Krise: Falldarstellungen

Wenn Partner, die ohnehin in einer unbefriedigenden Beziehung leben, auch noch in ernsthafte Krisensituationen geraten, dann können sich all die negativen Gefühle, die bisher unterdrückt wurden, explosionsartig entladen. Jahrelang verspürte Unzufriedenheiten, die allein dem Partner angelastet wurden, brechen dann sturzbachähnlich hervor. Deshalb unterscheiden sich unbefriedigende von befriedigenden Beziehungen oft durch die Vehemenz, mit der die dann ausbrechenden Kämpfe ausgetragen werden.

In der Krisensituation wird eine früh erlebte Verzweiflung wieder aktiviert. Der Partner wird jetzt als jemand wahrgenommen, der einem nur Böses will. Das heißt, der Partner wird als Täter identifiziert, während sich der Betroffene selbst als Opfer sieht. Fragt man die Partner nach harmonischen Zeiten, so kön-

130

nen sie sich an keine längeren Episoden der Harmonie erinnern. In der Krise wird ihnen bewusst, dass es schon immer Spannungen gegeben hat.

Meist herrschte bei ihnen ohnehin schon ein Mangel an wesentlichem Austausch. Hilflose Versuche, jetzt endlich zu einer offenen Kommunikation überzugehen, verschärfen oft die Konflikte nur noch, weil eben unbewusste Konflikte in das aktuelle Beziehungsgeschehen hineinragen. Wenn es dann während eines Streitgesprächs zur »uneingeschränkten Aufrichtigkeit« kommt, verbirgt sich dahinter oft nichts anderes als der Wunsch, dem anderen einen Schlag zu versetzen.

Die positiven Anteile, die es in der Beziehung dieser Partner durchaus gegeben hat, werden im Verlauf der Krise vollends verschüttet. Damit schwindet die gegenseitige Anziehung; möglicherweise werden dann alternative Partner attraktiver.

Wenn ein Partner dann spürt, dass der andere ausscheren will, wird seine Verlustangst auf den Plan gerufen. Überhaupt bekommen Menschen, denen von jeher nicht viel Zuneigung entgegengebracht wurde, in Konfliktsituationen schnell Angst. Sie haben kein Vertrauen in ihren Partner. Und sie haben vor allem auch nicht gelernt, Auseinandersetzungen konstruktiv zu führen. Deshalb versuchen manche von ihnen, allen Konflikten aus dem Weg zu gehen – dies vor allem, um ihre Verlustängste nicht aufkommen zu lassen.

Bei vielen kann deshalb jahrzehntelang eine Krise schwelen, ohne dass es je zu einer wirklichen Auseinandersetzung kommt. Diese Menschen verbringen ihr Leben in einer sich zunehmend zersetzenden Partnerschaft, die irgendwann gänzlich abgestorben sein wird. Wenn sich unter diesen Umständen ein Partner tatsächlich mit einer anderen Person verbindet, verkennt der allein Zurückgebliebene, dass er – als ein Teil der ursprünglichen Beziehung – gleichermaßen zu dieser Entwicklung beigetragen hat.

Aus der Not heraus
Carina C. und Edwin D., ein unverheiratetes Paar, kamen zur Beratung, weil sie Hilfestellung bei einer wichtigen Entscheidung benötigten. Denn obwohl Carina bereits »ihre biologische Uhr ticken hörte«, konnten sich beide – trotz grundsätzlichem Kinderwunsch – nicht für ein

gemeinsames Kind entscheiden. Als äußeren Grund für ihr Schwanken gaben sie Zeitmangel an. Beide waren beruflich sehr engagiert: Sie war vielbeschäftigte Architektin und er war als Eigentümer einer Boutique für Herrenmode unabkömmlich.

Jeder von ihnen hatte noch seine eigene Wohnung; doch sie besuchten sich oft wechselseitig. Sie hatten sich vor sechs Jahren in einer Tanzschule kennengelernt. Edwin hatte damals vergeblich auf seine Tanzpartnerin gewartet. Carina war allein gekommen und hatte keinen Tanzpartner. Also haben sie beide miteinander getanzt. »Aus der Not heraus hat er mich genommen!«, sagte Carina noch heute.

Die erste Begegnung mit Edwin war demnach für Carina überschattet. Sie fühlte sich damals als »Notnagel«. Und es ist ihr in den sechs Jahren ihres Zusammenseins nicht gelungen, diesen Eindruck zu revidieren. Noch heute warf sie ihm vor, nur ein Ersatz für ihn gewesen zu sein. Carina beklagte, nie von Edwin das Gefühl bekommen zu haben, dass er wirklich sie meine. Dies um so weniger, als Edwin darauf bestand, sich auch weiterhin mit seinen Freundinnen zu treffen, die alle sehr viel jünger waren als sie. Sie fühlte sich dadurch gekränkt und reagierte mit Eifersucht. Edwin hingegen wollte nicht auf die Treffen mit den jungen Frauen verzichten. Schließlich hätten diese – aus seiner Sicht – nicht das Geringste mit seiner Beziehung zu Carina zu tun.

Die Situation in der Paarberatung: Es gab keine akute Krise, die ein bisheriges harmonisches Miteinander unterbrochen hätte, welches mit Hilfe der Beratung in den ursprünglichen Zustand zurückgeführt hätte werden können. Vielmehr krankte die Beziehung von Carina und Edwin von Anfang an – und zwar aufgrund von »Fehlhaltungen« beider Partner.

Sie waren zwar beide erfolgreich im Berufsleben, was ihnen eine gehobene Stellung in der Gesellschaft und einen entsprechenden Lebensstandard ermöglichte, aber im zwischenmenschlichen Bereich waren sie stark beeinträchtigt. Wie sich allein aus ihrem Anliegen ablesen ließ, hatten sie sich bisher nicht wirklich füreinander entschieden.

Das zeitweilige Nein zum Kind war das jeweilige Nein zum Partner. Edwin erklärte zwar, das Nein gehöre allein zu Carina. Er wusste nicht, dass ihr Nein auch sein Nein bedeutet. Man kann nämlich davon ausgehen, dass solche grundlegenden Haltungen in der Regel immer auf das Paar verteilt sind. Es scheint nach außen hin oft nur so, als befinde sich nur ein Partner in der extremen Position. Dem anderen, der in der Vorwurfshaltung verharrt, entgeht, dass ein Teil davon auch zu ihm gehört.

Im Mittelpunkt der Konfliktsituation von Carina und Edwin stand die fehlende Selbstachtung. Hätte sie sich selbst mehr Wertschätzung

132

entgegen bringen können, dann wäre es ihr gar nicht möglich gewesen, sich über einen Zeitraum von sechs Jahren als »Notnagel« zu fühlen.

Und wenn er genügend Wertschätzung für sich aus sich heraus hätte schöpfen können, dann hätte er sich nicht neben seiner Partnerschaft regelmäßig mit anderen Frauen treffen müssen, um sich von ihnen das geben zu lassen, was ihm in seinem Inneren fehlt. Dann hätte er Carina mit diesem Verhalten nicht noch zusätzlich verunsichern müssen. Beide hätten dann möglicherweise mit einem uneingeschränkten Ja aufeinander zugehen können.

Es galt demnach, bei beiden zunächst ein Problembewusstsein für ihre fehlende Selbstachtung – und den daraus resultierenden subtilen Abwertungen des Partners – zu entwickeln. Fehlende Selbstachtung ist allerdings kein isoliertes Phänomen. Denn die Ursachen, die zu diesem Problem führen, bewirken immer auch Einschränkungen in anderen Bereichen.

Deshalb hatten die beiden Probleme, sich wirklich nahe zu kommen. Vor allem aber litten sie – ohne dass sie dies konkret hätten benennen können – unter ihrer grundsätzlich eingeschränkten Liebesfähigkeit. Um hier eine wirkliche Veränderung zu erzielen, wäre eine Einzeltherapie für jeden von beiden notwendig gewesen. In den Beratungsstunden konnte zumindest versucht werden, die wechselseitige subtile Verachtung zu unterbrechen.

Denn wie sich offenbarte, rächte sich Carina an Edwin, indem sie ihn mit subtiler Geringschätzung kränkte. Die Kränkungen, die sie ihm wegen seines »einfachen Berufs als Verkäufer« zufügte, waren der Akademikerin überhaupt nicht bewusst. Und er glaubte sich dadurch umso mehr auf die Bewunderung anderer Frauen angewiesen und traf sich zeitweise sogar täglich mit ihnen.

Das Beziehungsgeschehen der beiden ließ sich etwa auf die folgende Formel bringen: Carinas unausgesprochene Haltung war: Ich verachte dich, weil du mir kein Gefühl der Sicherheit vermitteln kannst und dich stattdessen mit jungen Frauen triffst, um dir von ihnen Bewunderung zu holen. Edwins Antwort darauf war: Ich kann dich gar nicht achten, weil du mich verachtest. Und nur deshalb muss ich mir die fehlende Achtung von den jungen Frauen holen. Edwins unausgesprochene Haltung hingegen war: Ich verachte dich, weil du mir nicht die Bewunderung gibst, die ich brauche. Carinas Antwort darauf war: Ich kann dich gar nicht bewundern, weil du mich verachtest. Und nur deshalb muss ich dich ständig subtil herabsetzen.

Zunächst gab es auf beiden Seiten keinerlei Einsicht in dieses Geschehen. Und deshalb konnte keiner seine Haltung gegenüber dem anderen verändern. Obwohl beide sehr unter dem Verhalten des jeweils anderen litten, konnte keiner von beiden auch nur das geringste Mitgefühl für den anderen aufbringen.

Das ist zunächst gar nicht möglich. Denn wie sollte jemand Mitgefühl für den Verursacher seines eigenen Schmerzes aufbringen? Andererseits führt nur dieser Weg aus der kritischen Situation heraus. Deshalb ist in den seltensten Fällen eine Veränderung ohne professionelle Hilfe möglich.

Zunächst musste bei den Ratsuchenden ein Bewusstsein für den jeweils eigenen Beitrag geschaffen werden. Dazu muss deren Blick immer wieder behutsam auf die jeweils eigene Person gelenkt werden. Das ist oft ein zäher Prozess, denn es ist sehr belastend, sich mit den eigenen Defiziten und deren Ursachen zu beschäftigen. Es ist schmerzloser, dem anderen die alleinige Schuld zuzuweisen. So behindern die Abwehrmechanismen immer wieder das Fortschreiten des Erkenntnisprozesses.

Das Ziel jedoch war klar definiert: Während am Anfang eine Vorwurfshaltung gegenüber dem Partner stand, sollte gegen Ende der Beratung die Erkenntnis stehen, dass auch eigene Anteile gleichermaßen zum Konflikt beigetragen haben. Erst in einem länger währenden Prozess konnte bei Carina und Edwin ein Gefühl für ihre jeweils eigene Fehlhaltung erarbeitet werden. Dadurch konnte ganz allmählich Mitgefühl für den anderen entstehen.

Carina gelang im Verlauf der Beratung mehr und mehr zu der Überzeugung, dass Edwin sie – und nur sie allein – als seine Partnerin ansah und nur sie als Partnerin haben wollte. Das war für die schöne, intelligente Frau zunächst ein schwieriges Unterfangen. Nur allmählich gelang ihr die Erkenntnis, dass er sich die ihm in der Partnerschaft fehlende Bewunderung bei den jungen Frauen, die den gutaussehenden Mann anhimmelten, holen musste. Edwin wiederum gelang es, anzuerkennen, dass Carina ihn als Partner wollte und deshalb sehr wohl auch all die positiven Attribute in ihm sah, die die jungen Frauen bei ihm wahrnahmen.

In angeleiteten Partnerübungen konnten sie sich gegenseitig positiv bestätigen und dem anderen mitteilen, was er für sie bedeutet. Insgesamt entspannte sich das Verhältnis sehr deutlich. Beide waren bei Abschluss der Beratung viel mehr aufeinander bezogen und dadurch zufriedener mit ihrer Partnerschaft. Ich habe Carina anderthalb Jahre später in einem Straßencafé gesehen. Sie hielt ein Baby auf dem Schoß.

134

Er kann's nicht lassen

Doris K. kam zur Paarberatung, weil sie an ihrem Mann Frank verzweifelte. Ihren Schilderungen zufolge nutze er jede Gelegenheit aus, um mit anderen Frauen zu flirten. Auf Partys tanze er unentwegt mit anderen, und es sei schon vorgekommen, dass er sich in ihrem Beisein mit anderen Frauen geküsst habe.

Hinterher sei er reumütig. Dann versichere er seiner Frau, dass diese »Eskapaden« überhaupt nichts zu bedeuten haben. Doch Doris fühlte sich sehr verletzt. Sie verstand einfach nicht, weshalb er sie permanent betrog, zumal ihr Sexualleben nach ihrer Einschätzung befriedigend verlief.

Über Franks Hintergrund berichtete Doris, dass dieser bereits 25 Jahre mit einer anderen Frau verheiratet gewesen ist. Er war bereits 50 Jahre alt, als Doris – damals 35 Jahre alt – ihn auf einer Tagung kennenlernte. Frank beklagte sich damals bei ihr, dass seine Frau seit Jahren sexuell nicht mehr aktiv sei. Sie leide an Depressionen und habe mehrere Klinikaufenthalte hinter sich.

Er gestand Doris, dass er seine Frau aus den genannten Gründen immer wieder betrogen hat. Doris, die zuvor nur kurzlebige Beziehungen hatte, brachte großes Verständnis für ihn auf. Sie kamen sich schnell näher. Sie heirateten, sobald seine Scheidung vollzogen war.

Doch nun war Doris selbst Franks Ehefrau, und damit diejenige, die immer wieder von ihm betrogen wurde. Besonders schlimm sei es geworden, seitdem Frank sein kurzes graues Haar länger trug. Da er Naturlocken hat, sah er nach Meinung von Doris plötzlich wie ein »Filmschauspieler« aus. Das machte ihn nach ihrer Überzeugung anziehend für jede Frau. Zum Beweis zeigte sie mir ein Foto von ihm.

Die Angst, Frank womöglich – wie ihre Vorgängerin – gänzlich an eine andere Frau zu verlieren, führte dazu, dass Doris begann, ihn zunehmend zu kontrollieren. Wiederholt sei sie in späten Abendstunden zur Pharmafirma, in der er arbeitet, gefahren. Sie habe sich am Pförtner vorbeigeschlichen und dann das Büro ihres Mannes nach Hinweisen durchsucht. Tatsächlich fand sie offensichtliche Eintragungen in seinem Terminkalender.

Besonders belastend für Doris war, dass Frank ihr seit einigen Monaten keine Seitensprünge mehr gestanden hatte. Er leugnete plötzlich alles ab. Aber Doris war sich sicher, dass er log. Auf diese Weise verstärkten sich ihre Ängste und ihr Misstrauen noch mehr. Doris wollte wissen, was sie falsch macht. Sie bat um genaue Instruktionen, wie sie sich verhalten muss, damit Frank sein treuloses Verhalten unterlässt.

Die Situation in der Paarberatung: Auch in diesem Fall handelt es sich um keinen reinen Paarkonflikt, das heißt, es gibt keinen Konflikt, der aus dem Zusammenleben der Partner entstanden ist. Vielmehr konnte aufgrund der Schilderungen von Doris angenommen werden, dass die Untreue von Frank in seiner Persönlichkeitsstruktur verankert ist. Das bedeutet, sein forsches Flirtverhalten und seine Untreue mussten eine tiefere Ursache haben.

Deshalb war es zunächst wichtig, Doris über das Wesen von Untreue im Allgemeinen aufzuklären. Ihr fehlendes Verständnis dafür und die daraus hervorgehende Wut hatten in der Vergangenheit schon zu kritischen Auseinandersetzungen geführt.

Gerade in der letzten Zeit hatte Doris immer öfter den Impuls, Frank wegen seiner Treulosigkeit anzugreifen. Sie stellte sich moralisch über ihn und forderte auch von ihm moralische Grundsätze ein. Diesbezüglich musste ihr erklärt werden, dass ihn solche Forderungen nur immer mehr entfremden würden. Ein erstes Anzeichen dafür war die fehlenden Offenheit, die sich durch das Leugnen seiner Seitensprünge bemerkbar machte. Doch scheinbar blieb ihm keine andere Wahl, zumal er selbst keine ausreichende Erklärung für sein Verhalten hatte. Der gegen ihn geführte Kampf hätte zum völligen Zusammenbruch der Beziehung führen können, so dass ihre Verlustängste zu einer sich selbst erfüllenden Prophezeiung hätten führen können.

Ihr eigentliches Anliegen konnte ihr natürlich nicht erfüllt werden, denn es gibt schlichtweg keine Verhaltensanweisungen für betrogene Ehefrauen. All die Ratschläge, die zuweilen von Reizwäsche bis hin zu Schönheitsoperationen reichen, aber auch die, die sich auf Verhaltensrichtlinien beziehen, sind sämtlich ungeeignet. All das wären Aufforderungen zur Manipulation. Und mithilfe von Manipulationen lassen sich keine wirklichen Änderungen herbeiführen.

Neben der Aufklärung brauchte Doris jedoch dringend die Versicherung, dass die Untreue nichts mit ihrem Aussehen, ihrer sexuellen Attraktivität oder sonstigen Attributen ihrer Person zu tun hatte. Erst dadurch konnte ihr der Druck genommen werden, der durch die verzweifelte Suche nach einer Ursache in ihrer Person entstanden ist.

Um ihre Beziehung zu retten, war es erst einmal wichtig, es gar nicht erst zu weiteren Vorhaltungen kommen zu lassen. Doris begriff, dass all die Opferhaltungen, Schuldzuweisungen und Vorwürfe sowieso ohne Wirkung blieben. Gerade Vorwürfe wären ja nur dann gerechtfertigt, wenn der treulose Frank es bewusst und gewollt darauf angelegt hätte, Doris weh zu tun. Das aber, so hat er wiederholt beschworen, wollte er auf keinen Fall.

Doris musste zunächst versuchen, ihn nicht weiterhin als Gegner wahrzunehmen. Denn selbst bei der neurotischen Untreue hilft nur Verstehen. Und das wiederum setzt ein Begreifen der Zusammenhänge voraus.

Aus psychoanalytischer Sicht war anzunehmen, dass Frank im Inneren noch stark an seine Mutter gebunden war. Solche ungelösten Bindungen an einen Elternteil werden später meist auf den Partner übertragen, zumal beide Beziehungen im Erleben der Betroffenen viele Parallelen aufweisen. Hierbei handelt es sich um einen unbewussten Vorgang. Es geht dabei nicht um die Wiederherstellung der einstigen Elternbeziehung als solche. Vielmehr werden mit einer solchen Übertragung die Voraussetzungen geschaffen, eine noch nicht vollzogene Ablösung nachzuholen.

Das bedeutet nun aber keineswegs, dass nur Frank Hilfe brauchte. Denn schließlich war Doris als hilfesuchend in die Beratung gekommen. Gerade wenn Partner allein in die Beratung kommen, versuchen sie oft, den anderen »therapieunwilligen« Partner als »Patient« zu beschreiben, während sie sich selbst lediglich als Leidtragende darstellen. Wie ich jedoch im Zusammenhang mit der Partnerwahl ausgeführt habe, gibt es in der Regel eine Entsprechung beim scheinbar »Normalen«, auch wenn er nach außen hin noch so symptomfrei erscheint.

Es ist zwar durchaus nachvollziehbar, dass Doris unter der Untreue ihres Mannes litt und die Störung ihrer Beziehung allein von ihm ausgehend beurteilte. Doch musste es bei ihr – den »Gesetzen der Partnerwahl« zufolge – eine Entsprechung geben. Es war davon auszugehen, dass die für Frank beschriebene – unbewusste – Dynamik auf Doris gleichermaßen zutraf. Deshalb musste der Fokus, den sie ausschließlich auf sein treuloses Verhalten gerichtet hatte, nun wiederum behutsam auf ihre Person gelenkt werden.

Doris musste sich die Frage stellen, was sie aus ihrem eigenen Innern in Franks Verhalten gespiegelt sah. In Verlaufe der Beratung wurde ihr bewusst, dass sie eine »Vater-Tochter« war, die sich bisher nicht wirklich von ihrem Vater gelöst hat.

Unbewusst hatte sie sich einen – 15 Jahre älteren (!) – Mann mit der gleichen Problematik gesucht, um offenbar ihrerseits den versäumten Entwicklungsschritt mit ihm nachholen zu können. Denn indem er immer wieder versuchte, sich von seiner Frau, die für ihn unbewusst die Mutter repräsentierte, zu lösen, schaffte er die Dreieckssituation, die auch Doris für ihren bisher unbewältigten Entwicklungsschritt benötigte.

Sobald er nämlich mit einer anderen Frau intim wurde, nahm Doris – unbewusst – die Rolle des Kindes ein. Dann kam der Wunsch auf, sich von ihm, den sie nun – unbewusst – in der Rolle des Vaters wahrnahm, zu trennen. Auf diese Weise hatte sich ihre unbewältigte Entwicklungsaufgabe in ihrer Beziehung bemerkbar gemacht, um doch noch abgeschlossen zu werden.

Die Erkenntnisse, die Doris im Verlauf der Beratung gewinnen konnte, entlasteten sie sehr. Sie konnte seine »Eskapaden« nun gelassener hinnehmen. Damit trat sie quasi aus der Rolle der »bösen Mutter« heraus. Und diese einschneidende Veränderung blieb nicht ohne Wirkung auf Seiten ihres Partners. Die Beziehung entspannte sich merklich. Vor allem stand Frank in der Öffentlichkeit jetzt mehr zu ihr. Ihr wurde für den Fall erneut auftretender Belastung empfohlen, eine Einzeltherapie bei einem Mann zu beginnen und mit ihm ihre Vaterproblematik durchzuarbeiten.

Ich schaue auf dich herab, um mich besser zu fühlen
Simone und Günter G. kamen wegen »ständiger Streitereien« in die Paarberatung. Auch sie hatten keine akute Krise, aber ihre zunehmend heftiger werdenden Auseinandersetzungen, so erklärten sie, würden sie inzwischen zermürben.

Sie waren kinderlos im vierten Jahr verheiratet. Wann die Streitereien angefangen hatten, konnte keiner von ihnen sagen. Auffallend war, dass Günter die Äußerungen seiner Frau schon im Vorgespräch oft korrigierte. Er vermittelte den Anschein, als halte er sich für den Vernünftigeren von beiden. Und er beklagte ausdrücklich, dass Simone immer viel zu emotional reagiere. Da Simone die Maßregelungen langmütig hinnahm, entstand der Eindruck, dass sie sich ihm unterworfen hat und nun zu ihm aufblickt.

Auf jede Frage, die ich an beide richtete, brach ein Streit zwischen ihnen aus. Eine konkrete Antwort war dadurch nicht zu erhalten. Es fiel mir schwer, die beobachtende Distanz einzuhalten. Vor allem weckte Günter mit seinem Verhalten den Impuls in mir, einzuschreiten und seine Frau in Schutz zu nehmen.

Normalerweise habe ich nach einem Vorgespräch mit den Ratsuchenden immer ein ungefähres Bild von deren Problematik. Bei Simone und Günter G. war dies erstmalig nicht der Fall. Das heißt, nach der Sitzung wusste ich überhaupt nicht, was deren eigentliches Problem war. Ich tappte völlig im Dunkeln.

Ein unangenehmes Gefühl von Inkompetenz blieb zurück. Dieses Gefühl war mir fremd. Deshalb konnte ich darin eine wesentliche Bot-

138

schaft erkennen: Denn immer dann, wenn jemand auf andere mit einem bisher unbekannten Gefühl reagiert, kann angenommen werden, dass sich darin eine wichtige Information verbirgt.

Gleich zu Beginn der nächsten Sitzung stellte ich die Frage, ob die Themen »Kompetenz – Inkompetenz« und »Wertigkeit« eine Rolle bei ihnen spielen könnten. Sie nickten beide kräftig und bestätigten meine Mutmaßung.

Dadurch konnten wir an diesem Punkt ansetzen. Vorsorglich hatte ich für beide eine Skala mit den Zahlen 1 bis 100 vorbereitet. Ich bat sie nun, ein Kreuz bei der Zahl zu machen, bei der sie ihre eigene Wertigkeit einstufen. Anschließend sollten sie ein andersfarbiges Kreuz auf der Stufe einzeichnen, auf der sie ihren Partner einschätzen.

Als sie, ohne lange überlegen zu müssen, ihre Kreuze gesetzt hatten, zeigten sie mir ihre Listen. Da Günter auch weiterhin nicht davon abließ, Simone zu maßregeln, war zu vermuten, dass er sich weit über ihr stehend einschätzt. Und richtig: Er hatte sich selbst bei 80 eingetragen und seine Frau auf 35 eingestuft. Das ergab etwa das Bild, welches er ganz offenkundig demonstrierte. Insofern brachten seine eingetragenen Markierungen keine wirkliche Überraschung.

Die wahre Überraschung folgte allerdings durch Simones Skala: Sie hatte sich bei 96 eingestuft. Und ihn auf 18! Hatte es bisher so ausgesehen, als sei Günter mit seiner unaufhörlichen Abwertung der Auslöser für die Zwistigkeiten, so schien es nun, als setze er sich mit seinem Verhalten lediglich gegen Simones latente Entwertung zur Wehr. Und zwar, indem er es ihr mit gleicher Münze heimzahlte. Das heißt, ihre subtile, nach außen hin überhaupt nicht wahrnehmbare Abwertung führte dazu, dass er sich demonstrativ über sie erheben musste. Als wir die Ergebnisse besprachen, wurde beiden klar, weshalb sie so viele Probleme miteinander hatten.

Dann richtete ich mich mit der Frage an Simone, wie sie zu ihrer Einschätzung gekommen ist. Sie erklärte, dass sie Künstlerin sei. Ihre höhere Wertigkeit sah sie in ihrer Kreativität und Emotionalität. Damit konnte er als »einfacher Handwerker« ihrer Meinung nach nicht mithalten.

Allgemein kann hier zunächst an das erinnert werden, was bereits über das System Partnerschaft erörtert wurde. Obwohl beide Partner Probleme mit dem gleichen Thema haben, wird dieses meist nur bei einem sichtbar. Das heißt, einer von beiden hat es geschafft, die eigene Problematik abzuwehren und nach außen an den Partner abzugeben. Ein passendes Bild ist das des

Containers. Der beschwerdefreie Partner hat sozusagen seinen Ballast in den Container des anderen entsorgt.

In entsprechenden Fällen kann man demnach immer davon ausgehen, dass derjenige Partner, der sich über den anderen erhebt oder beschwert, meist auch mit genau diesem Thema ein Problem hat. So beklagte sich beispielsweise eine andere Ratsuchende bei mir, dass sie stark unter den seit Monaten andauernden Depressionen ihres Mannes leide. Überwiegend verbringe er die Zeit im Bett. Sie selbst gab sich dagegen sprühend und voller Leben.

Hätte man dieses Paar graphisch durch eine Wippe darstellen sollen, so saß sie hoch oben mit zum Himmel gestreckten Armen, während er mit hängendem Kopf auf dem Boden kauerte. Anhand eines solchen vorgestellten Bildes wird gleich anschaulich, dass hier etwas aus dem Gleichgewicht geraten ist. Als die Ratsuchende im Verlauf der Beratungssitzungen mit ihrer eigenen Depression in Berührung gebracht werden konnte, besserte sich daraufhin auch sofort die Situation des Mannes.

Eine ähnliche Dynamik konnte auch bei Simone und Günter erkannt werden. Indem sie innerlich auf ihn herabschaute, fühlte sie sich besser. Denn jetzt zeigte sich, dass die Künstlerin große Probleme mit dem Ausbleiben jeglichen Erfolgs hatte. Obwohl sie fleißig arbeitete, verfügte sie über kein eigenes Einkommen, so dass sie finanziell von Günter abhängig war.

Bisher hatte sie versucht, das Erleben ihres Misserfolgs abzuwehren. Im Schutz der Beratungssituation konnte sie sich nun ihre Enttäuschung mehr und mehr eingestehen. In dem Moment, da sie zu ihrem Schmerz stehen konnte, brauchte sie sich nicht mehr über Günter zu erheben. Und da sie sich nicht mehr über Günter erhob, brauchte er sie nicht mehr herabsetzen.

Ihre Beziehung entspannte sich merklich. Obendrein sah Simone nun plötzlich erstmals andere Wege, die sie in ihrem künstlerischen Schaffen gehen konnte. Das heißt jedoch nicht, dass Günter lediglich ein Reagierender gewesen ist. Auch auf seiner Seite gab es ein Selbstwertproblem. Möglicherweise hatte sich der »tüchtige Handwerker« deshalb eine »brotlose Künstlerin« zur Frau genommen.

Die Hölle – Unreife, destruktive Beziehungen

Für diese Gruppe wird es keinen Abschnitt geben, der sich mit Krisensituationen befasst. Denn die Partner in unreifen Beziehungen befinden sich eigentlich ununterbrochen in einer kritischen Situation. Das merken die Beteiligten allerdings nicht, weil sie vorübergehend immer wieder Zuflucht zu einer illusionären Vorstellungswelt nehmen. In dieser abgespaltenen Lebenswelt ist die Welt in Ordnung. Demgegenüber wird die Partnerschaft in Krisenzeiten von den Partnern als Hölle erlebt. Dadurch erleben die Betroffenen permanente Wechselbäder. In ihrem Erleben bewegen sie sich tatsächlich zwischen »Himmel und Hölle«. Dadurch entsteht eine suchtartige Abhängigkeit. Denn es wirkt wie ein »Kick«, wenn es von einem Moment zum anderen aus der »Hölle« aufwärts in den »Himmel« geht.

Das, was sich in diesen Beziehungen abspielt, ist zwar vergleichbar mit dem, was ich über die unbefriedigenden Beziehungen ausgeführt habe; allerdings ist hier alles viel extremer ausgeprägt. Bei jeder Kränkung, die den Partner tief verletzt, geht es auch hier um den Versuch, der eigenen Selbstentwertung zu entkommen, die meist bereits in Selbsthass umgeschlagen ist.

Dieser Selbsthass ist das Ergebnis fehlender Liebe. Er entwickelt sich im Kindesalter, weil sich ein Kind immer die alleinige Schuld für die Lieblosigkeit der Eltern gibt. Diese Kinder sind überzeugt davon, nicht gut genug zu sein, um geliebt zu werden. Auf diese Weise bleiben die Eltern im Erleben des Kindes die »Guten«. Und es selbst kann fortan Anstrengungen unternehmen, doch noch so gut zu werden, dass es von den Eltern geliebt werden kann.

In einer späteren Beziehung finden wiederum zwei Partner mit ähnlichen Erfahrungen zusammen. Bei beiden konnte sich die Liebesfähigkeit nicht entwickeln; statt dessen schwelt der untergründige Selbsthass. Dergestalt im Inneren deformiert, können sie sich wechselseitig nicht das geben, was sie vom anderen am dringendsten bräuchten. Also wird die einstige Verzweiflung wieder aktiviert.

Die Paarbeziehung wird dadurch von Beginn an durch Schuldzuweisungen und Aggressionen belastet. Das Ausmaß der Aggression entscheidet über den Grad der Destruktivität in der Partnerschaft.

Die Gemütszustände dieser Menschen sind überwiegend unerträglich und bei klarem Bewusstsein kaum auszuhalten. Das ist der Grund, weshalb sich in dieser Gruppe die meisten Suchtkranken finden lassen. Vor allem können sich diese Menschen nicht erklären, weshalb es ihnen so schlecht geht. Beim Vergleich mit anderen finden sie nämlich keine nennenswerten Unterschiede. Deshalb suchen sie verzweifelt nach einem Schuldigen. Einer muss doch schuld sein.

Und deshalb wird wiederum jemand gesucht, der für die Containerfunktion bereitsteht. Einen solchen Menschen finden sie nun in ihrem Partner. Ein Mensch, der nicht von diesen schweren – unsichtbaren – Deformierungen betroffen ist, würde sich dafür nicht hergeben. Er würde sofort Reißaus nehmen, sobald er spüren würde, dass ihm da etwas in die Schuhe geschoben werden soll, mit dem er nichts zu tun hat. Ihn würden zudem die übermäßigen Aggressionen und der Hass befremden.

Also können sich wiederum nur zwei Menschen zusammenschließen, die eine ähnliche Problematik haben. Sie werden wechselseitig versuchen, ihre hochexplosive Ladung beim anderen zu entsorgen.

Dem Geschehen liegen die einst verinnerlichten und nun verdrängten Bilder von den Bezugspersonen zugrunde, die – je nach deren Verhalten – entweder hochaggressiv oder sexualisiert sind. Die gegen den Partner gerichtete Aggression ist demnach eine Emotion, die schon aus dem eigenen Leben mitgebracht wurde. Letztlich verbirgt sich dahinter immer ein abgewehrter Schmerz. Nämlich der Schmerz, nicht geliebt worden zu sein.

Es gibt keine andere Beziehung, die den Menschen und seine psychische und körperliche Gesundheit so gefährdet wie eine destruktiv gewordene Paarbeziehung. Meist handelt es sich dabei um Misshandlungsbeziehungen.

Die Dynamik von Misshandlungsbeziehungen

Wenn ich im Folgenden von »Misshandlungsbeziehung« sprechen werde, so ist damit nicht das herkömmlich angenommene Bild einer Beziehung gemeint, in der ein Mann seine Partnerin schlägt, weil er damit angeblich seine Überlegenheit demonstrieren und ihr gegenüber Macht ausüben möchte. Auch sind mit der Bezeichnung »misshandelte Frau« nicht nur diejenigen gemeint, die – mit sichtbaren Misshandlungsspuren – Zuflucht in Frauenhäusern suchen. Diese – zuweilen Schlagzeilen füllenden – extremen Erscheinungsformen stellen nur einen, völlig verkannten, Ausschnitt eines häufig anzutreffenden Geschehens dar.

In den Beziehungen, von denen hier die Rede sein wird, kann es zwar zu körperlichen Übergriffen kommen, wobei diese meist – aufgrund der körperlichen Überlegenheit – vom Mann verübt werden. In den letzten Jahren hat sich jedoch die Erkenntnis durchgesetzt, dass in Misshandlungsbeziehungen auch Frauen diejenigen sein können, die gewalttätig werden. Es gibt inzwischen Untersuchungen, die zu dem Ergebnis geführt haben, dass die Gewalt gegen Ehemänner einen beachtlichen Teil von Misshandlungsbeziehungen ausmacht.

Dabei handelt es sich jedoch nur um eine mögliche Ausdrucksform in einem Geschehen, in dem sich die Partner *wechselseitig* größtmögliche – oftmals auch »nur« subtile – Verletzungen zufügen. Sieht man von einigen Ausnahmen – beispielsweise von denen mit tödlichem Ausgang – ab, so lassen sich im Grunde genommen zwischen den einzelnen Formen nur geringfügige graduelle Unterschiede erkennen.

Oft sind die Paare nach außen hin unauffällig und hinlänglich in die Gesellschaft integriert, so dass man auf den ersten Blick kaum gewahr wird, welche Kämpfe sie hinter ihrer Fassade ausfechten. Deshalb ist anzunehmen, dass diese Beziehungsform häufiger vorkommt, als dies bisher vermutet wird.

Unterhalb der Oberfläche, auf der die Rollen meist polar in Opfer und Täter aufgeteilt sind, ist eine Misshandlungsbeziehung jedoch gekennzeichnet durch wechselseitige Misshandlungen und unentschieden verlaufende Machtkämpfe. Die von den Frauen ausgehende Gewalt wird lediglich eher subtil eingesetzt und hinterlässt deshalb selten Blessuren. Verbale Gewalt, die sich in Demütigungen und Herabsetzungen äußert, ist in ihrer zerstörerischen Auswirkung sicher nicht weniger folgenschwer als körperliche Gewalt.

Darüber hinaus wird die gegen Männer gerichtete Gewalt vermutlich nicht gleichermaßen bekannt, weil die Betroffenen nicht an die Öffentlichkeit gehen. Es ist anzunehmen, dass sie aus Scham schweigen. Es ist ihnen unangenehm, sich eingestehen zumüssen, bereits als Kind das Opfer von Missbrauch geworden zu sein. Und nun finden sie sich erneut in der Rolle des Opfers wieder. Diese Demütigung ist – besonders für das Selbstverständnis eines Mannes in unserer Gesellschaft – kaum auszuhalten. Deshalb werden sich Betroffene davor hüten, hier auch noch Zeugen zuzulassen.

Unter anderem spielen ungelöste ödipale Konflikte eine Rolle in diesem Geschehen. Diese führen häufig zu vielfältigen masochistischen Mustern, zu beharrlicher Anhänglichkeit gegenüber unbefriedigenden Partnern und oft auch zur Unfähigkeit, überhaupt eine Beziehung einzugehen oder eine solche aufrechtzuerhalten. Hierzu gehören außerdem sämtliche Formen des sexuellen Missbrauchs.

Will man das so häufig vorkommende Missbrauchsgeschehen *verstehen*, dann muss man sich lediglich vor Augen führen, auf welchem psychosexuellen Niveau sich ein Missbrauchstäter befindet: Da er gewissermaßen die Sanddüne nicht erklimmen und überwinden konnte, ist seine Sexualität in psychischer Hinsicht auf dem Niveau eines Kindes stehen geblieben, das heißt, er ist in einem vor-ödipalen Entwicklungsstadium stecken geblieben.

In diesem Entwicklungsstadium kann ein Mensch die Generationsgrenzen noch nicht klar unterscheiden, das heißt, in seinem Erleben ist er manchmal groß, dann aber wieder klein. Entsprechend nimmt er andere Menschen wahr. In Phasen, in denen er sich als klein erlebt, fühlt er sich einem erwachsenen Partner gegenüber nicht gewachsen. Dann wendet er sich einem Kind zu. Diese Dynamik kann in Tiefeninterviews mit Sexualstraftätern sehr deutlich erkannt werden. So erklärte ein Sexual-

144

straftäter in einem Interview, ohne die Zusammenhänge zu kennen: »Für mich war det Kind keen Kind mehr jewesen!«[6]

Es gibt Familien, in denen ein Kind missbraucht wird, obwohl es nie in sexueller Weise berührt wird. So zum Beispiel, wenn es voyeuristisch verfolgt wird oder sexuellen Anspielungen ausgesetzt ist. Hierzu gehören auch andere subtile Botschaften, die sexuelles Interesse an ihm bekunden, ebenso wie ein begieriger Blick, den ein Kind durchaus von einem liebevollen unterscheiden kann.

Da solche Grenzverletzungen verdeckt geschehen und oft eingebettet sind in eine »liebevolle Beziehung«, sind sie für das Kind kaum einzuordnen. Es spürt lediglich die sexualisierte Atmosphäre. Das Zerstörerische hierbei liegt in der totalen Verwirrung des Kindes, denn es kann die ihm verschlüsselt zukommenden Botschaften nicht verstehen. Auf diese Weise kann ein Kind in seiner Persönlichkeit zutiefst verletzt werden.

Diese subtile Form sexuellen Missbrauchs findet sich häufig auch bei Müttern, die ihre Söhne als Ersatzpartner ansehen, weil sie sich einsam fühlen. Nicht selten wird es sich hierbei um Frauen handeln, die selbst als Kind sexuell missbraucht worden sind.

Der »typischen« Misshandlungsbeziehung liegt demnach eine sehr ernste Problematik zugrunde. Sie entsteht aufgrund der psychischen Verwüstungen, die in *beiden* Partnern zu finden sind. Die Beziehungsfähigkeit dieser Menschen ist durch vielfachen Missbrauch völlig zerstört worden. Bei denjenigen, die sexuell missbraucht wurden, nimmt die Sexualität später einen zentralen Stellenwert ein. Aber auch das Geld steht bei diesen Menschen oft im Vordergrund. Sexualität und Geld dienen ihnen als eine Art Ersatz für die menschliche Beziehung.

Es ist inzwischen bekannt, dass die Menschen in Misshandlungsbeziehungen ihre spezifische Dynamik über lange Zeiträume aufrechterhalten und viele so genannte Gewaltkreisläufe durchlaufen können, ohne dass eine nennenswerte Veränderung eintritt.

---

6 Gleichnamige Überschrift des Interviews in der unveröffentlichten Diplomarbeit »Das Lolita-Syndrom« von Melanie Kiesling (2000).

Ich liebe dich – ich töte dich

Immer wieder kommt es vor, dass eine Partnerschaft durch die Tötung eines der Partner beendet wird. Meist sind es Männer, die ihre Partnerin töten. Doch in einigen Fällen sind es auch Frauen, die das Tötungsdelikt an ihrem Partner begehen. Frauen, die ihren Partner getötet haben, beziehen sich oft auf die Gewalt, der sie in der Beziehung ausgesetzt waren.

In vielen Fällen nimmt man an, dass diese Frauen mit ihrer Tat lediglich einem jahrelang erlittenen Martyrium ein Ende setzten oder dass sie dem Mann, der ihnen gedroht hat, sie umzubringen, zuvorkommen wollten. Diese Annahme bezieht sich jeweils auf die Aussagen der Täterinnen, die den getöteten Partner als den alleinigen Täter dargestellt haben. Sie deklarieren ihre Tat oft als einen Akt der Notwehr.

Doch auch hier gilt: Es gibt eine Entsprechung bei den Partnern, die sich als Opfer darstellen. Und ebenso wenig wie andere Paare in der Lage sind, den wirklichen Grund für ihre Krisensituationen zu erkennen, so sind auch Beziehungstäter nicht imstande, die wahren Beweggründe ihrer Tötungstat zu durchschauen.

In ihrer Erklärungsnot stiften sie oft große Verwirrung, weil ihre Rechtfertigungen zuweilen so wenig nachvollziehbar sind. Das ist im Rahmen meiner Studie über Frauen, die ihren Partner getötet haben, recht anschaulich geworden (Kiesling, 2002). So erklärte zum Beispiel eine meiner Interviewpartnerinnen auf die Frage, weshalb sie sich nicht von ihrem Mann getrennt hat, sie habe ihn »einfach zu gern gehabt«. Dass sich eine solche Aussage nicht mit ihrer Tötungstat vereinbaren lässt, ist ihr offenbar nicht bewusst geworden.

Um das Geschehen in Misshandlungsbeziehungen beurteilen und dem vorbeugen zu können, muss die zugrunde liegende Dynamik erkannt und verstanden werden. Diese besteht darin, dass *beide* Partner in unterschiedlichen Lebenswelten – also in »Himmel« und »Hölle« – leben. Sobald sie gefühlsmäßig in die »Hölle« rutschen, suchen sie verzweifelt nach einem Schuldigen für ihre Qual. Im Partner glauben sie diesen gefunden zu haben. Indem sie den eigenen Ballast in seinen Container entsorgt

146

haben, sind sie dadurch gleichzeitig von ihren eigenen inneren Qualen entlastet. In ihrer Wahrnehmung verbirgt sich nun alles Schlechte im anderen. Sie malträtieren ihn, weil sie ihm das Böse »austreiben« wollen. Der andere soll sich unbedingt ändern. Sie erhoffen sich dadurch eine Linderung ihres Zustandes.

Sobald sie demgegenüber gefühlsmäßig wieder in den vermeintlichen »Himmel« aufsteigen, sehen sie den Partner in einem strahlenden Licht. Dann kehren Frauen freiwillig aus dem Frauenhaus in die Arme ihres einstigen Verfolgers zurück. Das ist nur möglich, weil sie ihn dann nicht mehr als solchen wahrnehmen. Sie erinnern sich zwar, dass es in der Vergangenheit durchaus kritische Situationen in ihrer Partnerschaft gegeben hat. Aber diese Erinnerung hat keinen emotionalen Inhalt mehr.

Die Umwelt reagiert indes fassungslos. Die Frauen schämen sich dann und versuchen, sich zu rechtfertigen, indem sie erklären, unter Druck gestanden zu haben. Sie stehen tatsächlich unter Druck. Aber es ist der innere, nicht der äußere, wie sie irrtümlich annehmen.

Diese Wechsel zwischen Himmel und Hölle sind der Grund, weshalb diese Beziehungen jahrzehntelang andauern können. Der Wechsel zur guten Lebenswelt wird mit so viel Hochgefühl erlebt, dass man darauf nicht verzichten möchte.

Falldarstellung

»Ich will meinen Mann totmachen und die Angstzustände …«
Die 47-jährige Frau, die ich hier Ludmilla C. nennen möchte, war dreißig Jahre mit ihrem Mann verheiratet, als sie ihn erschoss. Eine solche Tat hat immer eine Geschichte. Und wie der vorliegende Fall recht eindrucksvoll zeigen kann, reicht diese bis in die Kindheit hinein. Deshalb soll zunächst der Lebenslauf von Ludmilla kurz skizziert werden: Ludmilla wurde in einem kleinen Dorf in Osteuropa geboren. Sie hatte noch vier Schwestern. Der Vater war Landarbeiter. Die Mutter starb, als die Töchter noch klein waren.

Der Vater verband sich in den darauffolgenden Jahren nacheinander mit drei Frauen, die den Kindern als »Stiefmütter« dienten. Als er wieder heiraten wollte, konnte er den dazu nötigen Brautpreis nicht entrichten. Deshalb hat er seine elfjährige Tochter Ludmilla »eingetauscht«. Sie wurde dem Bruder seiner Braut übergeben. Dieser habe sie nicht nur geschlagen, sondern gegen ihren Willen sexuell mit ihr verkehrt. Mehrmals sei sie von ihm ausgerissen und habe sich dann im Wald versteckt gehalten. Doch ihr Verfolger hat sie immer wieder gefunden und versucht, sie durch noch heftigere Schläge gefügig zu machen.

Im Alter von vierzehn Jahren hat Ludmilla ihren späteren Mann kennengelernt. Dieser erschien ihr geradezu wie ein Erlöser. Mit ihm will sie sich »gerettet« haben. Sie heiratete ihn zwei Jahre später. Nachdem die Eheleute zwei Kinder bekommen hatten, siedelte die vierköpfige Familie nach Deutschland über.

In Deutschland sei der Ehemann jedoch »in schlechte Kreise« geraten. Er habe schon bald nicht mehr gearbeitet, sondern stattdessen übermäßig Alkohol konsumiert und sich mit »fremden Frauen amüsiert«. Ludmilla musste das Geld für seinen ausschweifenden Lebensstil heranschaffen. Dennoch habe er sie und die Kinder immer häufiger misshandelt. Deshalb habe sie sich oft mit den Kindern im Wald vor ihm versteckt. Er aber habe sie verfolgt und mit Schlägen bestraft.

Vergleicht man die Erzählungen über die Kindheit mit denen über die Ehe, so fallen sofort die verblüffenden Parallelen auf. So unterscheidet sich der Vater beispielsweise kaum vom späteren Ehemann. Während ersterer seine Tochter als Brautpreis eingesetzt hat, um sich die Heirat zu ermöglichen, habe jener Ludmilla lediglich dazu benutzt, die materielle Basis für das Zusammensein mit anderen Frauen bereitzustellen (»[…] mein Mann amüsieren mit fremde Frau von meinem Geld«). Ludmilla nimmt demnach hier wie dort einen Objektstatus ein, um den Männern ein Leben mit anderen Frauen ermöglichen zu können.

Die Schilderungen über die Erlebnisse der elfjährigen Ludmilla gleichen zum Teil sogar wörtlich den Berichten über die spätere Ehefrau Ludmilla: Sie habe sich sowohl als Kind als auch als erwachsene Frau vor Männern, die ihr Böses wollten, »im Wald versteckt« gehalten. Die Beschreibungen des Ehelebens lassen sich demnach als Wiederholung der Kindheit ansehen.

Das wirft die Fragen auf: Hat Ludmilla tatsächlich das Gleiche wiederholt erlebt? Und wenn ja: Inwieweit mag ihre Persönlichkeitsstruktur dazu beigetragen haben, dass sich ihr Schicksal in dieser Weise wiederholen konnte? Mit letzter Gewissheit lassen sich diese Fragen natürlich nicht beantworten. Autobiografische Texte werden immer von dem Interesse des Erzählers gelenkt. Deshalb ist das, was sich im

Leben eines Menschen tatsächlich abgespielt hat, später nicht mehr ohne Weiteres rekonstruierbar.

Doch unabhängig davon kann davon ausgegangen werden, dass ein Mensch, der Gewalt in der Kindheit erlebt hat, in seiner Persönlichkeit tief verletzt worden ist. Ein potentieller Partner für einen solchen verletzten Menschen wird – gemäß den Gesetzen der Partnerwahl – dann entsprechende Verletzungen aufzuweisen haben.

Das Zusammentreffen zweier verletzter Partner birgt viel Zündstoff, denn die frühen Verletzungen gehen nicht nur mit erheblichen Reifungsdefiziten einher, sondern die daraus hervorgehende psychische Gesamtkonstellation führt meist auch zu destruktivem Verhalten. Und so hat die Destruktivität beider Partner in Ludmillas Ehe zu einer Abwärtsspirale geführt, die letztendlich im Tod des einen endete.

Zur Veranschaulichung möchte ich einige Beispiele aus dem Interview einfügen. Obwohl Ludmilla schlecht deutsch spricht, kann man sich dennoch ein ungefähres Bild von ihr machen: »Und äh ich hab', ich schlechte Leben gelebt, kannst du nix mehr er-er-erinnern, wenn man in Angst auch als Kind leben mit Schlägen […] In Angst musst du arbeiten, musst du das machen, kommst du zu Hause, du hast Angst, jetzt Stiefmutter keift, schimpft, […] hast du keine Leben gefühlt. Du hast nur von Geburt an […] Angst vor Schläge gehabt« (Kiesling, 2002, S. 349ff.).

Ludmilla macht ihre Angst dafür verantwortlich, dass sie »keine Leben gefühlt« hat; die Angst habe demnach zu einem Gefühl des Abgestorbenseins geführt. Eine Entfaltung der Persönlichkeit oder gar die Bewältigung von wichtigen Entwicklungsschritten ist unter diesen Voraussetzungen nicht mehr gegeben.

Wenn Ludmilla außerdem erzählt, dass sie »getauscht« worden ist, stellt sie sich damit von einer Außenperspektive her als entmenschlicht dar. Offenbar ist ihr niemand zu Hilfe gekommen. Die Mutter war tot, der Vater soll sie ebenfalls mit Gewalt zur Rückkehr zu seinem Schwager getrieben haben: »[…] ich musste, ich war elf Jahre alt […] ich hab' Schläge gekriegt und, und gefesselt und alles und musst ich mit ihm schlafen […], ich hab' nix andere Leben gehabt. Ich hab' niemand […]« Mit der Aussage: »Ich hab' niemand« drückt sich der Schmerz des Verlassen-worden-Seins aus.

Der spätere Ehemann, der zunächst wie ein Erlöser von aller Pein dargestellt wird, verwandelt sich bald in einen bösen Verfolger: »Dann ist mein Mann mit Auto hinter uns gefahren und wollte uns alle umbringen und dann hab' ich im Wald mit Kinder übernachtet, dass sie nix nach Hause kommen […] Und ich war schon fertig mit Nerven, ich hab' in Angst immer gezittert und versteckt, ganze Leben, und hab' ich nix mehr ausgehalten, ich hab' Angst um meine Kinder gehabt, dass die mit Leben bezahlen […]«

In der Erzählung der Ludmilla ist demnach das Böse allgegenwärtig. Vor den meisten Personen, über die sie spricht, muss man regelrecht erschaudern. Keiner von ihnen wird mit gefühlsmäßigen Regungen ausgestattet; sie sind entmenschlicht und scheinen geradezu die Inkarnation des Bösen zu sein: Da treten gleich drei böse Stiefmütter auf, wovon die letzte die böseste ist, weil sie den Vater dazu überredet, sein Kind als Brautpreis herzugeben. Dann tritt der böse Bruder dieser bösen Stiefmutter auf, der Ludmilla schlägt und missbraucht, so dass sie sich vor ihm im Wald verstecken muss. Der zunächst als Retter angesehene Ehemann entwickelt sich im Laufe der Jahre ebenfalls zum Bösen.

Ludmilla stellt ihre Person als Kontrast dazu dar: Sie ist stets die Gute, die Reine, die Anspruchslose, die Arbeitsame, die Duldende. »Ich, ich, mir hat nix gestört, dass ich ganze Leben für mein Mann gear-, ich hab' auch ganze Leben gearbeitet.«

Ludmilla trägt hier Züge einer Sklavin, die ihrem Ehemann vollständig ergeben ist. Die Ergebenheit, die sie damit zum Ausdruck bringt, erwächst aus der symbiotischen Verbindung. Aufgrund der fehlenden eigenen Persönlichkeitsstrukturen hat sie sich den Ehemann psychisch geradezu einverleibt. Und sie sagt selbst: »Ich war Mann und Frau.« In dieser Aussage spiegelt sich die untrennbare Einheit wider. Ludmilla, die aufgrund der Erlebnisse in ihrer Kindheit »keine Leben gefühlt« hat, hat sich »gerettet«, indem sie sich derart mit ihrem Mann verbunden hat, dass zwischen ihnen eine unauflösliche Verbindung entstanden ist. Dadurch gab es später kein Entrinnen mehr. Eine solche Verschmelzung trägt bei misshandelten Frauen oft dazu bei, dass sie sich nicht von ihren Peinigern trennen können.

Und so kann sich auch Ludmilla nicht von ihrem Ehemann trennen. Selbst als er sie fortjagen will, bleibt sie. Das versteht zunächst niemand. Am wenigsten sie selbst, denn ihre tatsächliche Situation ist ihr ja nicht bewusst. Sie spürt lediglich, dass sie sich in einer Zwickmühle befindet. Doch sie kann nicht durchschauen, was ihr Dilemma eigentlich ausmacht. Das führt dazu, dass ihre Angst nur noch mehr ansteigt und sie das Gefühl bekommt, den Verstand zu verlieren. »Einmal […] Nerven platzt, das is', kann man nix lange Jahre so. Ich hab' lange Jahre geschluckt und ganze Leben war immer bei mir schon ähm Kopf […] von Angst hat er mir geplatzt wie bei, mir war egal, ob ich leben oder tot.« Letztendlich will sie sich gesagt haben: »[…] mein Gott, mein Mann immer uns wollte umbringen, besser, dass ich ihn umbringen …«

150

Als der Ehemann tot ist, wird seine Rolle jedoch unversehens mit dessen Bruder besetzt, der nunmehr als böser »Schwager« eine kaum geringere Bedrohung darstellt, denn nun ist er es plötzlich, der angeblich während des Gerichtsprozesses »alle bedroht«. Das heißt, auch ohne den Ehemann ist die Bedrohung durch das Böse lange nicht eingedämmt.

Die Bedrohung nämlich ist in ihr. Sie ist zu einem Bestandteil ihres psychischen Lebens geworden. Genauso, wie jene Bedrohung, die zum psychischen Leben des Partners gehört haben wird. Weil jeder von ihnen der inneren Bedrohung hilflos ausgeliefert war, entstand der Reflex, sie nach außen zu projizieren. Und so benutzte jeder wechselseitig den Partner als Projektionsfläche und versuchte, die Bedrohung dort, wo er sie wahrnahm, zu bekämpfen und möglichst auszulöschen. Darin zeigt sich die Dynamik von Misshandlungsbeziehungen.

Ludmilla hat es versucht. Sie hat geschossen. Der Mann ist tot, doch die Bedrohung ist geblieben.

Der Mensch im Stadium der Menschwerdung

Unabhängig von der Überzeugung, woher der Mensch ursprünglich stammt, werden auch Anhänger unterschiedlicher Auffassungen darin übereinstimmen, dass sich der Mensch auf seinem langen Weg vom Homo sapiens enorm verändert hat. Der Mensch hat eine evolutionäre Entwicklung durchlaufen, die aus einem ehedem eher instinktgebundenen Wesen ein Individuum hervorgebracht hat, welches mit Bewusstsein ausgestattet und zur Reflexion fähig ist.

Wer sich mit der Entwicklungsgeschichte des Menschen auseinandersetzt, wird zu dem Schluss kommen, dass der gegenwärtige Mensch nicht »fertig« ist, sondern dass seine evolutionäre Entwicklung voranschreiten wird. Insofern befinden wir uns wohl eher noch in einem Übergangsstadium.

Ein Blick in die Wohnstuben der Menschen lässt offenkundig werden, dass bisher noch nicht alle gleichermaßen ihr menschliches Potenzial entfaltet haben und zum vollen Ausdruck ihrer Liebe sowie zum Empfinden von Mitgefühl fähig sind. Mit zunehmender Entwicklung werden es jedoch immer mehr sein.

Die Evolution der Eltern-Kind-Beziehungen

Nach all dem bisher Erläuterten wird einsichtig, dass die Eltern-Kind-Beziehung die Basis für das spätere Gelingen beziehungsweise das Misslingen von Partnerschaften bereitstellt. Dennoch kann den Eltern – im Falle kläglichen Misslingens – kein Vorwurf daraus gemacht werden. Denn schließlich waren sie selbst einmal Kinder, mit denen genau so umgegangen worden ist, wie sie es dann an die eigenen Kinder weitergegeben haben. Hierbei haben sie immer das Beste gewollt, und dies sicher auch getan. Wenn es nicht das war, was ihre Kinder wirklich brauchten, dann liegt das daran, dass sie es selbst nicht anders erfahren haben.

Anders ist es bei nahezu allen Naturvölkern. Sie besitzen ein intuitives Wissen über die Zusammenhänge bezüglich dem Behandeln ihrer Kinder und der daraus hervorgehenden späteren Fähigkeit zum Glücklichsein. Sie tragen ihre Babys bis zum Krabbelalter ständig in einem Tuch am Körper bei sich und legen es auch nicht ab, wenn es eingeschlafen ist. Sie nehmen das Kind später immer sofort hoch, sobald es entsprechende Wünsche signalisiert.

Kinder, die in dieser Weise behandelt werden und alles bekommen, was sie brauchen, wachsen in dem selbstverständlichen Bewusstsein auf, geliebt, angenommen, dazugehörig, respektiert, wertgeschätzt und in ihrem Sosein unterstützt zu werden. Sie sind später voller Vertrauen in sich selbst und ins Leben. Sie können andere Menschen in ihrem Sosein akzeptieren und mitfühlend verstehen. All das geben sie dann wiederum an ihre Kinder weiter. In unserer Zivilisation sind solche Menschen noch nicht oft zu finden, denn die meisten haben in ihrer Kindheit andere Erfahrungen gemacht.

Je weiter man in der Geschichte zurückgeht, desto deutlicher erkennt man, dass die Eltern immer weniger in der Lage waren, den Bedürfnissen ihrer Kinder gerecht zu werden. Das liegt daran, dass die Eltern früherer Generationen auf einer niedrigeren Stufe der psychischen Entwicklung standen. Es fehlte ihnen an emotionaler Reife, die nötig ist, um das Kind als eine eigenständige Person anzuerkennen. Insbesondere fehlte ihnen jegliche Empathie, das heißt, ihnen fehlte die psychische Grundlage, um sich in ihre Kinder einfühlen zu können. Und auch heute noch können viele Mütter ihre Kinder lediglich versorgen. Eine Quelle gefühlvoller Zärtlichkeit können sie ihnen dagegen nicht sein. Darüber hinaus gibt es immer noch viele Eltern, für die körperliche Züchtigung ein wirksames Erziehungsmittel ist. In der heutigen Zeit sind sie nur nicht ohne Weiteres bereit, dies auch zuzugeben.

Man muss nur ein wenig zurückschauen: Gemäß einer Umfrage des Instituts für Demoskopie Allensbach sprachen sich noch vor gut dreißig Jahren 48 Prozent der deutschen Bevölkerung gegen ein Gesetz aus, welches die Prügelstrafe verbietet. Das Recht auf Züchtigung wurde sogar von höchster Stelle verbrieft. So hat der Bundesgerichtshof 1986 eine »wohlverdiente Tracht Prügel« ausdrücklich für zulässig erklärt. Die Züchtigung soll »einem guten Zweck dienen, nämlich der Besserung und Belehrung des Kindes«. Das Kind sollte geformt werden, indem ihm Respekt und Ehrfurcht eingeprügelt wurden. Wer sein Kind liebte, hatte es nach herrschender Meinung zu züchtigen. Unter dem Suchbegriff »Züchtigung von Kindern in Deutschland« kann man im Internet hierzu eine Fülle von Informationen erhalten (insbesondere unter http://mywebpage.netscape.com/corpungermany/eltern1.htm).

Mit diesen Vorgaben sind unsere Eltern und viele der jetzt lebenden Generation »erzogen« worden. Dass sich dieses Verhalten noch heute von Generation zu Generation weitergeben kann, liegt an dem Abwehrmechanismus der Verdrängung. Statt schmerzliche Gefühle zu fühlen, werden sie unterdrückt. Dadurch entziehen sie sich der bewussten Wahrnehmung.

Das Ergebnis dieser Verdrängungsmechanismen ist einerseits eine Idealisierung und Verklärung der eigenen Kindheit. Dieses Phänomen kann man besonders anhand von Biografien aufspüren: Die meisten Autobiografen erzählen von einer behüteten Kindheit und schildern ihre Eltern als besonders liebevoll. Man muss diese Menschen nicht im Einzelnen kennen, um dennoch behaupten zu können: Das kann so nicht gewesen sein!

Andererseits wird durch die Verdrängungsmechanismen gewährleistet, dass sich das Verhalten wiederholt. Denn die verdrängten Gefühle suchen sich – quasi hinter dem Rücken des Betroffenen – ein Ventil. Die eigenen Kinder dienen ihren Eltern hier als Projektionsfläche: Der Schmerz kommt ihnen nun gewissermaßen von außen entgegen. Hier soll er bekämpft werden. Insofern wird das Kind für Trugbilder bestraft. Die mit diesen Bestrafungen einhergehenden Gefühle werden wiederum vom Kind verdrängt. Durch diesen Kreislauf werden die entsprechenden psychischen Strukturen von Generation zu Generation weitergegeben.

Die »Evolution der Eltern-Kind-Beziehungen« (DeMause, 1978) ist noch nicht weit fortgeschritten. DeMause hat beobachtet, »dass die psychogenetische Evolution in verschiedenen Familienbahnen mit unterschiedlicher Geschwindigkeit voranschreitet und dass viele Eltern anscheinend in früheren, historischen Formen ›steckengeblieben‹ sind« (S. 82).

Dem steht inzwischen allerdings ein psychogenetisch fortgeschrittener Teil der Bevölkerung gegenüber. Das von ihm erreichte Niveau wird ebenso an die Folgegenerationen weitergegeben.

Der Wunsch nach lebenslangem Liebesglück

Das Versprechen, welches sich zwei Menschen bei ihrer Hochzeit geben, nämlich sich zu lieben, »bis dass der Tod uns scheidet«, wollen natürlich alle einlösen. Ein lebenslanges Liebesglück ist wohl der Wunsch eines jeden.

Dass es vielen dennoch nicht gelingt, liegt weder am »bösen Willen« der Beteiligten, noch ist es eine Frage des Schicksals oder anderer undurchschaubarer Mächte. Das Unvermögen, dieses Versprechen einzuhalten, gründet häufig schlichtweg in der fehlenden Persönlichkeitsreife beider Partner.

In der derzeitigen Evolutionsphase sind die meisten Erwachsenen nämlich lediglich körperlich reif; seelisch aber schwanken sie noch zwischen Reife und Unreife. Diejenigen, deren Persönlichkeit sich bisher kaum entfalten konnte, können keine reifen und damit befriedigenden Beziehungen aufbauen. Denn befriedigende Beziehungen erfordern vor allem eine intensive Nähe zum Partner. Doch die Persönlichkeit eines unreifen Menschen ist zu schwach, als dass er eine solche Nähe zulassen könnte.

Entscheidend für eine befriedigende Partnerschaft ist also jeweils der Grad der persönlichen Entwicklung, den beide Partner erreicht haben. Und so ist es nur folgerichtig, wenn neuere Untersuchungsergebnisse zu dem Schluss gelangen, dass intensive

Nähe und sexuelle Erfüllung bei Menschen mit ausgeprägter persönlicher Reife im Verlaufe der Jahre sogar noch zunehmen.

Die volle Entfaltung der Persönlichkeit löst gewissermaßen eine positive Kettenreaktion aus: Sie führt zunächst dazu, dass ein Mensch völlig unabhängig von anderen wird und dadurch mit sich selbst zufrieden ist. Und wer aufgrund seiner Unabhängigkeit mit sich selbst zufrieden ist, will sich auch nur mit einem ebensolchen Partner zusammentun. Ein unabhängiger und mit sich zufriedener Mensch könnte das Anklammern und unaufhörliche Klagen eines abhängigen und unzufriedenen Partners auf Dauer nicht aushalten. Zwei von vornherein zufriedene Menschen indes sind in der Regel auch zufriedener mit ihrer Partnerschaft. Und je zufriedener die Partner miteinander sind, desto wahrscheinlicher wird ihre Beziehung auch unerfreuliche, aber normale Beziehungskrisen überstehen.

Selbst befriedigende Beziehungen verlaufen nicht immer konfliktfrei. Unterschiedliche Bedürfnisse und daraus resultierende Interessenkonflikte muss es in der einträchtigsten Partnerschaft geben. Denn gerade die Weigerung, vorhandene Unterschiede aufzugeben, gehört schließlich zu den wesentlichen Voraussetzungen dafür, die eigene Individualität aufrechterhalten zu können. Und diese wiederum ist die Grundvoraussetzung für eine befriedigende Partnerschaft.

Aufgrund der Sehnsucht nach einer solchen befriedigenden Partnerschaft versuchen inzwischen viele,»Beziehungsarbeit« zu leisten, indem sie entsprechende Ratgeber studieren oder Kurse besuchen. Doch in den seltensten Fällen können die dargebotenen Anleitungen und Empfehlungen ihre Probleme lösen.

Solange Ratsuchende nämlich in ihrer Differenzierung nicht weit genug fortgeschritten sind, können Übungen und Strategien bei ihnen kaum Wirkung zeigen. Auch das Beherzigen von Ratschlägen kann nicht funktionieren. Eine wirkliche Veränderung ist in den meisten Fällen nur durch inneres Wachstum möglich. Das Zusammenleben mit einem Partner wird zwar immer auch zu einer persönlichen Weiterentwicklung führen, doch reicht dies eben in vielen Fällen nicht aus.

Viele Menschen haben das erkannt und leisten deshalb bereits eine Art Ausgrabungsarbeit, um ihre verkümmerten Eigenschaften und Fähigkeiten wieder freizulegen und dadurch nachreifen zu können. Auf diese Weise erreichen immer mehr Menschen einen höheren Grad an Differenzierung. Und deshalb wird es künftig auch immer mehr glückliche Dauerbeziehungen geben.

Austern produzieren Perlen nicht etwa, weil sie etwas Schönes schaffen wollen. Perlen sind das Nebenprodukt eines Versuchs, die durch ein Sandkorn hervorgerufene Irritation zu vermindern.
David Schnarch, 1997, S. 401

Paarbeziehungen im Wandel

Wie die Scheidungsstatistiken der letzten Jahre belegen, trennen sich immer mehr Paare voneinander. Daraus sollte jedoch nicht voreilig der Schluss gezogen werden, dass sich die zwischenmenschlichen Beziehungen zunehmend verschlechtern. Denn es gibt eine Betrachtungsweise, die zu einer völlig anderen Schlussfolgerung führt.

Sobald man nämlich den Blick auf größere Zusammenhänge richtet, wird offensichtlich, dass sich anhand der hohen Scheidungsziffern ein im Prozess befindlicher grundlegender Wandel ablesen lässt, der im Zusammenhang mit der Evolution des Menschen zu stehen scheint.

Allein die Veränderungen in den letzten Jahrhunderten deuten darauf hin: Der einzelne Mensch gewinnt immer mehr an Bedeutung, auch innerhalb einer Partnerschaft, die heute zu einer ganz eigenen Lebensform geworden ist. Früher waren Paare viel mehr in äußere Gemeinschaften eingebunden. Entweder waren sie in die Familie oder zumindest in die Verwandtschaft eingegliedert. Darüber hinaus waren sie Mitglieder der Dorf- und Kirchengemeinde.

Die eigene Familie war oft genug lediglich eine Notgemeinschaft. Man musste zusammenhalten. Die Frauen brauchten die Männer, um mit ihren Kindern überleben zu können. Auf innere Konflikte konnte man sich angesichts äußerer Nöte kaum konzentrieren. Das Leben mit dem Partner wurde eher als Schicksal angesehen. Nach dem Auszug der Kinder hatten die Eltern meist nur noch wenige gemeinsame Jahre, denn sie lebten damals nicht so lange wie heute.

Darüber hinaus bestimmten religiöse Lehren das Bewusstsein der Menschen in viel höherem Maße, als dies heute der Fall ist. Die Menschen sind inzwischen kritischer geworden und übernehmen kirchliche Glaubenssätze nicht mehr fraglos. Die wenigsten halten heute die Ehe für unauflösbar.

Selbst gemeinsame Kinder halten ein Paar heutzutage nicht mehr zusammen, seitdem die moderne Psychologie erkannt hat, dass eine Trennung für Kinder oft zuträglicher ist, als ein Leben in einer durch anhaltende Streitigkeiten belasteten Paarbeziehung.

Mit all diesen Veränderungen sind sämtliche äußere Faktoren weggebrochen, die sich früher stabilisierend – oder eben auch zwingend – auf den Zusammenhalt ausgewirkt haben. Da sich das Individuum mehr und mehr aus den einst vorgefundenen Bindungen löst, rückt seine Bedeutung zwangsläufig immer mehr ins Zentrum. Aufgrund von fehlender äußerer Not richtet sich die Aufmerksamkeit der Menschen zunehmend auf ihre Innenwelt. Das psychische Leben erhält ein immer größeres Gewicht.

Wie bereits eingehend ausgeführt, steht der einzelne Mensch seit geraumer Zeit schon vor der Anforderung, sein »Nest zu verlassen« und sich allein auf seinen einzigartigen Lebensweg zu machen. Hierzu ist es allerdings unerlässlich, »auf eigenen Füßen« stehen und genügend Halt in sich selbst finden zu können. Denn diese Fähigkeit, das kann nicht oft genug wiederholt werden, ist es, die überhaupt erst die Grundlage dafür schafft, eine befriedigende Paarbeziehung führen zu können.

Aufgrund der unübersehbaren Anzeichen kann angenommen werden, dass es in der evolutionären Entwicklung des Menschen nun um die Persönlichkeitsreifung des Einzelnen geht. Das bedeutet für jeden Menschen eine große Befreiung. Endlich wird der Einzelne frei; frei von Bevormundung und Unterdrückung. Von jetzt an kann er sich, ja, von jetzt an soll er sich sogar völlig entfalten. Denn in der Entfaltung jedes Individuums liegt sicher ein immenses Potenzial. Schließlich bringt jeder Einzelne ganz besondere Begabungen mit auf die Welt.

158

Es lässt sich beobachten, dass die Zahl der Menschen, deren psychische Reife weit fortgeschritten ist, zunehmend größer wird. Und der große Teil derjenigen, die sich noch im Übergang – oder im Zwischenreich, wie ich es an anderer Stelle nannte – befindet, strebt gleichermaßen in diese Richtung. Die derzeit noch auffälligen Unterschiede sind dem Umstand geschuldet, dass die psychogenetische Evolution in verschiedenen Bahnen mit unterschiedlicher Geschwindigkeit voranschreitet.

Noch gibt es eine Mehrheit, die mit den Herausforderungen, die an eine reife Persönlichkeit gestellt werden, überfordert ist. Es sind eben (noch!) nicht sehr viele, die all das, was sie emotional brauchen, aus ihrem eigenen Inneren schöpfen können. Deshalb kann vermutet werden, dass alle diejenigen, die sich im Übergang befinden, weil sie die für ein erfülltes Leben notwenige Reife noch nicht erlangen konnten, einen Ersatz für die vermisste Liebe und Geborgenheit brauchen. Wer in sich selbst keinen Halt finden kann, muss sich auf irgendetwas stützen. Das ist ein ganz natürlicher Reflex. Der Nichtschwimmer, der ins Wasser gefallen ist, wird sich an alles klammern, was ihm entgegenschwimmt. Und wenn es nur der sprichwörtliche letzte Strohhalm ist.

Aus wissenschaftlicher Sicht steht seit langem fest, dass all die Ess-, Alkohol, Spiel-, Arbeits- und Drogensüchtigen in unserer Gesellschaft mit ihrer Sucht einen im Inneren gefühlten Mangel kompensieren wollen. Hierbei muss nachdrücklich betont werden, dass es sich um Symptome mit Krankheitswert handelt, die nicht auf ein persönliches Unvermögen der Suchtkranken zurückgeführt werden können. Aufgrund der mangelnden positiven Erfahrungen stand diesen Menschen nichts zur Verfügung, was sie von außen aufnehmen konnten, um ihren psychischen Innenraum zu füllen.

Und so mangelt es auch den so genannten »Liebessüchtigen« an einer inneren Quelle, aus der sie Gefühle von Zuversicht und Zufriedenheit schöpfen können. Von einer Liebesbeziehung erwarten sie »Erfüllung«, und sie wissen meist nicht, dass sie eigentlich die »Füllung« ihrer inneren Leere suchen. Es ist ihnen nicht bewusst. Sie verspüren lediglich ein namenloses Unbehagen, solange sie niemanden an ihrer Seite haben. »Glück in der

Liebe« bedeutet vor diesem Hintergrund: Behebung eines Mangels und Erlösung von den damit einhergehenden Ängsten.

Ein Partner erhält in solch einer Beziehung einen außerordentlichen Status; schließlich steht er für die Verheißung von Glück und Zufriedenheit. Da jedoch kein Mensch einen anderen auf Dauer glücklich machen kann, müssen solche Hoffnungen zwangsläufig enttäuscht werden. Mit diesen Enttäuschungen gehen Menschen unterschiedlich um:

– Einige harren in ihren unbefriedigenden Beziehungen aus. Irgendwann ist das Leben schließlich zu Ende. In diese Gruppe gehören vor allem jene, die behaupten: »So ist das Leben nun mal!« Hinter einer solchen Haltung lässt sich allerdings die Resignation erahnen. Und unter dieser Resignation wiederum sitzt ein Schmerz – der Schmerz darüber, dass ihre Sehnsucht nach Liebe nie wirklich gestillt werden konnte.

– Dann gibt es diejenigen, die in einer Art »Partner-Hopping« von einem zum anderen wandern, in der trügerischen Hoffnung, irgendwann endlich »den Richtigen« zu finden. Einen, mit dem es möglich ist, »wirklich glücklich« zu werden. Die Autorin Eva-Maria Zurhorst nennt es das »Boris-Becker-Phänomen«: Wenn man nämlich die Fotografien all seiner Partnerinnen nebeneinander legt, dann sieht man eine Reihe von dunkelhäutigen Frauen, die sich alle ziemlich ähneln. Es drängt sich die Vermutung auf, dass Boris Becker bei jeder etwas gesucht, aber das Gesuchte bei keiner von ihnen gefunden hat. Weshalb sonst hätte er sich immer wieder einer anderen zuwenden müssen? Die Autorin bemerkt spöttisch, dass er dann eigentlich gleich bei seiner Frau Barbara hätte bleiben können. Das »Boris-Becker-Phänomen« ist weit verbreitet. Wir können es besonders bei Prominenten mitverfolgen.

– Dann wiederum gibt es diejenigen, die durch – vielleicht wiederholte – (Partnerschafts-)Krisen in so ausweglose Leidenssituationen geraten, dass sie keinen anderen Ausweg mehr sehen, als nach den tieferen Ursachen dafür zu forschen. Genau dadurch aber wird ein Entwicklungsprozess eingeleitet, der ihr inneres Wachstum wieder in Gang setzt. Dieser einsetzende Prozess trägt dem Umstand Rechnung, dass sich Menschen immer dann weiterentwickeln, wenn ihre Unzufriedenheit mit dem gegenwärtigen Zustand größer ist als ihre Angst vor schmerzlichen Einsichten. Denn solange der Mensch keinen wirklichen Leidensdruck hat, setzt er sich auch nicht freiwillig mit sich und seiner Innenwelt auseinander. Deshalb bedarf es oft einer intensiven Krise, um notwendige Entwicklungen in Gang zu setzen.

Kritische Situationen können demnach immer als Katalysatoren für das menschliche Wachstum angesehen werden. Jeder hat sicher schon einmal davon gehört, dass auftauchende Krisen als Chance genutzt werden sollten. Denn es gibt immer einen »guten Grund«, wenn eine Krise eintritt. Und diesen gilt es aufzudecken. Genau so, wie eine Grippe aufgrund von Erregern entsteht, und diese Erreger wiederum dem Organismus nur aufgrund eines geschwächten Immunsystems zusetzen können, und das geschwächte Immunsystem wiederum die Folge von psychischem Stress sein kann, und der psychische Stress wiederum mit einer akuten Krise zu tun haben kann, so lassen sich auch die Ursachen für Konfliktsituationen in der Partnerschaft Schicht um Schicht aufdecken. Dadurch lernt man sich und seine tieferen Beweggründe immer besser kennen. Die Reaktionen anderer werden dadurch nachvollziehbarer. Ein solcher Prozess führt automatisch zu einem erweiterten Bewusstsein.

Insofern sind Partnerschaftskrisen nie etwas von außen Kommendes. Sie sind vielmehr unsere eigenen »Botschafter«[7], die in einer schöpferischen Weise auf ein unerkanntes Leiden aufmerksam machen möchten.

Mit einer solchen Blickrichtung lassen sich sämtliche Turbulenzen in einer Partnerschaft als »Entwicklungshelfer« begreifen. Vor allem gewinnt man dadurch innerlich Abstand. Denn nur, wenn man versucht, sich innerlich zurückzulehnen und das Geschehen von einer Art Beobachtungsposten wahrzunehmen, kann man relativ gelassen bleiben. Erst dann entfällt der Reflex, sich weiterhin als Opfer eines anderen zu begreifen. Und dann erlebt man den anderen auch nicht mehr als Hölle.

7 Mit der Methode der Aufstellung lassen sich diese Botschaften übrigens oft auf der Stelle entschlüsseln.

Viele Menschen werden bereits die Erfahrung gemacht haben, dass sie gestärkt und mit neuem Bewusstsein aus ihrer Partnerschaftskrise hervorgegangen sind. Gerade dadurch hat sich ihnen vielleicht offenbart, wie machtvoll das Leben uns Menschen zu fortschreitendem Wachstum drängt. Die Sehnsucht nach Liebe spielt hierbei eine sehr große Rolle. Sie ist die vorwärtstreibende Kraft in unserem Leben.

Begehren und Leidenschaft

Die Auffassung, dass eine langjährige Partnerschaft unweigerlich mit einer Einbüßung der sexuellen Leidenschaft einhergehen muss, ist schon lange nicht mehr haltbar. Vielmehr ist von Menschen aus »Altersehen« immer häufiger zu erfahren, dass ihre sexuellen Begegnungen weitaus erfüllender sind als früher.

Demgegenüber stellen viele Menschen tatsächlich schon in ihren »besten Jahren« fest, das ihr sexuelles Empfindungsvermögen und ihre Erregbarkeit nach und nach schwächer werden. Das lässt sich darauf zurückführen, dass ihre Libido, also ihr Geschlechtstrieb, nachlässt. Dieses Nachlassen hat jedoch weder mit dem Alter noch mit der Dauer einer Partnerschaft zu tun.

Eine allmählich schwindende Libido lässt sich eher auf ein fehlendes Begehren zurückführen. Und weil es vielen Partnern, die schon viele Jahre zusammenleben, am Begehren des Partners mangelt, wird daraus der irrtümliche Schluss gezogen, dass eine erfüllte Sexualität mit einer langjährigen Paarbeziehung auf Dauer nicht vereinbar sei.

Es gibt jedoch einen »guten Grund« dafür, weshalb das Begehren im Verlauf einer längeren Beziehung erlischt und die sexuellen Begegnungen immer monotoner erlebt werden: In einer Vielzahl der Fälle sind sich die Partner bei der sexuellen Vereinigung nur noch körperlich nahe; eine ausreichende gefühlsmäßige Nähe hingegen fehlt. Dieser Umstand gilt vor allem für symbiotische Beziehungen, weil hier infolge der emotionalen Verschmelzung gar kein Gegenüber erlebt wird.

162

Bei jungen Menschen wird die Sexualität stärker durch Triebimpulse und Sinnesreize gesteuert. Doch selbst junge Leute würden ein bloßes Hinarbeiten auf den Orgasmus als unbefriedigend empfinden. Denn die menschliche Sexualität ist nun einmal zu einem großen Teil von psychischen Einflüssen abhängig. Nicht umsonst wird das Gehirn als größtes Sexualorgan bezeichnet.

Der Mensch ist deshalb in der Lage, sein sexuelles Potenzial immer mehr zu entfalten, weil er psychische Erlebnisinhalte in sein Begehren einbeziehen kann. Er kann beispielsweise seine sexuellen Empfindungen an warmherzige Gefühle und Gedanken koppeln. Darüber hinaus ist er fähig, seine erotischen Phantasien auf den vertrauten Partner zu lenken. Und letztendlich kann er sein sexuelles Begehren vorrangig auf die Innigkeit mit dem Partner richten und auf das, was bei der sexuellen Begegnung zwischen ihm und dem anderen geschieht. All das kann zu seiner Erregung beitragen.

Das Erregungsniveau ist nämlich abhängig von der jeweiligen Bewertung und der gedanklichen Verarbeitung empfundener Sinnesreize. Das heißt, Vorstellungen und Gedanken haben auf das genitale Erleben und auf die Orgasmusfähigkeit einen stärkeren Einfluss als die Sinnesempfindungen selbst. Sofern während der sexuellen Vereinigung ein inniges Gefühl der Verbundenheit zum Ausdruck gebracht werden kann, wird dies in hohem Maße zur sexuellen Erregung beitragen. Je tiefer eine Beziehung ist und je mehr liebevolle Gefühle die Partner in die sexuelle Begegnung hineintragen, desto größer wird die Erregung.

Die sexuelle Erregung kann demnach unendlich gesteigert werden durch eine Konzentration auf die Liebesgefühle für den anderen, auf die wechselseitige innige Verbundenheit und auf die Bedeutung, die dem intimen Beisammensein zugeschrieben wird. Das Zusammensein mit dem Partner wird dann das Wichtigste bei der sexuellen Begegnung. Die sexuelle Befriedigung ist dabei eher eine Begleiterscheinung.

Diejenigen also, die ihre Erregung mit der Qualität der Verbundenheit und dem Verlangen nach dem anderen verbinden, werden ihre Leidenschaft stets auf einem hohen Niveau halten können. Die mit einem innig geliebten Partner erlebte Leidenschaft ist dann nicht zu vergleichen mit bloßer sexueller Lust, die man auch mit einem anderen befriedigen könnte. Deshalb ist das, was sich auf der Beziehungsebene abspielt, wichtiger als das Einüben der richtigen stimulierenden Berührungen.

Oft wird Ratsuchenden empfohlen, sich auf die eigenen Empfindungen zu konzentrieren. Doch sobald sich ein Partner während des Sexualaktes auf die eigenen Sinnesempfindungen zurückzieht, bricht der Kontakt zum anderen ab. Dieser wird dann zum bloßen, austauschbaren Objekt.

Sexuelle Erfüllung stellt sich dann am intensivsten ein, wenn man dazu fähig ist, sich dem Partner ganz hinzugeben. In einer erfüllten sexuellen Beziehung geht es also nicht so sehr um Lust, sondern eher um die Hingabe an den Partner. Diese Hingabe ist keineswegs eine Unterwerfung, im Gegenteil. Denn nur eine starke Persönlichkeit kann sich ganz hingeben, ohne sich dabei zu verlieren.

Wirkliche – sexuelle – Erfüllung setzt demnach eine bestimmte Stufe der persönlichen Entwicklung voraus. Und damit zeigt sich erneut, welche herausragende Rolle die Persönlichkeitsreife eines Menschen in allen Bereichen seines Lebens einnimmt. Eher unreife Persönlichkeiten werden also auf sexuellem Gebiet mit Schwierigkeiten konfrontiert, die ihnen auch in anderen Bereichen ihrer Beziehung begegnen. Schon von daher wäre es für viele lohnenswert, wenn sie sich um eine Nachreifung bemühen würden.

Aufstieg gen Himmel – Wie geht das?

Menschen, die in ihrer Entwicklung weit voranschreiten konnten, haben es in allen Lebenslagen leichter. Wenn sie in ihrer Partnerschaft »aus dem Himmel gefallen«, das heißt, in eine Krise geraten sind, dann muss nur einer von ihnen einen Schritt – nämlich wieder hinein in die Beziehung – machen. Als Gleichnis wird oft das Bild von einem Paar beim Segeln herangezogen, bei dem sich jeder von ihnen immer mehr aus dem Boot hinauslehnt, bis es vom Kentern bedroht ist. Um einen Sturz ins Wasser zu vermeiden, muss sich lediglich einer von beiden wieder in das Boot zurückbeugen. Sobald er dies tut, kann der andere nachziehen.

Dies gilt für Paare, deren Beziehung zuvor über längere Zeit befriedigend verlaufen ist. Nur wissen sie meist nicht, wie ein solcher Schritt auszusehen hat. Deshalb bräuchten sie Hilfestellung durch einen professionellen Paarberater. Wenn sie sich rechtzeitig an einen solchen wenden würden, könnten sie sich viel Schmerz und meist auch eine Trennung ersparen.

Dass dies nicht oft genug geschieht, mag an den falschen Vorstellungen über die grundsätzlich zu erzielenden Erfolge durch eine Paarberatung liegen. Schließlich gibt es viele Paare, die eine Beratungsstelle aufgesucht haben und hinterher feststellen mussten, dass ihnen dort nicht geholfen werden konnte. Wenn diese dann enttäuscht verbreiten, dass durch eine Paartherapie keine wirklich wahrnehmbare Veränderung eingetreten ist, sind andere dadurch natürlich gewarnt.

Würde man erfahren, dass ein Zahn auch nach mehrmaligen Zahnarztbesuchen noch immer schmerzt, so diente eine solche Warnung nicht gerade als Ermutigung, sich nun seinerseits zu einem dortigen Besuch zu entschließen.

Anhand meiner Falldarstellungen kann man sich jedoch davon überzeugen, wie relativ einfach die Harmonie in weitgehend reifen Beziehungen durch Paarberatung wiederhergestellt werden kann. Deshalb ist eine Einteilung in die verschiedenen Beziehungsgruppen von so großer Bedeutung.

Denn für Menschen, die in unbefriedigenden Beziehungen leben – das heißt für all jene, die zum großen Bereich des Zwischenreichs gehören – ist die Herstellung eines wirklich harmonischen Zusammenlebens keineswegs so einfach. Bei ihnen geht es nicht um die Wiederherstellung einer aus dem Gleichgewicht geratenen Harmonie. Vielmehr haben sie eine solche bisher gar nicht kennengelernt. Wie in diesem Buch immer wieder betont wurde, handelt es sich hier meist um hartnäckige Partnerprobleme, hinter denen sich alte – »liegengebliebene« – Entwicklungsaufgaben verbergen, die nun in der Partnerschaft wiederbelebt werden. Die damit einhergehenden Konflikte und die unerledigten Aufgaben drängen darauf, gelöst oder zu einem guten Abschluss gebracht zu werden. Aus diesem Grund zwängt sich die entsprechende Problematik immer wieder in den Vordergrund.

Für die Prognose ist deshalb eine Einschätzung der Gruppenzugehörigkeit wichtig. Es wäre grundsätzlich von Vorteil, wenn die Konzepte der psychischen Entwicklung des Menschen in das Allgemeinwissen aufgenommen werden könnten. Über wichtige biologische Funktionen wissen schließlich auch die meisten Laien Bescheid. Wer sich beispielsweise im Klaren darüber ist, wie die Verdauung funktioniert, der weiß, welche Nahrungsmittel für ihn bekömmlich sind und welche er eher meiden sollte. Bei anhaltenden Magenschmerzen ist für ihn der Gang zum Internisten eine Selbstverständlichkeit.

Dementsprechend würden sich beispielsweise diejenigen verhalten, die heute noch unglücklich darüber sind, weil sie ständig betrogen werden. Sie müssten nicht mehr im Unglück gefangen bleiben, sondern könnten aktiv werden, indem sie einen Therapeuten aufsuchen, mit dessen Hilfe sie die versäumte Entwicklungsaufgabe – nämlich die eigene Loslösung – noch einmal in Angriff nehmen.

Bei nicht so eindeutigen Symptomen wäre es empfehlenswert, zunächst den Fragebogen im Anhang auszufüllen. Hierbei handelt es sich um ein sehr grobes Instrument. Seine Anwendung ist vergleichbar dem Vorhaben, die Größe eines Zimmers mit Schritten auszumessen. Hier wie dort wird man zwar kein exaktes Ergebnis, jedoch einen ungefähren Richtwert erhalten.

Es steht ohnehin schon jetzt fest, dass die meisten Leserinnen und Leser zur Gruppe des Zwischenreichs gehören werden – immerhin gehört die überwiegende Mehrheit dieser Gruppe an. Und diese Gruppe ist es auch, die dem Himmel am nächsten ist.

Um den Standort noch präziser bestimmen zu können, kann man das große Stadium des Zwischenreichs wiederum in die selben drei Bereiche – »Himmel«, »Hölle« oder »Zwischenreich« – unterteilen. Wer auf diese Weise zu einer Standortbestimmung gekommen ist, der kann nun mit weiteren Erforschungen beginnen.

Die in diesem Buch dargelegten Konzepte sind dazu geeignet, den Einzelnen zu einer Auseinandersetzung mit der eigenen Entwicklungsgeschichte zu bewegen und ihn dazu befähigen, seine Sensibilität für partnerschaftliche Vorgänge zu erhöhen. Die einzelnen Ausführungen könnten nun wie ein Instrument benutzt werden, um daraus wichtige Fragen herzuleiten. Hier nur einige Beispiele:

– Welches Konzept trifft auf meine Partnerschaft zu?
– Erleben wir uns als eigenständige Individuen, die miteinander respektvoll umgehen?
– Ist jeder von uns autonom und lässt dem anderen genügend Freiraum?
– Weshalb verhält sich mein Partner oft zurückweisend oder desinteressiert?
– Worin könnte – da ich doch ganz anders bin – die Entsprechung bei mir zu finden sein?
– Ist mein Partner liebesfähig? Woran merke ich das?
– Wünsche ich mir, dass mein Partner liebevoller mit mir umgeht?

Das Formulieren entsprechender Fragen ist ein erster Schritt zum Ziel. Denn Fragen wollen beantwortet werden. Die Suche nach der Antwort bestimmt bereits die Richtung. Wer zum Beispiel die letzte Frage hinsichtlich des Wunsches nach einem liebevolleren Partner bejaht, ist einer wichtigen Information über sich selbst auf der Spur. Nämlich, dass es ihm noch an der unerlässlichen Selbstliebe mangelt. Diese Erkenntnis ist zunächst schmerzlich. Wenn man jedoch weiß, dass dieser Schmerz den Weg zu einem insgesamt liebevolleren Leben weist, dann lässt er sich leichter ertragen. Allerdings muss man wissen, dass für diesen noch unbekannten Weg die Führung durch einen kompetenten Begleiter unabdingbar ist.

Wenn ich an dieser Stelle erneut auf die Notwendigkeit therapeutischer Maßnahmen hinweise, so bedeutet das keineswegs eine Aufforderung an alle diejenigen, die nicht zur Himmelsgruppe gehören. Nicht jeder ist bereit dazu, sich einer therapeutischen Maßname zu unterziehen. Viele, die unzufrieden mit ihrer Partnerschaft sind, trennen sich und versuchen es mit einem anderen Partner. Sie erleben auf diese Weise mehrmals in ihrem Leben die selig machende Verliebtheitsphase und können immer wieder von Neuem hoffen, nun doch endlich »den Richtigen« gefunden zu haben. In einigen Fällen kommt es tatsächlich vor, dass die Partner trotz vorhandener Entwicklungsdefizite recht gut miteinander harmonieren und auftretende Symptome so erträglich sind, dass man einigermaßen gut mit ihnen leben kann. Insofern haben Boris Becker und all diejenigen, die es ihm gleichtun, durchaus Chancen, doch noch auf jemanden zu treffen, mit dem ein längerfristiges einigermaßen konfliktfreies Zusammenleben möglich ist. Diese Menschen erreichen zwar nicht die Ebenen, auf denen in tiefer Liebe verbundene Partner ihre Erfüllung finden. Aber sie werden zumindest nicht chronisch unzufrieden sein müssen.

Aufgefordert sind eher diejenigen, die überwiegend unzufrieden mit ihrer Partnerschaft sind und dennoch ausharren. Für sie wäre es zunächst einmal wichtig, sich ihre Unzufriedenheit einzugestehen und diese zu artikulieren. Nur dann können sie etwas dagegen tun. Und das sollten sie. Nicht nur in ihrem eigenen Interesse, sondern auch ihrer Umwelt zuliebe.

Da bei ihren hartnäckigen Partnerschaftskonflikten meist tief liegende Ursachen maßgebend sind, müssen tiefenwirksame Ansätze angewendet werden. Sämtliche oberflächlichen Interventionen bleiben hier wirkungslos. Strukturelle Störungen lassen sich nun einmal weder durch das Beherzigen »guter Ratschläge« aus der Ratgeberliteratur noch durch die Anwendung der darin vermittelten Techniken beeinflussen. Jene Beziehungsprobleme können nicht durch das Erlernen von Kommunikationsfertigkeiten gelöst werden. Auch durch die häufig empfohlenen Zwiegespräche lassen sich tiefliegende Wunden nicht heilen.

Deshalb werden sich diejenigen, die sich »fernab des Himmels« befinden, zu einer fundierten Einzeltherapie entschließen müssen, wenn sie »dem Himmel näher kommen« wollen. Sobald sie sich durch eine entsprechende Maßnahme weiterentwickeln, wird sich auch ihre Beziehung zwangsläufig zum Positiven verändern. Entweder mit dem gegenwärtigen Partner, wenn dieser imstande ist, mitzuziehen, oder mit einem anderen Partner, der die entsprechende Entwicklungsstufe bereits erreicht hat.

Es gibt inzwischen eine ganze Reihe von sehr wirkungsvollen Methoden, mit denen sich Entwicklungsdefizite ausgleichen und verborgene Konflikte lösen lassen. Allerdings scheuen sich die meisten Menschen noch immer davor, solche Angebote in Anspruch zu nehmen. So haben in einer Untersuchung 90 Prozent der Befragten angegeben, sie wollten ihre Probleme »lieber alleine lösen«. 75 Prozent von ihnen meinten, die Einmischung von anderen in ihre Partnerschaft sei nicht wünschenswert (vgl. Bodenmann, 2002).

Diese Ergebnisse verwundern. Sie werfen erneut die Frage auf, weshalb sich so viele Menschen weigern, sich bei der Bewältigung ihrer Partnerschaftsprobleme helfen zu lassen. In allen anderen Bereichen ist ihnen kein Aufwand zu groß, um ihr Leben – vermeintlich – glücklicher gestalten zu können. Sie bemühen dafür ein ganzes Heer von Helfern, namentlich Stylisten, Imageberater und sogar Schönheitschirurgen. Diese werden sogar dazu aufgefordert, in die äußere Persönlichkeit der Kunden einzugreifen und – zum Teil sogar drastische – Veränderungen herbeizuführen.

Doch was das Innenleben anbetrifft, verweigern viele plötzlich jede Einmischung. Angesichts dieses Umstandes muss wiederum angenommen werden, dass sich hinter den vordergründigen Argumentationen uneingestandene Emotionen verbergen, nämlich:
– Angst vor Schmerz und
– Scham.

169

Angst vor Schmerz: Es würde sehr schmerzen, wenn man sich eingestehen müsste, unfähig zur Gestaltung einer glücklichen Beziehung zu sein. Niemand will das wahrhaben. Denn jeder hat Angst vor Schmerz. Schmerz ist das schlimmste Gefühl, welches ein Lebewesen heimsuchen kann. Schmerz liegt allen anderen von uns als negativ eingestuften Gefühlen zugrunde. Und so ist Schmerzvermeidung eines der vordringlichsten Bestreben des Menschen. Da jeder instinktiv weiß oder zumindest ahnt, dass die Auseinandersetzung mit den tieferen Ursachen der bestehenden Problematik heftige psychische Schmerzen mit sich bringen kann, wird sich niemand freiwillig in einen solchen Prozess hineinbegeben. Zumal es für Paare in anhaltenden Krisensituationen nahezu unmöglich ist, zu erkennen, dass bei jedem von ihnen untergründig schon immer viel Schmerz verborgen lag und dieser überhaupt erst die Tumulte im Beziehungsgeschehen hervorgerufen hat.

Menschen begeben sich im Allgemeinen nur dann in therapeutische Behandlung, wenn das Leiden ein gewaltiges Ausmaß angenommen hat und sich nicht mehr aus dem Bewusstsein verdrängen lässt. Das heißt, das Maß des Leidens muss das Maß der Angst vor psychischen Schmerzen überschritten haben. Diesbezüglich ist Aufklärung darüber notwendig, dass es – gleichsam der Geburtswehen – nur vorübergehende und dann bald »vergessene« Schmerzen sind. Wer das nicht weiß, muss befürchten, der Schmerz würde nicht auszuhalten sein und nie aufhören. Außerdem sollte man – was das Ertragen psychischen Schmerzes betrifft – »nicht so zimperlich« sein (vgl. Nidiaye, 1997).

Zumindest stieß ich während meines eigenen Entwicklungsprozesses auf diese Aufforderung. Ich ärgerte mich zunächst darüber. Was wusste die Autorin schon davon, welche höllischen Schmerzen ich gerade auszuhalten hatte? Im Nachhinein empfinde ich meinen Ärger als unberechtigt. Denn der Schmerz ging tatsächlich bald vorüber und machte den Weg frei für eine völlig neue Lebensfreude. Deshalb würde ich heute gern selbst zu jedem sagen: »Sei doch nicht so zimperlich!«

Wer die schmerzhaften Gefühle wirklich zulassen und sie aushalten kann, der wird den dahinter verborgenen Sinn ent-

170

decken. Hierzu ist allerdings eine sehr weit fortgeschrittene Bewusstseinsentwicklung erforderlich.

Scham: Die wenigsten mögen vor einem fremden Menschen zugeben, dass sie gescheitert sind. Vor allem, weil sie dieses Scheitern als persönliches Versagen bewerten. Jeder, der sich nicht wirklich geliebt fühlt, schämt sich dafür. Deshalb wird dieser Umstand vor der Umwelt, aber vor allem auch vor der eigenen Person verleugnet.

Es sind demnach Gefühle der Angst und der Scham, die den Menschen von der Inanspruchnahme von Hilfe abhalten und ihn dazu nötigen, sich irgendwie allein durch die Krisen seines unbefriedigenden Lebens zu manövrieren.

Da die Vergangenheit dann keine Bedeutung für die Gegenwart haben darf, wundern sich diese Menschen natürlich, woher ihre Schwierigkeiten kommen. Da das eigene Innere tabu ist, werden diese unreflektiert in die Umwelt projiziert. In ihrer Partnerschaft ist dann allein der Partner die Hölle.

Von ihm wird gefordert, dass er sich ändern möge und es wird mit mehr oder weniger Geduld auf dieses – nie eintretende – Ereignis gewartet. Entweder leben diese Paare dann weiterhin resigniert nebeneinander her oder sie lassen sich nach endlosen Kämpfen irgendwann scheiden.

Fatal ist, dass viele in dieser anhaltenden Belastungssituation versuchen, sich frei von ihren Bedürfnissen – insbesondere von ihren Liebesbedürfnissen – zu machen. Man kann schließlich auch Beziehungen ohne Liebe führen. Und so werden sie im Laufe der Zeit zu Menschen, die völlig von sich selbst abgetrennt sind. Ihre Versuche, sich unverwundbar zu machen, führen zu einem allmählichen inneren Absterben. Das hat für sie selbst, für ihre Kinder und für die Umwelt verheerende Auswirkungen.

Deshalb wäre es für viele so wichtig, sich wieder mit all ihren Gefühlen zu verbinden. Denn nur derjenige, der das tut, kann ein erfülltes Leben führen. Und nur derjenige, der sich wieder berührbar macht, kann das erlangen, wonach wir uns alle so sehr sehnen.

All we need is love

Das Verlangen nach Liebe gehört zu den Grundbedürfnissen, mit denen wir Menschen geboren werden. Studien zeigen, dass Neugeborene trotz guter körperlicher Versorgung durch einen Mangel an Liebe – das heißt durch fehlenden zärtlichen Körper- und Blickkontakt und durch fehlende Ansprache – erkranken und sogar sterben können.

Wir alle wünschen uns mehr oder weniger bewusst, von einem anderen Menschen wahrhaftig geliebt zu werden. Diejenigen, die dieses Gefühl kennen, wissen, wie glückselig es macht. In einem solchen Zustand ist man großzügig; großzügig nicht nur in der Verteilung von materiellen und immateriellen Gaben, sondern vor allem großzügig im Sinne von Akzeptanz in Bezug auf die Eigenheiten eines anderen Menschen. Ein liebender und geliebter Mensch akzeptiert den anderen so wie er ist.

In dieser Verfassung wird kaum jemandem danach zumute sein, einen wirklich ernsthaften Streit oder gar einen Krieg anzuzetteln.

Das Sehnen nach Liebe beinhaltet vor allem das Bedürfnis, den eigenen Selbstwert zu erfahren. Geliebt zu werden ist vergleichbar mit einem Lob, welches unsere gesamte Person einschließt. Es bedeutet: Ich bin richtig, genau so wie ich bin. Und wir alle wollen von anderen erfahren, dass wir gut und richtig sind, so wie wir sind. Das beglückt uns. Entsprechend lässt sich der Zustand des Nicht-geliebt-Werdens als eine Art Kritik an unserer gesamten Person ansehen: Ich bin nicht richtig, so wie ich bin. Das kränkt uns zutiefst.

Eine glückliche Liebesbeziehung ist deshalb für uns Menschen ein wichtiges Lebensziel. Wir reagieren mit Enttäuschung, wenn wir dieses Ziel nicht erreichen. Oft bleibt die Enttäuschung unterschwellig. Sie ist zu schmerzhaft, um sich ihrer voll bewusst zu werden.

Viele fühlen sich doppelt betrogen: Schon als Kind wurden ihre Liebessehnsüchte nie ganz erfüllt. Sie waren ohne wirkliche Elternliebe, und nun müssen sie als Erwachsene auch noch ohne Partnerliebe leben. Unterschwellig spüren sie, dass sie erst durch die Liebe wirklich zufrieden werden können. Doch Liebe lässt sich nun einmal nicht willentlich erzeugen. Da bleibt oft nur der Versuch, die Bedürftigkeit mit Geld, Konsum und Schönheit auszugleichen. Emotionale Bedürftigkeit kann jedoch nur mit Liebe befriedigt werden. Das ist einerseits ein Segen, andererseits aber auch das Drama.

Dieses Drama muss nicht bis zum Lebensende gelebt werden. Denn es gibt inzwischen viele Verfahren, mit denen wir an unsere verdrängten Gefühle gelangen und damit unsere verschüttete Liebesfähigkeit wieder freilegen können. Das ist zwar keine leichte, aber doch sehr lohnenswerte Aufgabe.

Und sobald jemand diesen Prozess bewältigt und es geschafft hat, vor allem sich selbst zu lieben, strahlt er dies nach außen hin aus und zieht in der äußeren Welt entsprechende Erfahrungen und Erlebnisse an. Ein dermaßen glücklicher Mensch ist auch für seine Umwelt ein Segen.

Die Notwendigkeit eines Nachnähr-Prozesses

»Wer bin ich wirklich?« Alle Menschen suchen – mehr oder weniger bewusst – eine Antwort auf diese Frage. Da uns die Beantwortung selbst nicht möglich ist, brauchen wir immer den anderen. Deshalb sind wir so dringend auf den anderen angewiesen. Im Spiegel des anderen erhalten wir eine Vorstellung von uns selbst.

Die Eltern sind unser erstes wichtiges Gegenüber. Durch ihren Blick auf uns lernen wir den Wert unseres Seins kennen. Sie sind die ersten und meistens wichtigsten Lehrer im Hinblick auf Partnerschaften. Durch sie können wir beobachten, wie sich ein Mann gegenüber seiner Frau, beziehungsweise wie sich eine Frau gegenüber ihrem Mann verhält. Wenn die Eltern mit uns und ihrem Partner liebevoll umgegangen sind, haben wir diese Umgangsweise zwangsläufig ebenfalls übernommen, denn wir haben kein anderes Verhalten kennengelernt. Waren die Eltern dagegen abwertend, so werden auch wir eher zu diesem Verhalten neigen.

Wir können gar nicht anders, denn die Erfahrung des Fehlens von Wertschätzung und Liebe prägt sich tief ein. Der betroffene

Mensch hat später nicht mehr die Möglichkeit, jenen fundamentalen Mangel aus eigener Kraft auszugleichen. Vielmehr wird er sich und seinen Partner fortan zwangsläufig geringschätzen und das Erfahrene wiederum an seine Kinder weitergeben müssen.

Eine solche Fortsetzung ist jedoch nicht mehr zwingend. Wie ich bereits angedeutet habe, gibt es inzwischen eine Reihe von Methoden, mit denen bedürftig gebliebene Menschen ihre Bedürfnisse stillen und infolgedessen ihre Liebesfähigkeit wieder freilegen können. Diese Methoden nenne ich »Nachnähr-Prozesse«. Darunter verstehe ich Maßnahmen, für die man sich quasi Stellvertreter für die einstigen Elternpersonen sucht und sich von ihnen das geben lässt, was man als Kind entbehrt hat. Mit anderen Worten: Man lässt sich – in emotionaler Hinsicht – nachnähren. Denn egal, zu welcher therapeutischen Methode man sich entschließt, man wird in dem Therapeuten immer den Vater, die Mutter oder zumindest Anteile von ihnen wahrnehmen. Deshalb ist die Wahl des Therapeuten so wichtig.

Nach meinen Erfahrungen müssen die meisten Hilfesuchenden mit mehrjährigen Prozessen rechnen. Je umfangreicher die zugrunde liegende Bedürftigkeit und Not ist, desto langwieriger sind die notwendigen Maßnahmen, die zu dessen Behebung notwendig sind. Oft ist sogar die Aufarbeitung der gesamten Lebensgeschichte erforderlich. Ein Allheilmittel, welches einen einst vernachlässigten, ungeliebten Menschen binnen weniger Monate heilen kann, ist bisher nicht gefunden. Vielleicht gibt es ein solches ja auch gar nicht.

Wirksame Maßnahmen

Grundsätzlich kann man sagen, dass die meisten therapeutischen Maßnahmen in irgendeiner Weise wirksam sind. Selbst ein einzelnes psychotherapeutisches Gespräch kann gewisse Einsichten in die Hintergründe einer Lebens- oder Beziehungskrise vermitteln. Und jede Einsicht macht eine Krise zunächst einmal etwas erträglicher. Allerdings ändert sich dadurch meist nichts daran.

174

Deshalb sind in der Regel Maßnahmen erforderlich, die weit in die Tiefe vordringen. Die meisten Menschen haben nämlich den Zugang zu ihren inneren Prozessen verloren. Sie leben ausschließlich in den äußersten Schichten ihrer Persönlichkeit. Diese »Anpassungsschicht« hat sich infolge der in unserer Kultur üblichen Erziehung herausgebildet. Da die Unterdrückung lebendiger Persönlichkeitsanteile schmerzhaft gewesen ist, erinnert sich niemand gern daran. Viele wissen deshalb nicht einmal, dass sie zum Großteil von sich selbst abgeschnitten sind. Dadurch aber leben sie weder mit sich selbst noch mit der Umwelt in wirklicher Beziehung. Diejenigen, die sich ihrer Gefühlswelt noch nicht ganz verschlossen haben, verspüren das als innere Leere.

Auch bei den übrigen, die sich vielleicht durch Ablenkung vor dem Gewahrwerden ihrer psychischen Situation schützen, wirkt sich das Geschehen wie ein tief sitzender Stachel aus. Das führt im Verlaufe der Jahre zu anhaltendem Leiden. Es wird inzwischen angenommen, dass es sich bei nahezu allen Krankheitsbildern um Spätfolgen von jahrelang unterdrückten Gefühlen und abgewehrten Bewusstseinsinhalten handelt.

Deshalb wäre es notwendig, in die Vergangenheit zurückzugehen, um all die verdrängten und abgespaltenen Inhalte ins Bewusstsein zurückzuholen. Denn in der Vergangenheit erfolgten die entscheidenden Weichenstellungen, die nun das Leben in der Gegenwart behindern. Erst wenn die Vergangenheit aufgearbeitet ist, kann sie zu dem werden, was wir allgemein darunter verstehen, nämlich eine Zeit, die wirklich vorüber ist.

Den Weg durch den Dschungel der Vergangenheit kann man nur in Begleitung eines anderen Menschen gehen. Denn die Erfahrungen, die die meisten auf diesem Weg machen müssen, wären zu schmerzhaft, als dass sie sich allein mit ihnen konfrontieren könnten. Die Angst davor wäre viel zu groß. Sie würden instinktiv immer wieder zurückweichen.

Der Mensch, der sie dabei begleitet, muss ihnen als Führer dienen. Er muss den Weg bereits hinter sich gebracht haben, damit seine Angst auf ein Minimum beschränkt bleibt und er keine Scheu hat, wirklich voranzugehen. Es kann deshalb nicht oft genug betont werden, wie wichtig die Wahl des Therapeuten ist.

Therapeuten sind zwar auch nur Menschen. Sie haben ebenfalls ihre eigenen Schwierigkeiten und blinden Flecken. Doch sollten sie in ihrem eigenen Bewusstseinsprozess und der Entwicklung ihrer Liebesfähigkeit bereits weit vorangeschritten sein. Hierbei sollte nicht allein die akademische Ausbildung zum Richtwert gemacht werden. Die wichtigste Ausbildung für einen guten Therapeuten ist dessen eigene Selbsterfahrung.

Vor Beginn einer Therapie sollte man sich unbedingt befragen: Verhält sich dieser Therapeut so, wie ich mir jemanden – vielleicht aufgrund von Geschichten oder Filmen – in meinen kühnsten Träumen schon immer gewünscht habe? Nur wer diese Frage mit einem uneingeschränkten Ja beantworten kann, ist an der richtigen Stelle.

Die Seele über den Körper heilen

Durch die meisten psychotherapeutischen Behandlungen lassen sich zwar viele der verdrängten Gefühle wieder hervorrufen und im Schutze der therapeutischen Beziehung verarbeiten, doch wenn die körperliche Ebene nicht mit einbezogen wird, bleiben – zumindest die schwereren – Störungen im Kern erhalten.

Diese Beobachtung machen alle Körpertherapeuten. Die Mehrzahl ihrer Klienten hat oft jahrelange psychotherapeutische und analytische Behandlungen hinter sich. Dennoch leiden sie nach wie vor an schweren psychischen oder psychosomatischen Störungen. Zwar liegen diesen psychischen Leiden unverarbeitete emotionale Erfahrungen zugrunde. Doch durch ein Zusammenspiel mit physischen Abwehrmechanismen wurden diese im Körper gespeichert. Um eine Verarbeitung und damit den Heilprozess in Gang setzen zu können, müssen sie in den tiefen Schichten des Körpers wieder aufgespürt werden.

Deshalb kann wirkliche Heilung nur durch eine ganzheitliche Behandlung, das heißt auf der Ebene von Körper *und* Seele, stattfinden. Wer einmal seine Aufmerksamkeit auf sein inneres Geschehen richtet, wird feststellen, dass jedes Gefühl immer eine Entsprechung auf der körperlichen Ebene hat. Das heißt,

176

der Körper reagiert bei allen gefühlsmäßigen Regungen mit. Die jeweilige Verarbeitung der Gefühle muss demnach auch auf körperlicher Ebene stattfinden.

Dies leisten die meisten körpertherapeutischen Maßnahmen. Eine der bekanntesten ist die Biodynamische Psychotherapie. Deren Begründerin Gerda Boyesen fand heraus, dass die »Verdauung« psychischer Probleme durch sanfte Massagen angeregt werden kann (Boyesen, 2004).

Plädoyer für die Entwicklung unseres Liebespotenzials

Die hohe Anzahl unbefriedigender und unreifer Beziehungen sowie die daraus hervorgehenden hohen Scheidungsziffern sind dem Umstand geschuldet, dass es eine so hohe Anzahl von ungeliebten Kindern gibt. Nur wenige Kinder wachsen in einer Atmosphäre wirklicher Liebe auf und werden dadurch befähigt, alle anstehenden Entwicklungsaufgaben bewältigen zu können. Ein Großteil der Kinder bleibt indessen in seiner psychischen Entwicklung zurück und wird dadurch mehr oder weniger seelisch beeinträchtigt.

Aus diesem Grund ist psychische Gesundheit in unserer Gesellschaft so selten anzutreffen. Das ist allerdings den wenigsten bewusst. Denn wer selbst in einer Festung der Abwehr sitzt, kann die Panzerungen anderer natürlich nicht erkennen.

Es braucht sehr viel Erfahrung – vor allem Selbsterfahrung –, um wahrnehmen zu können, wie verformt ein nach außen hin nahezu unauffälliger Mensch in seinem Inneren sein kann. Das durch diese Verformungen hervorgehende Verhalten kann nicht ohne Weiteres beeinflusst werden, weder von dem Betroffenen selbst noch durch Druck und Sanktionen von außen. Deshalb sind Schuldzuweisungen völlig fehl am Platz. Wem sollten sie auch gelten?

Denn hinter einem misshandelnden Mann, der seine Frau zur Abwehr eigener unerträglicher Gefühle benutzt, stehen Eltern, die ihn in irgendeiner Weise benutzt haben. Aber hinter diesen Eltern stehen wiederum Eltern, die sich gleichermaßen an ihrem Kind schadlos hielten. Und dahinter wieder Eltern – und so fort. Denn aus allen einst unglücklichen Kindern wachsen zwangsläufig unglückliche Eltern heran, die das Erlebte – wenn auch vielleicht in anderer Ausdrucksform – an die eigenen Kinder weitergeben.

Die späteren Erwachsenen hegen dann – mehr oder weniger bewusst – die Vision einer vollkommenen Liebesbeziehung als Wiedergutmachung für ihre erlittenen Leiden. Aufgrund fehlender Voraussetzungen wird diese Erwartung jedoch enttäuscht. Und diese weitere Enttäuschung ruft noch mehr Not hervor. Der aus diesem Geschehen resultierende Leidenszustand wird oft durch Wut unterdrückt. Leid und Wut vermischen sich mit der unerfüllten Sehnsucht nach Liebe. Das daraus hervorgehende Gefühlschaos wird unablässig nach einem Ausdruck suchen.

Einige – vor allem junge – Menschen schließen sich vielleicht Gruppen an, in denen es Aktionen gibt, durch die sie wenigstens ihre Wut nach außen ableiten können. Manche flüchten sich gar in Brutalität und Sadismus. Aufgrund der Abwehrfunktionen können sie oft nicht mehr zwischen Fiktion und Wirklichkeit unterscheiden. Sobald sie mit Gleichgesinnten ausufernden Machtphantasien nachhängen, entlastet sie das vorübergehend. Denn solche Phantasien und die entsprechenden Handlungen bewahren vor tief empfundenen Gefühlen der Ohnmacht. Auch Angst und Schmerz werden hierdurch abgewehrt. Das Resultat sind all die gefühlslosen, dumpfen Menschen, die zuweilen Schlagzeilen machen.

Viele stumpfen aufgrund von Abwehrhaltungen seelisch und moralisch immer mehr ab. Weil sie die eigenen Gefühle nicht mehr wahrnehmen, sind sie auch unsensibel für die Verletzbarkeit und das Leiden anderer. Solche verformten Menschen gibt es zuhauf. Sie sind keineswegs eine Erscheinung der gegenwärtigen Zeit. Ein Blick auf die Geschichte zeigt, dass es sie schon immer gegeben hat. Wir waren bisher nur nicht in der Lage, die Zusammenhänge zu deuten und zu verstehen. Auch Fälle von Gewalt in der Ehe oder Kindesmisshandlungen häufen sich nicht. Die Menschheit ist in ihrer Wahrnehmung nur sensibler für diese Phänomene geworden. Verborgene Missstände dringen heute viel eher an das öffentliche Bewusstsein. Dies ist ein Indiz dafür, dass die Entwicklung des Bewusstseins voranschreitet und dass es – wie eingangs schon angedeutet – im gegenwärtigen evolutionären Prozess vor allem darum zu gehen scheint.

Sich der eigenen Situation bewusst zu werden, ist deshalb überhaupt der erste Schritt zu jeder positiven Veränderung. Niemand sollte einfach nur so leben und alt werden. Dies gilt vor allem für all jene Paare, die sich arrangiert haben, um eine schmerzhafte Trennung zu vermeiden. Sie leben nebeneinander statt miteinander. Sie sind eigentlich getrennt zusammen. Nach außen hin bewahren sie die Fassade, während nach innen hin jegliches Gefühl für den anderen abgestorben ist.

Sie müssten aufwachen aus ihrem Schlaf der Unbewusstheit, damit sie wieder zu lebendigen Gefühlen zurückfinden und infolgedessen lebendige Beziehungen leben können, damit ihr Leid beendet wird und Liebe und Lebensfreude in ihr Leben einziehen können. Jeder ist hierbei gefordert. Denn letztendlich geht es immer um jeden Einzelnen.

Das sind Zusammenhänge, die wir zunächst einmal wahrnehmen und anerkennen müssen, anstatt diejenigen zu verdammen, die gerade am Ende dieser Kette stehen. Es gibt genügend wissenschaftliche Forschungsergebnisse, die darauf aufmerksam machen. Da diese kaum zur Kenntnis genommen werden, gibt es jedoch keine entsprechenden Maßnahmen, die diesen Entwicklungen gegensteuern könnten. Offiziell heißt es, das Eingreifen in das Familienleben sei wegen der damit verbundenen Verletzung der Intimsphäre als problematisch zu betrachten.

Nur in bildungsmäßiger Hinsicht wird eingegriffen. Denken wir nur an die Aufregung aufgrund der Ergebnisse von PISA. Eilig wurden Programme entwickelt, um den Wissensstand der jungen Menschen zu verbessern. Doch was den Bereich der zwischenmenschlichen Beziehungen betrifft, werden die Schüler nicht einmal theoretisch auf ihr späteres Leben vorbereitet.

Niemand käme auf die Idee, einen ungeschulten Menschen ins Cockpit eines Flugzeugs zu lassen. Für eine Paarbeziehung hingegen wird niemand geschult und vorbereitet, obwohl diese ungleich komplexer ist als die Navigation über den Wolken. Da ist es nur zu verständlich, wenn die Anzahl derer groß ist, die eine Bruchlandung erleben.

179

Damit sich die Liebe in uns voll entfalten kann, brauchen wir zunächst liebende Menschen um uns herum, die uns spiegeln und uns unseren wahren Wert vermitteln. Erst, wenn wir erkennen können, welch einzigartige Geschöpfe wir sind, sind wir zu einer liebevollen Einstellung uns selbst gegenüber imstande. Und erst eine solche Haltung kann sich wiederum auf andere ausdehnen. Wenn sich die Liebe auf diese Weise ausbreitet, dann wird die Welt, in der wir leben, auch eine andere werden. Ein Beginn wäre vielleicht der Glaube an das grundsätzlich Gute in jedem Menschen, und die Überzeugung, dass in jedem Menschen das Gleiche wohnt: Ein Wesen, das tut, was es kann.

Abschluss

An dieser Stelle möchte ich die wesentlichen Aussagen dieses Buches noch einmal rekapitulieren.

Es kann davon ausgegangen werden, dass sich die meisten Menschen eine glückliche Partnerschaft wünschen. Eine solche scheint aber denjenigen vorbehalten, die einen bestimmten Grad an Persönlichkeitsreife erreicht haben.

Deshalb habe ich Paare nach ihrem jeweiligen Reifegrad unterschieden und sie drei unterschiedlichen Beziehungsgruppen zugeordnet. Ein solches Vorgehen bietet sich schon deshalb an, weil aufgrund der Partnerfindungsmechanismen immer Partner »ausgewählt« werden, die sich auf demselben Reifungsniveau befinden. Dahinter verbirgt sich kein mysteriöses Geschehen, sondern lediglich der unbestreitbare Umstand, dass man im Allgemeinen nur mit einem Partner harmonieren kann, dessen Reifegrad ungefähr dem eigenen entspricht. Deshalb verbindet sich ein reifer Mensch mit einem reifen Partner, ein weniger reifer Mensch mit einem weniger reifen Partner und für einen unreifen Menschen kommt eben nur ein unreifer Mensch als Partner in Frage. Selbst wenn die Partner dem äußeren Anschein nach völlig verschieden sein sollten, so wird man in ihren tiefen Schichten in der Regel eine weitgehende Übereinstimmung zwischen ihnen finden.

Diese wesentliche Erkenntnis ist der Allgemeinheit bisher nicht ausreichend bewusst. Viele Menschen wissen noch zu wenig über sich und die Beschaffenheit ihrer inneren Welt. Fehlende Selbsterkenntnis führt jedoch dazu, dass die Ursache für auftretende Probleme in der Partnerschaft nie in der eigenen Person entdeckt werden kann. Zwangsläufig wird der Partner als Verursacher der Auseinandersetzungen angesehen. Dieser Irrtum bleibt selten folgenlos.

Wenn man sich hingegen bewusst macht, dass der Partner lediglich ein Spiegel für die eigene Persönlichkeit ist, dann bleibt man nicht in gegenseitigen Schuldzuweisungen gefangen. Im Falle eines anhaltenden Paarkonflikts wird man sich die Spiegelfunktion des Partners vor Augen halten und sich daran erinnern können, dass durch das Verhalten des Gegenübers lediglich eigene innere Anteile gespiegelt werden. Mit diesem Wissen braucht man seinen Partner fortan nie wieder anzufeinden.

Schließlich würde man denjenigen für unzurechnungsfähig halten, der plötzlich sein Spiegelbild beschimpft, nur weil es ihm zeigt, dass er etwas auf der Nase hat, was dort nicht hingehört. Bei einem »richtigen« Spiegel ist man froh, durch die von außen kommende Information die Möglichkeit zu erhalten, willkommene und unwillkommene Aspekte eines ansonsten unsichtbaren Bereichs wahrnehmen zu können.

In gleichem Maße sollte sich jeder der Spiegelfunktion seines Partners bewusst werden. Diese Bewusstwerdung würde eine momentan noch unvorstellbare Wandlung in Paarbeziehungen bewirken. Statt sich über den Partner zu beklagen, würde man ihn plötzlich mit anderen Augen sehen, in dem jeweiligen Wissen, dass dieser mit seinem Verhalten wichtige Informationen über die eigene Person bereithält, auch wenn einem diese nicht immer gefallen. Diesbezüglich kann man darauf vertrauen, dass es – was immer einem der Partner spiegeln mag – weder das eigene Verdienst noch die eigene Schuld ist. Denn der Mensch kann zunächst keinen Einfluss auf seine Entwicklung nehmen und er kann sich – entgegen einer weitverbreiteten irrigen Annahme – auch nicht ohne Weiteres verändern. Er kann nicht einfach Wesensmerkmale, die ihm fehlen, wie aus einem Bestellkatalog in seine Persönlichkeit aufnehmen.

Deshalb muss sich niemand seiner Unreife schämen. Niemand hat die noch vorherrschenden großen Reifeunterschiede der Menschen zu verantworten. Erst seitdem es wirksame Therapieverfahren gibt, sind diejenigen, die noch nicht zur Gruppe der reifen Individuen gehören, ihrem Schicksal nicht mehr machtlos ausgeliefert. Inzwischen kann sich jeder Mensch einem »Nachnährprozess« unterziehen und sich dadurch zu einem reifen und glücklichen Menschen entfalten.

Hierzu ist es zunächst wichtig zu wissen, was Reife überhaupt ausmacht. Durch die in diesem Buch dargelegten Konzepte wurde eine ungefähre Vorstellung davon vermittelt und erläutert, wie das Wachstum durch die Bewältigung der – noch ausstehenden – Entwicklungsaufgaben wieder in Gang gesetzt werden kann.

Vor diesem Hintergrund könnten Partnerschaftskrisen sogar als Herausforderung betrachtet werden. Sie enthalten immer wichtige Botschaften und bieten somit die Chance zu einem Wandlungsprozess. Denn ein Mensch wagt den dafür nötigen Schritt oft erst, wenn er sich durch anhaltendes Leid oder durch machtvolle äußere Auslöser dazu gedrängt fühlt. Wer sich dann auf einen geeigneten Weg begibt und beharrlich weitergeht, der gelangt eines Tages unweigerlich an die »Himmelspforte«.

Ich würde das nicht behaupten, wenn ich es nicht selbst erlebt hätte.

Anhang

Kleiner Fragebogen: Zu welcher Beziehungsgruppe gehört meine Partnerschaft?

1. Die Ehe meiner Eltern ist/war …
   a) befriedigend.
   b) weniger befriedigend.
   c) unbefriedigend.

2. Ich selbst habe/hatte zu meinen Eltern …
   a) ein gutes Verhältnis.
   b) ein weniger gutes Verhältnis.
   c) ein eher schlechtes Verhältnis.

3. Meine bisherigen Beziehungserfahrungen waren …
   a) positiv.
   b) weniger positiv.
   c) eher negativ.

4. In meiner gegenwärtigen Partnerschaft gab es lange Perioden der Harmonie.
   a) Ja, mindestens zwei Jahre lang.
   b) Eigentlich nur während der Verliebtheitsphase.
   c) Eigentlich überhaupt nie.

5. Sollte ich mich von meinem Partner trennen müssen, dann wird das Alleinleben für mich …
   a) sicher auch befriedigend sein.
   b) eher unbefriedigend sein.
   c) der Gedanke schreckt mich ab.

Wer überwiegend den Buchstaben a) angekreuzt hat, ist sicher dazu fähig, eine befriedigende Beziehung zu führen. Er gehört zur Gruppe der »Himmelsbeziehungen«. Falls eine langjährige harmonische Beziehung gegenwärtig von Krisen überschattet sein sollte, so besteht die gute Aussicht, diese innerhalb kurzer Zeit durch Paarberatung wieder in den ursprünglichen Zustand zurückzuführen.

Wer überwiegend den Buchstaben b) ankreuzen musste, sollte möglichst bald etwas für sich tun. Auch dann kann sich die Partnerschaft bald zum Positiven verändern.

Wer allerdings überwiegend den Buchstaben c) ankreuzen musste, dem sei ganz dringend eine therapeutische Maßnahme empfohlen. Es tut niemandem gut, im Leid auszuharren.

Anmerkungen

1 Hologramm

Sicher hat jeder schon einmal ein Hologramm gesehen: Das ist die dreidimensionale Aufnahme eines Gegenstandes, die bei der Holografie entsteht. Hierbei hat sich gezeigt, dass das Bild des Gegenstandes im Raum bestehen bleibt, wenn die Fotoplatte durchgeschnitten wird. Sooft man die Fotoplatte auch zerschneidet, sie bringt immer ein Bild des ganzen Gegenstands hervor – genauso wie ein zerbrochener Spiegel noch in jedem Stück das Ganze und nicht nur einzelne Teile zeigt.

2 Die Bindungstheorie von John Bowlby

Der britische Psychoanalytiker John Bowlby ist in Fachkreisen bekannt für die von ihm entwickelte Bindungstheorie. Im Kern dieser Theorie steht die Annahme, dass es eine enge Beziehung gibt zwischen den Erfahrungen eines Individuums mit seinen Eltern und seiner späteren Fähigkeit, gefühlsbetonte Bindungen zu entwickeln.

Wenn die Mutter zu einem liebevollen Austausch mit ihrem kleinen Kind fähig ist, fungiert sie damit für ihr Kind als eine sichere Basis. Von hier aus kann das Kind Erkundungen vornehmen, in der sicheren Gewissheit, die Mutter bei der Rückkehr wieder liebend vorzufinden.

Diese frühen, fortdauernden Bindungserfahrungen werden verinnerlicht und beeinflussen im späteren Leben die Beziehungen zu den Mitmenschen. Für den gesamten Rest seines Lebens wird ein dermaßen geprägter Mensch auf diese Erfahrung zurückgreifen können. Er wird mit einer entsprechenden Sicherheit auf andere potenzielle Liebespartner zugehen. Damit kann er sich eine neue Basis – in Form einer eigenen Familie – schaffen. Wie einstmals erlebt, kann er sich auch hier vorübergehend entfernen mit der Gewissheit, wieder zu seinem liebenden Partner zurückzukehren.

»Jeder, der über keine solche Basis verfügt, ist wurzellos und sehr einsam« (Bowlby, 1982, S. 163). Je nachdem, wie sich Eltern gegenüber ihren Kinder verhalten, entwickeln diese einen unterschiedlichen Bindungsstil. Diese wurden von Bowlby folgendermaßen benannt:
- sicherer Bindungsstil,
- ambivalent unsicherer Bindungsstil,
- vermeidend-unsicherer Bindungsstil.

Der Theorie zufolge wird demnach bei kleinen Kindern zwischen einer sicheren Bindung und zwei verschiedenen Formen der unsicheren Bindung unterschieden. Das entsprechende Elternverhalten lässt sich diesem Schema zuordnen:
- genügend gut,
- unzureichend,
- katastrophal.

Dieses sehr vereinfachte Schema bedeutet demnach: Wer genügend gute Erfahrungen mit seinen Eltern machen konnte, entwickelt einen sicheren Bindungsstil. Er fühlt sich auch im späteren Leben sicher und hat Vertrauen in seine Umwelt.

Wer dagegen unzureichende Erfahrungen mit den Eltern machte, entwickelt zwangsläufig einen unsicheren Beziehungsstil. Die Unsicherheit nimmt zu, je ausgeprägter sich die negativen Erfahrungen auswirkten. Wer katastrophale Erfahrungen gemacht hat – also schwere Misshandlungen und andere Traumatisierungen –, der wird sich dementsprechend zu einem ängstlichen und überaus unsicheren Menschen entwickeln. Dadurch wird seine gefühlsmäßige Bindung an andere zwangsläufig beeinträchtigt. Eine glückliche Beziehung ist diesen Menschen nicht möglich.

3 Narziss – die Gestalt aus der griechischen Mythologie

Der Sage nach wies ein schöner Jüngling die Liebe der Nymphe Echo zurück. Als Strafe dafür wurde ihm die unstillbare Liebe zu seinem eigenen Spiegelbild auferlegt. Als er sich daraufhin am Rand eines Sees über das Wasser beugte und darin sein Gesicht erblickte, verliebte er sich in dieses Bild. Fortan verzehrte er sich nach seinem eigenen Spiegelbild. Der Sage nach fiel ein Blatt ins Wasser und erzeugte dadurch Wellen auf der Oberfläche des Sees. Das Spiegelbild kräuselte sich. Der schöne Mann erschrak zu Tode, weil er glaubte, er sei so hässlich. Nach seinem Tod wurde er in eine Narzisse verwandelt.

Betont werden muss, dass es sich in diesem Fall nicht um Selbstliebe handelte. Denn Narziss verliebte sich ja nicht in sich selbst. Die Gestalt, die wir im Spiegel sehen, ist immer jenseits von uns, also eine »andere«. Diese andere Gestalt steht immer an einem anderen Ort als diejenige, die sich spiegelt. Das heißt, Narziss hatte sich quasi gespalten und war zum Liebenden und zum Geliebten geworden. Er wurde zu seinem eigenen Liebesobjekt. Das jedoch ist keine Selbstliebe.

4 Die Geschichte des Ödipus

Der thebanische König Laios hatte sich zu einem Orakel begeben. Dort wurde ihm prophezeit, dass sein Sohn ihn später töten und die Königin Iokaste – also seine eigene Mutter – zur Frau nehmen werde. Um dieses Schicksal abzuwenden, ließ Laios seinem Neugeborenen die Füße durchstechen und zusammenbinden. Anschließend übergab er das Baby einem Hirten, der es im Gebirge aussetzen sollte.

Der Hirte aber brachte es nicht übers Herz, den Auftrag auszuführen. Er hatte Mitleid mit dem Baby und übergab es einem befreundeten Hirten in Korinth. Über diesen gelangte das Kind zum Königspaar von Korinth, welches es adoptierte. Sie gaben dem Kleinen den Namen Oidipus, weil seine Füße geschwollen waren (Oidipus ist griechisch und heißt »Schwellfuß«).

Ödipus wuchs unbeschwert bei dem Königspaar von Korinth auf, ohne je von seiner Herkunft zu erfahren. Als ihm dann aber seinerseits wiederum ein Orakel verkündete, dass er seinen Vater töten und seine Mutter zur Frau nehmen werde, erschrak er sehr. Aus Sorge um seine vermeintlichen Eltern verließ er Korinth und machte sich auf den Weg nach Theben.

An einer Wegkreuzung begegnete er Laios, nicht wissend, dass er hier seinem leiblichen Vater gegenüberstand. Laios, der mit einem kleinem Gefolge unterwegs war, hielt Ödipus für einen Räuber und versperrte ihm den Weg. Es kam zu einem Kampf, den der Jüngere von beiden gewann: Laios lag erschlagen auf dem Boden.

Damit nun hatte Ödipus die erste der beiden Prophezeiungen erfüllt. Vor den Toren Thebens traf Ödipus auf die Sphinx, welche alle Reisenden verschlang, die an ihr vorbei wollten und das von ihr gestellte Rätsel nicht lösen konnten. Ödipus jedoch löste das Rätsel. Daraufhin stürzte sich die Sphinx ins Meer. Damit war die Stadt endlich von ihr befreit.

Zur Belohnung wurde Ödipus zum König von Theben ernannt. Als Nachfolger von Laios bekam er Iokaste zur Frau. Natürlich wusste Ödipus nicht, dass Iokaste seine Mutter war. Doch durch die Eheschließung erfüllte sich nun auch die zweite Prophezeiung. Weder Mutter noch Sohn wussten etwas von ihrer verwandtschaftlichen Beziehung. Sie bekamen in der Folgezeit vier Kinder.

Als nach einer Reihe von unbeschwerten Jahren in Theben die Pest ausbrach, wandte man sich abermals an ein Orakel. Das Orakel verkündete, dass die Stadt solange nicht von der Seuche befreit werden könne, bis man den Mörder von Laios gefunden habe. Die Untersuchungen zu diesem Fall übernahm Ödipus. Durch die Hilfe eines Sehers fand er schließlich heraus, dass er selbst der gesuchte Mörder ist.

Als Iokaste erfuhr, dass Ödipus ihr Sohn ist, erhängte sie sich. Ödipus stach sich vor Gram die Augen aus. Kreon, der Bruder von Iokaste, wurde zum König von Theben ernannt. In dieser Eigenschaft verbannte er seinen Neffen, der gleichzeitig sein Schwager war, aus der Stadt. Ödipus wanderte einige Jahre in der Fremde umher, bis er als Bittsteller in Kolonos bei Athen starb.

Dank

Es gibt immer eine Reihe von Menschen, die einen wesentlichen Beitrag bei der Entstehung eines Buches leisten. All jenen möchte ich an dieser Stelle meinen Dank aussprechen. Ganz besonders erwähnen möchte ich Frau Sandra Englisch vom Verlag Vandenhoeck & Ruprecht. Sie war mir stets eine überaus geduldige, sachverständige und so herzliche Ansprechpartnerin.

Während des Schreibprozesses hat meine Schwester Marion Wruck – gemeinsam mit ihren Kolleginnen – auf jedes neue Kapitel regelrecht gelauert. Ihr Interesse und ihre Begeisterung für meine Arbeit haben mich enorm angespornt.

Großer Dank gebührt außerdem Petra Paschek, die mit mir die Endfassung durchgegangen ist und hierbei ihre weitreichende Kompetenz zum Ausdruck brachte.

Wertvolle Hinweise verdanke ich auch Roman Löffler.

Nicht zuletzt möchte ich Ursa Paul dafür danken, dass sie mich durch ihre umfassende Liebe auf den »Weg zum Himmel« geführt hat. Ihr soll dieses Buch gewidmet sein.

Literatur

Bodenmann, G. (2002). Beziehungskrisen. Erkennen, verstehen und bewältigen. Bern u. a.: Hans Huber.

Boyesen, G. (2004). Über den Körper die Seele heilen. München: Kösel.

DeMause, L. (1978). Hört ihr die Kinder weinen. Eine psychogenetische Geschichte der Kindheit. Frankfurt a. M.: Suhrkamp.

Der Tagesspiegel. Ausgabe vom 19. 11. 2003.

Drewermann, E. (1999). »Drewermann«. Eine sechsteilige Sendereihe in B1: Liebe und Angst oder Wie der Mensch sein Glück findet. Richard Schneider im Gespräch mit Eugen Drewermann. Berlin: Sender Freies Berlin.

Gruen, A. (1993). Falsche Götter. München: DTV.

Jellouschek, H. (2005). Wie Partnerschaft gelingt – Spielregeln der Liebe. Beziehungskrisen sind Entwicklungschancen. Freiburg: Herder.

Kiesling, B. (2002). »... einfach weg aus meinem Leben.« Eine qualitative Studie über Frauen, die ihren Partner getötet haben. Gießen: Psychosozial-Verlag.

Kiesling, M. (2000): Das Lolita-Syndrom. Unveröffentlichte Diplomarbeit. Berlin: Alice-Salomon-Hochschule.

Lauster, P. (1985). Die Liebe. Psychologie eines Phänomens. Reinbek: Rowohlt.

Liedloff, J. (1984). Auf der Suche nach dem verlorenen Glück. Gegen die Zerstörung unserer Glücksfähigkeit in der frühen Kindheit. München: C. H. Beck'sche Verlagsbuchhandlung.

Mahler, M., Pine, F., Bergman, A. (1999). Die psychische Geburt des Menschen. Symbiose und Individuation. Frankfurt a. M.: Fischer.

Moeller, M. L. (1989). Die Wahrheit beginnt zu zweit. Das Paar im Gespräch. Reinbek: Rowohlt.

Nidiaye, S. (1997). Liebe ist mehr als ein Gefühl. München: Heyne.

o. N. (2006). ZDF-Texttafel 4.1.2006.

Schnarch, D. (1997). Die Psychologie sexueller Leidenschaft. Stuttgart: Klett-Cotta.

Tunnadine, D., Green, R. (1978). Unwanted Pregnancy. Illness or Accident? Oxford: Oxford University Press.

Willi, J. (1983). Die Zweierbeziehung. Spannungsursachen – Klärungsprozesse – Lösungsmodelle. Analyse des unbewussten Zusammenspiels in Partnerwahl und Paarkonflikt: Das Kollusions-Konzept. Reinbek: Rowohlt.

Zurhorst, E.-M. (2004). Liebe dich selbst und es ist egal, wen du heiratest. München: Goldmann.

Die Autorin bietet Online-Paarberatungen an (www.paar-beratung-online.de).